革命老区赣南区域研究丛书

U0592824

新时代赣南老区文化建设高质量发展研究

黄恩华　周利生◎主　编

刘善庆　王艳乔　黄　亮　周小觉◎编　著

RESEARCH ON HIGH-QUALITY
DEVELOPMENT OF
CULTURE OF GANZHOU IN
JIANGXI PROVINCE IN THE NEW ERA

经济管理出版社

ECONOMY & MANAGEMENT PUBLISHING HOUSE

图书在版编目（CIP）数据

新时代赣南老区文化建设高质量发展研究/黄恩华，周利生主编；刘善庆等编著．—北京：经济管理出版社，2022.7

ISBN 978-7-5096-8587-7

Ⅰ.①新…　Ⅱ.①黄…②周…③刘…　Ⅲ.①文化事业—发展—研究—赣南老区　Ⅳ.①G127.56

中国版本图书馆 CIP 数据核字（2022）第 118236 号

组稿编辑：丁慧敏

责任编辑：吴　倩　李光萌

责任印制：黄章平

责任校对：董杉珊

出版发行：经济管理出版社

　　　　　（北京市海淀区北蜂窝 8 号中雅大厦 A 座 11 层　100038）

网　　址：www.E-mp.com.cn

电　　话：（010）51915602

印　　刷：唐山玺诚印务有限公司

经　　销：新华书店

开　　本：720mm×1000mm/16

印　　张：14

字　　数：251 千字

版　　次：2022 年 9 月第 1 版　2022 年 9 月第 1 次印刷

书　　号：ISBN 978-7-5096-8587-7

定　　价：88.00 元

前　言

党的十九大报告指出："文化是一个国家、一个民族的灵魂。文化兴国运兴，文化强民族强。没有高度的文化自信，没有文化的繁荣兴盛，就没有中华民族伟大复兴。要坚持中国特色社会主义文化发展道路，激发全民族文化创新创造活力，建设社会主义文化强国。"文化属于软实力，是国家和地区的核心竞争力。文化建设是衡量一个地方综合实力的基础性指标。

赣州作为省域副中心城市、国家历史文化名城，有着 2200 多年的建城史，是江西省面积最大、人口最多的设区市。赣州文化资源丰富，有着千里赣江第一城、江南宋城、红色故都、客家摇篮等美誉，其厚重的历史文明、丰富的红色资源，赋予了赣州独特的文化气质，为赣州市推进文化强市建设奠定了坚实基础。2013 年 11 月，赣州市被文化部、财政部正式命名为"国家公共文化服务体系示范区"，成为全国首批、全省首个公共文化服务建设示范城市。近年来，赣州市坚持走中国特色社会主义文化发展道路，注重实现地区文化软实力的提升，大力唱响爱党爱国爱社会主义的时代主旋律，加快文化强市建设，是全国著名的红色旅游目的地、区域性文化旅游中心城市和东南沿海地区休闲度假"后花园"。

当前，赣南老区正以坚定文化自信、坚持守正创新为基本准则，汇聚推动高质量跨越式发展的强大合力，不断加快推动文化产业和文化事业高质量发展。

赣南老区文化高质量发展是全国文化高质量发展的典型代表，对全国尤其是革命老区文化建设具有重要的借鉴意义。本书在实地调研和资料分析的基础上，从发展现状、发展理念、重点领域及典型案例等方面系统梳理赣南老区如何在新时代背景下实现文化高质量发展，系统总结赣南老区文化建设的经验，以期为全国尤其是革命老区文化建设提供借鉴和启示。

目　　录

第一章　绪论

第一节　研究背景与意义

一、研究背景

2012 年 6 月，《国务院关于支持赣南等原中央苏区振兴发展的若干意见》正式出台，支持赣南等原中央苏区振兴发展，着力将赣南打造成为全国稀有金属产业基地、先进制造业基地、特色农产品深加工基地、重要的区域性综合交通枢纽、我国南方地区重要的生态屏障和红色文化传承创新区。建设红色文化传承创新区的主要工作是加强革命遗址保护和利用，推动红色文化发展创新，提升苏区精神和红色文化影响力，建设全国爱国主义教育和革命传统教育基地，打造全国著名的红色旅游目的地。为巩固发展成果，2021 年 1 月，《国务院关于新时代支持革命老区振兴发展的意见》持续发力，旨在让革命老区人民逐步过上更加幸福、富裕的生活。

2012 年以来，赣南老区文化建设是如何开展的？积累了哪些经验？取得了怎样的成就？这些问题受到了学者们的广泛关注。本书对这些问题进行了研究，第一章为绪论，介绍了本书的研究背景、目的和意义、布局、现状分析；第二章为新时代赣南老区文化建设高质量发展理念研究；第三章为推动赣南老区文化建设高质量发展改革；第四章为赣南老区文化建设高质量发展重点领域（工程）分析；第五章为赣南老区文化建设高质量发展的典型案例分析。其中，刘善庆撰写了第一章，王艳乔撰写了第二章第一节至第四节以及第三章，周小觉撰写了第二章第五节，黄亮撰写了第四章以及第五章。

二、研究目的与意义

文化建设作为一种基础性的指标，是衡量一个地方综合实力发展程度的重要因素之一，赣南苏区文化多元、底蕴深厚。宋城文化、红色文化、客家文化交相辉映、熠熠生辉，厚重的文化积淀、丰富的文化业态，让赣州独具魅力。但是随着经济社会的不断发展，赣南老区的文化建设中还存在一些短板，如对文化发展的重要性认识不够、用于文化建设发展的投入不够，文化建设开发思路落后等。

《国务院关于支持赣南等原中央苏区振兴发展的若干意见》实施以来，赣南老区的文化建设高质量发展得到了中央政府的高度重视和全力支持。正因为实施了《国务院关于支持赣南等原中央苏区振兴发展的若干意见》，赣南老区系统性、全方位的文化建设发展才全面展开。在习近平新时代中国特色社会主义思想的引领下，在众多政策的大力支持下，赣南老区不断提升文化的创造力、传播力、影响力和综合竞争力，使红色文化、客家文化、宋城文化、阳明文化标识更加鲜明，省域副中心城市文化地位更加凸显；把赣州建设成为全国著名的红色旅游目的地、区域性文化旅游中心城市和东南沿海地区休闲度假后花园；加快文化强市建设，实现文化软实力的提升。赣南老区的文化建设总体上实现了《国务院关于支持赣南等原中央苏区振兴发展的若干意见》的政策预期，学术界需要对此进行系统研究，在理论上进一步丰富和深化文化建设高质量发展的研究；在实践上，通过总结经验，一方面为赣南老区进一步推进文化建设高质量发展提供依据，另一方面为全国其他革命老区、相对欠发达地区的文化发展与建设提供经验借鉴。

第二节　新时代赣南老区文化建设的布局研究

一、赣南老区文化建设总体定位

（一）基本概况

赣州是国家历史文化名城，有着 2200 多年的建城史，历来为江南政治、经济、军事、文化、交通重镇。文天祥、周敦颐、海瑞、王守仁等皆在赣南主政过。此外，赣州还有着国家历史文化名城、千里赣江第一城等美誉。

1. 宋城博物馆

赣州城历史悠久，繁荣于两宋时期，至今仍保存数量众多，如古城墙、郁孤台、"江南第一石窟"通天岩、福寿沟等，因此，赣州又有"江南宋城"和"宋城博物馆"之称。1994 年 1 月被国务院列为第三批国家历史文化名城。

2. 宋明理学发祥地

宋代以后的理学，曾经是中国占有统治地位的思想，代表着中国传统文化主流，并深深影响着人的性格与思想，由其创始人之一——周敦颐在赣州开创。到了明代，理学在赣州出现了空前繁荣的景象，王阳明是其中最杰出的代表人物。

王阳明在赣州虽然只生活了四年，但是他一生中最重要的事业和功业都在赣州完成，其理学思想也正是在赣州完善并推向新阶段的。他通过开办书院（如创办"阳明书院"、重建"濂溪书院"），兴办"社学"，颁行《训蒙大意》《南赣乡约》，讲学（如在通天岩讲学赋诗）等方式对赣州民众进行教化，使得理学在赣州产生了广泛而深远的影响。后来，他的一些弟子和其他知名理学家，为寻访他的足迹，也纷纷到赣州讲学或游历，传播理学，使得赣州理学文化越发灿烂。

3. 红色故都

中华人民共和国从这里走来。1929 年 1 月 14 日，毛泽东、朱德率领红四军主力 3600 余人离开井冈山，向赣南、闽西挺进，开辟新的革命根据地。在根据地人民的大力支持和拥护下，红军经过一年多的艰苦奋斗，在取得三次反"围剿"战争胜利以后，逐渐形成了以瑞金为中心的中央革命根据地。1931 年 11 月，中华苏维埃共和国在瑞金成立，并定都瑞金。

长征从这里开始。1934 年 10 月中旬，中央红军主力和中央党、政、军领导机关共 8.6 万余人，从瑞金、于都出发，开始了震惊中外的二万五千里长征。红军在长征中表现出来的理想、信念、品质和作风，最后积淀成了伟大的长征精神。长征精神是中国共产党人和人民军队革命风范的生动反映，是中华民族自强不息的民族品格的集中展示，是以爱国主义为核心的民族精神的最高体现。

永恒的苏区精神。土地革命战争时期，毛泽东、朱德等在领导创建以瑞金为中心的中央革命根据地斗争中培育了伟大的苏区精神。苏区精神内容丰富，博大精深，可以概括为"坚定信念、求真务实、一心为民、清正廉洁、艰苦奋斗、争创一流、无私奉献"。它既是井冈山精神在苏区时期的深化和发展，又是长征精神、延安精神的先河和源头。

4. 客家摇篮

赣州是客家人的最大聚居地。在客家人迁入之前，赣州除有少量当地土著居住外，大部分都尚未开发，但在经历了中原汉民向南方的五次大迁徙以后，赣州成了客家人最大的聚居地。截至 2020 年全市 18 个县（市、区），除章贡区和信丰县的嘉定镇以及其他几个居民点外，其余均属客家方言区，客家人达 870 万人，占全市总人口的 95% 以上。

赣州客家文艺形式也丰富多彩，如赣南采茶戏、兴国山歌、于都唢呐、赣县东河戏、石城灯彩、信丰手端木偶戏、宁都采茶戏和傩戏、龙南香火龙和杨村过山溜、赣州南北词，以及五句板、古文、风俗歌、民间小调等，异彩纷呈，其中被列入第一批国家级非物质文化遗产（简称"非遗"）名录的是赣南采茶戏和兴国山歌。

（二）红色文化传承创新区

江西，承载着中国共产党人的初心和使命，寄托着老区人民对党的信赖和对美好生活的向往，肩负着新时代中部地区崛起的重任。建设红色文化传承创新区，是《国务院关于支持赣南等原中央苏区振兴发展的若干意见》赋予赣州的五个战略定位之一，也为赣州市的红色文化发展带来新的历史机遇。2015 年 3 月，国家发展和改革委同意实施《瑞兴于经济振兴试验区发展总体规划》，确立了以"全国红色文化传承创新的引领区"等为主要内容的试验区定位。2019 年 5 月，习近平同志再次视察江西时指出"井冈山精神和苏区精神，承载着中国共产党人的初心和使命，铸就了中国共产党的伟大革命精神。这些伟大革命精神跨越时空、永不过时，是砥砺我们不忘初心、牢记使命的不竭精神动力"。赣州市牢记习近平同志的嘱托，大力推进红色基因的传承，发扬红色传统，赓续红色血脉，走好新时代的长征路。

第一，加强革命遗址保护和利用。2018 年中共中央办公厅、国务院办公厅印发了《关于实施革命文物保护利用工程（2018—2022 年）的意见》。意见提出，拓展革命文物利用途径，深入挖掘革命文物的价值内涵和文化元素，运用市场机制开发更多文化创意产品，促进文化消费。把急需抢救维修的革命旧居旧址中的全国重点文物保护单位修缮好，同时做好革命旧居旧址中的省级及市县级文物保护单位的保护工作，发挥革命旧居旧址在爱国主义教育中的重要作用，促进红色文化旅游产业发展。抓好苏区文化史料抢救性保护，组织专家学者对苏区历史典籍、档案、文献、故事、歌谣、戏剧、标语、漫画，以及各类影像资料进行抢救性搜集、整理，通过这些创造性的保护措施，使珍贵的红色文化遗产成为爱国主义教育的重要内容。建立红色文化展示平台，争取国家支持中央苏区历史博物馆、瑞金中央革命根据地纪念馆、中央苏区烈士陵园等红色文化教育基地建设和发展规划编制，引导和扶持一批民办红色博物馆、展览馆、纪念馆，提高馆藏文物保护和展示水平，再现光辉的苏区历史和伟大的苏区精神。

第二，推动红色文化发展创新。创新是红色文化发展的动力，也是其魅力所在。赣南老区以创新形式再现红色革命史，大力推进红色文化体制机制创新、内容形式创新、传播手段创新、业态创新、科技创新，使改革创新始终成为红色文化发展的强劲动力。加快推进重点文化产业项目建设，大力推进赣南苏区红色影视基地、赣州红色文化创意园、长征博览园、赣县红色动漫产业基地、宁都文化产业示范园区等的建设。加强对重点文化旅游项目的扶持工作，促进红色旅游文化产业大发展。支持、规范和引导建设一批以文化旅游为主营业务的文化产业基地和园区，加大创新力度，大力发展红色旅游等特色文化产业。

第三，提升苏区精神和红色文化影响力。长征从这里起步，中华人民共和国从这里走来，苏区精神从这里诞生。挖掘赣南丰富的红色文化资源，创作生产一批中央苏区题材的文艺精品，摄制、播出中央苏区大型文献纪录片、宣传片，不断提升红色文化在国内外的知名度和影响力。加大对红色文化的宣传力度，扩大红色文化影响力，定期举办一些大型群众性文艺活动，如红歌赛、征文大赛等，激发广大人民群众尤其是党员干部和青少年学生爱党、爱国、爱家乡的情怀。主推红色故都等文化品牌，大力实施重大文化产业项目带动战略，着力打造文化优势产业集群，提升红色文化影响力。

第四，打造全国爱国主义教育和革命传统教育基地。红色文化传承最喜寓教于游、润物无声。赣州注重发挥红色资源优势，打好"初心源头"品牌，大力发展红色教育培训和红色研学旅游。赣南老区打造红色旅游大课堂，区别于以往展示形式千篇一律、缺乏感官冲击力的红色旅游景区通病，在尊重历史、展示历史的基础上，让游客在强烈的感官刺激和逼真的模拟环境中，触摸历史的温度。

第五，打造全国著名的红色旅游目的地。建设红色文化传承创新区和著名红色旅游目的地，按照全面推进赣南苏区振兴发展的要求，围绕把赣州建设成为全国著名的红色旅游目的地、赣粤闽湘四省区域性旅游中心战略目标，积极打造以瑞金、兴国、于都为核心的红色旅游聚集区，加大基础设施投入，加强旅游景区提升，推动旅游品牌创建，创新宣传营销手段。积极开发体验式红色旅游，打造红色旅游大课堂，将红色元素植入城区各主要节点，打造一座红色之城。全市旅游产业呈现出稳中有进的良好发展态势，赣州红色旅游目的地的知名度和美誉度得到提高。

(三) 国家级客家文化生态保护区

2013 年 1 月 6 日，原文化部正式发文，同意在江西赣州市设立国家级客家文化 (赣南) 生态保护实验区。"国家级文化生态保护区"是指以保护非物质文化遗产为核心，对历史文化积淀丰厚、存续状态良好，具有重要价值和鲜明特色的文化形态进行整体性保护，并经文化和旅游部同意设立的特定区域。客家文化 (赣南) 生态保护实验区的保护范围为赣州市行政区域内客家文化产生、发展、传承的地域范围，面积约 3.94 万平方千米，人口 918 万。

赣南是客家诞生地和大本营之一，是客家文化的主要发源地和传承地，同时又是全国最大的客家聚居地。在赣州设立客家文化生态保护实验区，对于增强赣南客家文化的影响力、辐射力、传承力，推动地域文化传承繁荣，促进当地经济社会全面协调、可持续发展具有深远的意义，客家文化 (赣南) 生态保护实验区的建设工作备受重视。

2013 年，为加强非物质文化遗产保护，客家文化 (赣南) 生态保护实验区执行西部大开发政策，获中央财政补助。2014 年，赣州市完成了《客家文化 (赣南) 生态保护实验区总体规划》编制并报原文化部审批，规划期限为 2016～2030 年。2017 年，赣州市全面实施《客家文化 (赣南) 生态保护试验区总体规划》，按原文化部的总体要求，以"挖掘提升一批非物质文化遗产项目，抢救保护一批传承人，建立健全一批机构设施，设立一批传承基地，完善一批保护队伍，开展一批展示活动"为重点，大力推动客家文化 (赣南) 生态保护实验区建设。

赣南的客家文化内容丰富、形式多样、风格独特。国家级客家文化 (赣南) 生态保护实验区的总体定位包含两方面内涵。

第一，生态保护、非物质文化保护是核心。赣州市在加快发展、转型发展、跨越发展的进程中，把非物质文化遗产保护作为实施文化强市战略的重要内容摆到了重要位置，纳入了全市经济和社会发展规划，采取了一系列行之有效的措施，对客家文化遗产特别是非物质文化遗产进行保护，扩大了客家文化 (赣南) 在海内外的知名度和影响力，全市广大人民群众对赣南客家非物质文化遗产的保护意识和愿望非常强烈，具备比较成熟的建设客家文化 (赣南) 生态保护实验区的人文社会条件。赣州已有多项国家级、省级、市级非物质文化遗产，在客家文化领域影响极大。同时也注重加强客家语言的保护与普及，客家语言是汉语言的活化石，客家语言联结了客家相关各省区市，以及全球各华人地区客家人的乡音认同。

第二，生态保护、物质文化保护是载体。赣南围屋是客家文化（赣南）在建筑风格中的集中体现，是赣南客家最具历史、文化内涵的一种特殊的民居形式，被海外专家誉为"建筑教科书""东方的古罗马"。在定南、龙南、全南、寻乌、安远等县迄今尚存500余座明清时期的围屋。围屋具有重要的防御功能和鲜明的宗族聚居性，典型地反映了客家人聚族而居的特点。

二、赣南老区文化建设的主要目标和任务

2012年10月，原文化部办公厅印发了《支持赣南等原中央苏区文化事业振兴发展的实施方案》，涉及支持赣州市公共文化服务体系示范区（项目）创建和市级公共图书馆、文化馆建设，支持非物质文化遗产保护和基础建设，大力发展红色旅游等特色文化产业，支持红色文化教育基地建设等多个方面。

（一）主要目标

第一，加快文化事业发展，打造公共文化服务国家工程。2012年，《国务院关于支持赣南等原中央苏区振兴发展的若干意见》出台实施。《国务院关于支持赣南等原中央苏区振兴发展的若干意见》提出支持赣州市级图书馆、文化馆、博物馆和县级文化馆、图书馆以及乡镇街道综合文化站及社区文化室、农家书屋等城乡公共文化设施建设。

原文化部办公厅《支持赣南等原中央苏区文化事业振兴发展的实施方案》提出，支持赣州市县乡村四级公共文化设施建设。支持市级图书馆、群艺馆、博物馆建设，尽早对赣州市群众艺术馆新建项目安排中央投资，赣州市图书馆扩建纳入国家补助规划。支持县级图书馆、文化馆建设，对赣州市部分面积虽达标但建成年代较为久远的县级"两馆"优先安排维修改造，进一步完善设施条件。支持乡镇综合文化站建设，使赣州市乡镇综合文化站建设的未完工项目竣工。支持村（社区）文化室（中心）建设，建立分工机制，分步骤、有计划地推进农村文化设施建设，开展村文化活动室及社区文化活动中心场所建设及设施配置。

第二，促进特色旅游产业发展，红色文化影响力明显增强。《国务院关于支持赣南等原中央苏区振兴发展的若干意见》指出，要编制赣南等原中央苏区革命遗址保护规划，加大对革命旧居旧址的保护和修缮力度，发挥革命旧居旧址在爱国主义教育中的重要作用。支持中央苏区历史博物馆、中央苏区烈士陵园等红色文化教育基地建设。支持在瑞金建设公务员培训基地。大力发展红色旅游，将赣南等原中央苏区红色旅游列入国家旅游发展战略，支持红色旅游基础设施建设。

深化赣南与井冈山、闽西、粤东北的旅游合作，以瑞金为核心高起点建设一批精品景区和经典线路，支持创建国家 AAAAA 级旅游景区，推动红色旅游与生态旅游、休闲旅游、历史文化旅游融合发展。

各县（市、区）都有 AAAA 级景区、AAAA 级乡村旅游点，赣州高等级景区总数量、旅游接待水平位于全省前列，年接待国内外旅游者达到 1.45 亿人次，旅游业综合收入超过 1750 亿元，旅游业增加值占全市 GDP 的 12% 以上。到 2035年，赣州区域性文化旅游中心进一步提质升级，文化旅游品牌在全国知名，成为红色文化、宋城文化、客家文化、阳明文化传播高地。文化旅游基础设施完善，产品体系丰富，拥有完整的旅游产业链，文化旅游消费市场成熟，文化旅游人才队伍成长壮大，文化旅游主要发展指标高于中部地区平均水平，全域旅游和优质旅游全面实现，成为赣粤闽湘四省边际区域性文化旅游中心。

（二）主要任务

第一，打造四大文化旅游产品体系。一是打造红色文化传承创新区和全国著名的红色旅游目的地，构建以瑞金为龙头，兴国、于都为重点的"1+2+N"红色旅游协同发展格局，充分挖掘全市各地红色文化旅游资源，讲好红色故事，打造一系列红色文化品牌项目，推动红色旅游向体验型、互动型、休闲度假型转变。二是打造宋城文化旅游核心区。打造老城区"城市博物馆"，将中心城区打造成为宋城文化展示区、历史文化名城和旅游集散地。丰富城市主题雕塑、博物博览、文化创意、市井乡俗等业态，充分挖掘、展示赣南传统文化，重现"江南宋城"。三是打造客家文化体验旅游区。唱响"世界围屋之都"品牌，对客家文化中具有代表性的特色街区、建筑民居、民俗风情、传统技艺、文化美食等进行提炼，设计一套具有赣南特色的客家文化形象标识和参观体验项目。打造客家文化旅游精品线路，把赣州建设成为全国客家文化旅游的首选目的地之一。四是打造独具特色的阳明文化旅游圈。确立赣州是王阳明先生立德、立功、立言的主要实践地，打造阳明文化旅游品牌。打造悟道（阳明书院）、研修（研讨论坛、交流研修）、体验（阳明文化主题公园、文化历史街区）、祭祀（大余王阳明落星地）、山水（通天岩、罗田岩、阳明湖等）、园林（阳明山国家森林公园、湿地公园等）"五位一体"的"修心、悟道、康养"的阳明文化精品游产品。

第二，培育文化旅游消费市场。一是建设文化旅游重点项目。加快引进文化旅游龙头企业，"一核三区"每个片区组织外出招商活动每年不少于 2 次，至少引进一个在文化旅游行业中有投资成功经验、项目运营实战经验的领军企业或知名企业落户。二是打造文化旅游演艺体系。鼓励支持影视拍摄制作，充分利用红色、宋城、阳明、客家等优势文化资源，扶持建立名人名家影视工作室，奖励支持成立影视公司，在赣州拍摄电影、电视剧。三是开发特色文化旅游商品。扩大线上线下营销，加强品牌培育，在各县（市、区）主城区、A 级旅游景区、特色商业街区、游客集散中心等规划布点"赣州礼物"旅游商品旗舰店。四是深入开展文化旅游惠民活动。打造吸引全省乃至全国关注的传统节庆盛宴，积聚人气，吸引市内外游客，提高居民和游客的文化获得感，提升城市文化品位和旅游氛围，带动旅游业的发展。

第三，提升文化旅游公共服务水平。一是大力发展公共文化设施。做好国保单位申报、赣南围屋抢修、革命遗址保护利用、地方文物保护立法，抓好免费开放、抓好古街巷和古建筑的修缮保护等工作。推进赣州市综合文化艺术馆（文化艺术中心）等项目建设。二是加快完善旅游交通体系。按照"乡村环境景区化"的标准，努力改善农村环境，建设美丽洁净的新农村，留住美丽乡愁，注意保留村庄原始风貌。结合干线公路及农村公路建设，重点抓好交通干道、旅游景区到重点乡村旅游点的路网建设，着力改善重点乡村旅游点的交通条件。三是着力提升旅游接待能力。优化市内旅行社结构，按照大型旅行社集团化、中型旅行社专业化、小型旅行社通过代理制形成网络化发展模式，构建综合性旅行社、专业旅行社、散客服务中心等各具特色的旅行社体系。四是积极发展智慧旅游。搭建智慧管理平台，建设旅游大数据中心，通过政务数据统一交换平台，建立旅游与多部门数据共享机制。

第四，强化文化旅游工作举措。一是加强文化旅游规划引领。开展文化和旅游资源普查，全面查清和掌握全市文化和旅游资源状况，建立文化和旅游资源台账，进一步发掘、拓展、整合文化和旅游资源，构建文化和旅游资源保护开发体系。二是创新开展文化旅游宣传。建立整体营销机制，整合市县两级资金和资源，大力宣传赣州文化旅游形象和品牌，加大引客入赣力度，加强与各客源地城市旅行社合作，主攻珠三角、闽三角，开拓长三角和北方客源市场。三是加强文化旅游市场监管。按照"政府主导、属地管理、部门联动、行业自律、各司其职、齐抓共管"的原则，进一步加强文化旅游市场监管。四是构建"政府引导、部门合作、企业为主、市场化运作"的文化旅游人才培养机制。邀请国家、省、市知名专家组建赣州市文化旅游专家库。

第三节　新时代赣南老区文化建设现状分析

一、赣南老区文化建设的特征与成就

赣州素有"江南宋城""红色故都""客家摇篮"等美誉。近年来，赣州大力唱响爱党爱国爱社会主义的时代主旋律，深入贯彻落实习近平新时代中国特色社会主义思想，坚定文化自信，坚持守正创新，加快建设文化强市，全面提升文化软实力，打造区域文化旅游中心，为建设省域副中心城市提供强有力的精神动力和智力支持。汇聚推动高质量跨越式发展的强大合力，不断加快推动文化产业和文化事业高质量发展。

（一）赣南老区文化建设特征

2013 年 11 月 6 日，赣州市被原文化部、财政部正式命名为国家公共文化服务体系示范区，成为全国首批、全省首个公共文化服务建设示范城市。以此为起点，赣州市不断深化公共文化示范区建设，作为一项常态化工作抓实抓紧，赢得了文化建设花开满园，全方位满足人民群众的文化需求，围绕"赣州四大文化"特色品牌，加快落实全域旅游发展三年行动计划，打造赣州文化总体风貌景观。

第一，大力发展红色旅游，以瑞金为龙头打响"共和国摇篮"品牌，以兴国、于都为重点做好"苏区干部好作风""长征集结出发地"文章，以宁都、石城、寻乌、会昌、安远、大余、信丰等地多点支撑，加快形成红色旅游协同发展格局。深化与井冈山、龙岩、桂林、遵义、延安等地合作，将赣州打造成全国红色旅游"一线城市"。

第二，打响"客家摇篮"品牌，打造"世界围屋之都"，储备一批具有赣南特色的客家文化形象标识项目。引入"文化空间"理念，打造体验性、参与性与趣味性强的"围屋体验"文化旅游综合体。加强市县联动和跨县区合作，把赣州建设成为全国客家文化旅游的首选目的地之一。

第三，以中心城区为突破口，做强宋城文化旅游核心区，打响"江南宋城"品牌，高标准建设宋城历史文化街区。整合水西旅游板块，开发水上观光、实景演出、主题娱乐等旅游产品。

第四，打响以崇义县为龙头的"阳明文化"品牌，形成"阳明文化+绿色生态"特色旅游产品。加快"一核三区"核心景区和配套设施建设，完成中心城区"三江六岸"建设规划，启动部分项目开发建设。加快建设星级酒店、旅游商品旗舰店、客家美食旗舰店、旅游厕所等设施。

第五，赣州盘点资源，激活特色文化基因，结合人文历史等要素，按照宜文则文、宜古则古、宜绿则绿、宜红则红的原则，打造各具特色、彰显风采的客家文化村、红色文化村等特色文化新村。同时，建立特色文化管理机制，由村"两委"干部、农村文化带头人等组成特色文化管理组织，负责特色文化活动的策划管理等工作，扶持和组建特色专业剧团等民间文艺队伍；建立农村文化人才培养选拔机制，组建农村特色文化人才网络和农村文化能人协会，实施特色文化能人带动工程和特色文化人才星火工程，塑造特色文化之魂。

（二）赣南老区文化建设成就

2013 年 11 月 6 日，赣州市被原文化部、财政部正式命名为国家公共文化服务体系示范区，成为全国首批、全省首个公共文化服务建设示范城市。这是赣州市多年来推进文化建设取得的重要成效。赣州在全国率先开展贫困地区农村综合文化服务中心"六个一"建设试点，获中共中央宣传部充分肯定并总结为"七个一"标准在全国贫困地区推广；在全国率先开展"农家书屋（文化）+电商"工作，得到中央、省、市领导的高度称赞，省委宣传部组织在赣州市召开全省"农家书屋（文化）+电商"现场会；在全省率先启动公共文化服务标准化试点工作，率先开展公益性文化事业单位法人治理改革，率先开展公共文化绩效年活动……一系列先行先试的探索和尝试，让赣州市文化事业建设取得了突出成效，百姓文化获得感明显提升。

第一，各县（市、区）积极开展文化互动，打造群众文化活动品牌。于都县组织群众合唱团，创排《长征组歌》，在县内外巡演多场，获得高度评价，该团被评为 2015 年"全国文化工作先进单位"，获 2015 年国家艺术基金资助。2012 年，信丰县成立全国首个县级合唱协会，全县 100 多支合唱队合力打造"合唱之乡"品牌，曾被中国合唱协会邀请赴维也纳金色大厅演出。石城县在打造"百姓大舞台"的基础上，将全省一年一度的"放歌赣江源"声乐大赛引入该县，极大提升了"百姓大舞台"的品位。

第二，赣州市在全省率先启动公共文化服务标准化、均等化建设。赣州市2018 年已基本建成覆盖市、县、乡、村四级的公共文化服务设施网络，让百姓在家门口就能享受优质的公共文化服务。截至 2020 年，全市电视人口覆盖率99.98%，广播人口覆盖率 99.97%。全市有文化馆 19 个，组织文艺活动 1115

次；乡镇文化站 283 个，组织文艺活动 3865 次；专业艺术表演团队 19 个，演出场次 1862 次。赣州市每年为城乡群众提供送戏下乡 1100 多场、放映电影 5.4 万多场次，指导帮助农村乡镇每年自办文体活动 500 多场次，让广大群众共享收听广播、观看电视、读书看报的基本权利。公共图书馆 19 个，有藏书 545.2 万册，图书流通 285.15 万册次；博物馆 22 个，文物藏品 7.32 万件（套），参观人数 405.73 万人次。①

第三，形成以中心城区红色文化为引领的旅游聚集区。2019 年底赣州市建成红色文化馆（中央苏区历史博物馆）；完成复兴之路主题公园主体建设；修缮陈赞贤领导赣州工农运动、陈毅赣州谈判、解放战争华南分局赣州会议等在中心城区发生的革命历史事件旧址；推进长征国家文化公园（于都段）、瑞金红色演艺等项目建设；建设一批集博物馆、干部党性教育基地、特色街区、红色体验园区、实景演艺于一体的特色小镇，形成红色文化旅游聚集区。

第四，加大历史文化街区项目化建设力度，进一步加快老城区宋代历史文化和遗址的整体开发。推动江西客家博物院改造升级，在中心城区呈现"客家摇篮"文化和历史渊源。推进宋代古城墙、文庙建筑群、慈云塔、郁孤台、八境台、七里窑遗址等开发利用，2019 年建成福寿沟博物馆。提升赣县客家名人园名气，打造王阳明、曾几、阳孝本、苏东坡、汤显祖、周敦颐、文天祥、张九龄等历史名人馆，修复爱莲书院、濂溪书院、道源书院。抓好王阳明遗迹遗址保护利用，在广东会馆修复的基础上，原样修复阳明书院，复原牌匾名号，加快阳明湖、天沐温泉等景区建设。支持江南宋城文化研究院提升档次。

第五，赣州市全面实施文化产业重点项目行动计划。结合国家级医养结合试点市建设，推动"康养+旅游"融合发展，打造康养旅游目的地。开发和提升以赣南民俗音画《客家儿郎》为代表的富有创意的文化旅游演艺产品，努力建成区域性文化旅游中心。加快龙南世界围屋博览园、南武当山等项目建设。推进安远三百山创建 AAAA 级景区。提升通天岩景区，重点做好摩崖造像、石刻的保护和展示，规范景区线路设置和管理。启动和谐钟塔整体改造工程，将其打造为集休闲、娱乐、购物于一体的高端旅游综合体。启动高铁站游客服务中心建设。全面开通旅游直通车等。

二、赣南老区文化建设存在的主要问题

赣州素有"江南宋城""红色故都""客家摇篮"等美誉。近年来，赣州大

---

① 资料来源：赣州市人民政府发布的《赣州市 2020 年国民经济和社会发展统计公报》，2021-03-25。

力唱响爱党爱国爱社会主义的时代主旋律，汇聚推动高质量跨越式发展的强大合力，不断加快推动文化产业和文化事业高质量发展。如何高质量盘活赣州文化资源，实现从文化大市到文化强市的转变？

第一，文化产业经济效益较差。赣州市文化产业相较全省营收不多。2019年，赣州市文化企业实现营业收入206.61亿元，在全省排第五，总量仅占全省的10.85%，与全省第一方阵有较大差距。赣州市文化产业集约化程度不高，缺乏龙头企业带动。赣州市文化龙头企业较少，缺乏高流量的文创产品，文化产业的创意性、时尚性和体验性与市场需求差距较大。

第二，文化品牌效应不足。赣州市出台一系列政策推动文化产业园落成，形成优势文化创意产业集群和浓厚的文化创意氛围。但赣州还没有具有影响力和市场效益的产业品牌，需要打造一批有赣州味的文化IP，如长征IP、围屋IP、宋城IP等。文化资源缺乏整合，要做大增量与盘活存量并举，大力实施"文化+"工程，深化业态融合。

第三，赣州市旅游资源丰富，文化感染力不足。近几年也形成了阳明游、初心路、客家情等旅游精品路线，但是与发展较好的地区相比，景区、景点还是比较缺乏文化内涵。以阳明文化为例，要系统建设一批阳明景区、景点和路线，科学定位相关县（市、区）的"卖点"，使其差异化发展。同时，注重开创一批以阳明文化为主题的影视作品，大力开发相关文创产品，让游客漫游在文化氛围之中。

第四，赣州的红色文化旅游景点对文化资源的利用还不够充分，展示手段较单一、雷同，缺乏互动性。因此，迫切需要旅游的"升级改版"，注重深度融合文化内涵的同时，也应将文化景观与现代服务业相结合，开发浸入式旅游体验，使游客体验更为独特。

第五，文艺创作存在有高潮没高峰的情况。创作质量、数量与文化资源的高度厚度不匹配，具有较大影响力的作品较少。文化精品的激励机制不够健全，具有影响力的文化展示平台不够多，使得文艺界缺乏内生动力。需要注重对文艺人才的培养、在政策上的倾斜和经济上的扶持，扎根赣州大地，让文艺工作者传承、发展好非遗文化，创作出有影响力的作品。

第二章　新时代赣南老区文化建设高质量发展理念研究

　　文化软实力是一个国家整体实力格局生成的决定性条件之一，是主体国家认同与内生自信的基本尺度。新发展理念是中国共产党以马克思主义为指导，以中华优秀传统文化为内在底蕴，既作用于中国实力的发展，又为全人类发展贡献中国智慧与中国方案，彰显中国发展的生命力与中国文化的创造力。

　　2017年，中共中央办公厅、国务院办公厅印发的《国家"十三五"时期文化发展改革规划纲要》提出，要把新发展理念贯穿于文化发展改革全过程，"要牢固树立和贯彻落实创新、协调、绿色、开放、共享发展理念，增进社会共识、营造良好氛围，激发全民族创造活力"。新发展理念为我们党带领全国人民推动中华文化繁荣发展、建设社会主义文化强国提供了科学的理念指引。我们要以新发展理念为思想引领，聚焦文化发展、推进文化改革，为全面建成小康社会、实现中华民族伟大复兴中国梦提供强大的价值引导力、文化凝聚力、精神推动力。

　　赣州市始终坚持新发展理念，即坚持文化创新发展、协调发展、绿色发展、开放发展、共享发展；在贯彻理念的实际行动中，始终做到"三个坚持"，即坚持以人民为中心、坚持以社会主义核心价值观为引领、坚持以深化改革为动力。坚持以人民为中心，人民是文化发展的主体，人民群众不仅是物质财富的创造者，还是精神文化的创造者。坚持以人民为中心，让文化改革发展成果更多更公平惠及全体人民，不断满足人民精神文化需要。坚持以社会主义核心价值观为引领。文化的核心是价值观。人们据之以观世界、虑人生、辨善恶、别曲直、识美丑，也以之为向心凝聚、一体认同、创新创造的依据和导向。培育社会主义核心价值观，坚持以社会主义核心价值观为引领，牢牢掌握意识形态工作的领导权和话语权。坚持以深化改革为动力。改革是增强文化创新创造活力、推动文化繁荣兴盛的强大动力。坚持文化体制改革，构建把社会效益放在首位、社会效益和经济效益相统一的体制机制；调整优化文化产业结构，提高文化产业规模化、集约化水平。

第一节　坚持创新发展，激发文化发展动力

文化创新是增进文化自信的根本动力。习近平同志在党的十九大报告中指出："要坚持中国特色社会主义文化发展道路，激发全民族文化创新创造活力，建设社会主义文化强国。"只有激发全民族文化创新创造活力，源源不断地推陈出新，才能推动社会主义文化繁荣兴盛。中国在长达5000多年历史发展的长河中，创造了灿烂辉煌的民族文化。面对前人留下的丰厚浩瀚的中华优秀传统文化，我们要结合中国特色社会主义新时代的新特点进行创造性转化、创新性发展。

近年来，赣州市一方面着眼于文化内容上的创新，另一方面推出了富有新意的文化呈现形式。赣州市文化系统立足传承保护，全力突破发展瓶颈，挖掘富有地域特色的赣南客家文化、红色文化、阳明文化、宋城文化，不断创新创作，文艺事业闯出新路，文艺精品层出不穷。

一、文化创新，传承为先

一个城市有没有品位，有没有特色，有没有创新，文化底蕴是基础、关键、内因。没有文化底蕴，城市建得再新再好，也是缺乏生命力的。城市的文化底蕴包括历史遗迹、文化古迹、人文底蕴等，这些都是城市生命的一部分。

赣州文化资源丰厚，以红色文化为主线，呈现客家文化、宋城文化、阳明文化、生态文化一脉多元文化形态，这些传统文化奠定了文艺精品创作的基石。近年来，赣州市深入挖掘文化资源，全面振兴赣南采茶戏等传统文化，同时结合时代要求创作文艺精品，打造文化品牌，把文化资源优势变为文化发展优势，让传统文化焕发新的活力。

（一）传承千年历史，保护客家文化

有着"客家摇篮"之称的赣南，是世界上最大的客家文化分布区，拥有丰富的客家文化遗产，至今仍保留着完整的客家社会形态、地道的客家方言、古老的客家民居、淳朴的客家风情、精湛的客家技艺及丰富的人文景观，文化遗产资

源丰富、分布广泛、特色鲜明。然而，如何保护并传承赣南人民宝贵的精神财富，借振兴发展之机，推动文化大发展大繁荣、提升文化软实力，成了摆在赣南文化工作者面前的一道重要考题。

2013年1月，国家级客家文化（赣南）生态保护实验区获批设立，赣州客家文化的保护上升到国家层面，是第15个获批设立国家级文化生态保护区。自此，赣州市全面启动保护区规划编制及建设，对以非物质文化遗产为核心的传统客家文化进行深入调研、挖掘整理，开展抢救性保护，并创作编排出大批优秀的文艺精品，让客家文化大放异彩。2017年1月，《客家文化（赣南）生态保护实验区总体规划》获批实施后，在赣州市辖区内设立以保护非物质文化遗产为核心，对历史文化积淀深厚、存续状态良好、具有重要价值和鲜明特色的客家文化形态进行整体性保护的特定区域。赣州市坚持以规划为总纲，牢固树立"见人见物见生活"的活态传承理念，客家文化保护工作实现以项目、局部、个体为主，向整体、全面、全民为主的方式转变，保护成果惠及更多群众，赣南人民共有的精神家园日益繁华。赣南采茶戏唱响全国、扬名海外，得益于赣州市委、市政府实施赣南采茶戏传承与创新工程，不仅出台了《赣南采茶戏振兴工程实施意见》，在设施设备、活动经费、人员配备等方面给予有力扶持，还积极开展采茶戏进机关、进学校、进农村、进社区、进企业、进家庭活动，充分激发了全民学、看、演采茶戏的热情。

2017年1月《客家文化（赣南）生态保护实验区总体规划》获批实施，赣州市文化广电系统开展非遗项目和非遗传承人的挖掘、筛选、整理和保护工作，使赣南人民宝贵的精神文化财富得到很好的传承和发扬。同时，赣州市对保护区范围内客家文化所依存的自然生态环境和人文生态环境进行保护。良好的自然人文生态环境是非物质文化遗产赖以生存和展示的文化空间，是客家文化（赣南）生态保护实验区建设中保护的重要内容。要保护好赣南现有国家、省级历史文化名镇（村）和历史文化街区；加强对国家级、省级、市级自然保护区以及国家级、省级森林公园的保护；保护好古村落、古祠堂、古寺庙、古戏台、古塔、古桥等。

客家围屋是客家文化的重要载体和象征。随着人们生活水平的不断提高，许多围屋住户陆续外迁，散落在赣南大地上的一座座古围屋，逐渐变得冷清。2012年，赣南围屋被列入《中国世界文化遗产预备名单》。2017年，赣州市政府出台《赣南客家围屋抢救性维修保护实施方案》，计划投入近5亿元，用3年时间分批抢修全市113处围屋。2019年，赣州全市保有围屋589处。为切实加大对客家围屋的保护力度，2019 年，赣州市启动《赣州市客家围屋保护条例》立法工作并正式施行。目前，赣南众多围屋得到了很好的维修和保护，并开发为景点景区，以崭新的姿态与游人见面。

（二）载古今文化，保护宋城遗韵

宋朝是中国古代文化、艺术、经贸繁盛的朝代，创造了"宋词"，开创了发达的对外贸易。赣州在宋代是中原通往岭南的要冲，借"长江—鄱阳湖—赣江—章江"水利交通之便，成就了"商贾如云，货物如雨"，是宋代三十六大名城之一。赣州作为"千年宋城"，至今保存了宋代的城墙、楼台、石窟、窑址、码头、浮桥、佛塔等众多名胜古迹，被国内外专家学者誉为"江南宋城""宋城博物馆"，有全国范围内保存最完整的宋代古城墙，有古意盎然、颇有生趣的浮桥，也有 359 尊神态各异、栩栩如生的石刻造像，多属唐宋时期作品，还有北宋熙宁年间建造一直沿用至今的"福寿沟"。同时赣州颇受宋朝文人墨客偏爱，周敦颐、辛弃疾这些历史名人都与赣州有很深的渊源。宋代赣州东西环绕的砖城墙长3664 米，比北京的故宫城墙早了几百年。古城墙的护城河、墙垛、城楼、马面和炮城等古代设施齐全，保存了宋代以来数以万计、共 521 种纪事或纪名铭文城砖，是国家文物古迹的孤品。

古城遗址，重在保护和传承。习近平同志曾指示：要让居民望得见山、看得见水、记得住乡愁。"记得住乡愁"，就要保护弘扬中华优秀传统文化，延续城市历史文脉，保留中华文化基因。要保护好前人留下的文化遗产，包括文物古迹，历史文化名城、名镇、名村，历史街区、历史建筑、工业遗产，以及非物质文化遗产。既要保护古代建筑，又要保护近代建筑；既要保护单体建筑，又要保护街巷街区、城镇格局；既要保护精品建筑，又要保护具有浓厚乡土气息的民居及地方特色的民俗。在赣州，古城的赣江路新建的一排临街建筑就是如此，色彩以灰白亮色为主，与古城墙交相辉映。改造施工后的南门口转盘中央将设置以"门"为主题的构筑物，此构筑物造型简洁，传达着古代"镇南门"的历史记忆，同时又可以登上此"门"，欣赏现代城市景观。2003 年，赣州投入 9000 多万元对古城墙及周边地区进行综合整治，创建了以突出古城墙历史文化为主要内容的宋城历史公园。2006 年，赣州市古城墙保护项目被原建设部授予"中国人居环境范例奖"，之后又先后组织编制了《赣州市城市总体规划（2006—2020年）》《赣州历史文化名城保护规划》《赣州市河套老城区控制性详细规划》《赣州市古城墙及周边地区城市设计》《赣州市古城墙文物保护规划》，灶儿巷、南市街、郁孤台、姚衙前、八境台、七里镇历史文化街区保护规划等。

2011 年 3 月，赣州启动了福寿沟和七里窑申报全国重点文物保护单位和非物质文化遗产工作。2011 年 4 月，赣州还将百家岭 10 号等 64 处具有较高历史文化科学价值的建筑列为赣州市第一批历史建筑保护单位。2020 年，赣州结合正在开展的棚户区（危旧房）改造工程，组织规划建设、文物保护、棚改办等多个部门对历史城区进行全面普查，将具有一定历史、文化、科学等价值的建筑列为第二批、第三批历史建筑保护名单。

2011 年，赣州中心城区各级文物保护单位已有 47 处，其中国家级文物保护单位有通天岩石窟、赣州城墙和赣州佛塔——慈云塔 3 处，省级 3 处，市级 41 处。赣州市公布的第一批历史建筑有 64 处，全部集中在赣州市历史城区内；已公布历史建筑的面积超过 1.5 万平方米，且历史城区内还有魏家大院等 5 处其他不可移动文物。历史文化街区的核心保护区面积达 0.5639 平方千米。[①]

（三）不忘峥嵘岁月，永传红色初心

赣南红色文化底蕴深厚，红色文化资源富集、独具魅力。赣州市红色文化创新的重要前提就是加强红色遗产保护，传承苏区精神。2012 年，《国务院关于支持赣南等原中央苏区振兴发展的若干意见》正式出台。在战略定位中，提出要把赣南等原中央苏区建设成为"红色文化传承创新区"，加强革命遗址保护和利用，推动红色文化发展创新，提升苏区精神和红色文化影响力，建设全国爱国主义教育和革命传统教育基地，打造全国著名的红色旅游目的地。以此为契机，争取国家专项补助资金 3 亿多元，使 237 处革命遗址得以修缮。以赣州为核心区的赣南等原中央苏区的革命遗址修缮工程成为全国样板。

革命理想高于天，江西到处传颂着革命先烈可歌可泣的英雄故事。在新民主主义革命时期，中国共产党领导苏区人民进行了长期艰苦卓绝的革命斗争和治国理政的伟大实践，在赣南大地留下了众多的党史、革命史遗址旧居和纪念设施。近年来，赣州市委、市政府高度重视境内革命遗址的保护利用工作，取得了显著成效。赣州市编制《赣南等原中央苏区革命遗址保护规划》，保护苏区革命历史遗址，将有革命旧址的村落列入当前"送政策、送温暖、送服务"、红色文化开发工作重点对象，采取有效措施加大修缮、保护力度，发挥革命旧居旧址在爱国主义教育和红色旅游中的重要作用。在国家文物局和江西省文化厅的关心支持下，赣州市积极编制革命遗址维修方案，向国家申请专项补助资金，2018 年 7 月，中共中央办公厅、国务院办公厅印发《关于实施革命文物保护利用工程

---

① 资料来源：赣州市人民政府发布的《保护城市记忆 传承宋城文化》，2012-06-10。

（2018—2022 年）的意见》，在充分调研论证的基础上，赣州率先制定出台了《赣州市革命遗址保护条例》，已于 2019 年 6 月 1 日起正式施行，为全市革命遗址的保护与利用提供了坚实的制度保障。

抓好苏区文化史料抢救性保护，组织专家学者对苏区历史典籍、档案、文献、故事、歌谣、戏剧、标语、漫画，以及各类影像资料进行抢救性搜集、整理，通过这些创造性的保护措施，使珍贵的红色文化遗产成为爱国主义教育的重要内容。据赣州市文物部门的不完全统计，全市共有革命遗址（含红军标语漫画）1080 处，其中革命旧居旧址等 775 处，红军标语漫画 305 处 600 多条。775 处革命旧居旧址中，有重要旧址与活动地 545 个，革命领导人旧居 85 个，革命烈士墓 26 个，革命纪念设施 119 个。775 处革命遗址中保存状况较好的 109 处，一般的 211 处，保存状况差的 419 处，消失的 36 处。被列为文物保护单位的有 229 个，属国家级文物保护单位的 58 个，属省级文物保护单位的 20 个，属市（县）级文物保护单位的 151 个。

建立苏区历史文化展示平台，支持中央苏区历史博物馆、中央苏区烈士陵园等红色文化教育基地建设，引导和扶持一批民办红色博物馆、展览馆、纪念馆，提高馆藏文物保护和展示水平，再现光辉的苏区历史和伟大的苏区精神。

（四）增强文化自信，传承阳明精华

王阳明，明代杰出的哲学家、思想家、政治家和军事家，我国历史上公认的"立德立功立言"的"三不朽"人物。他不仅精通儒释道学，还在此基础上发展出了一套完整的心学体系，并在人生实践中践行良知学说，立下救世安民之大功，成为"知行合一"的楷模。

赣州与王阳明渊源深厚，是王阳明思想的重要形成地，留有全国最为丰富的王阳明文化遗产。据考证，王阳明刚到赣南时，就订立南赣乡规民约，在赣南各县兴办书院、社学，刻印儒学经典，亲自授徒讲学，宣讲"致良知"学说。他在赣南修葺了濂溪书院，创办了阳明书院，还在赣南大余、龙南、于都等县创办了书院、社学二十多所。赣州市成立中国明史学会王阳明研究分会，并于 2017 年承办了第十八届明史国际学术研讨会暨首届阳明文化国际论坛，旨在将赣州打造成为具有世界影响力的王阳明研究高地。

保护好王阳明文化遗产是传承王阳明文化最基础的一项工作，赣州市强化措施，有序开展王阳明文化遗产保护，有关王阳明文化遗产总体保护较好。2017 年 6 月，赣州市人民政府下发《关于进一步加强王阳明文化遗产保护的通知》，在认真摸清家底的基础上，制定王阳明文化遗产保护规划。对王阳明文化有关的遗物手稿、档案文书、古籍善本、碑帖拓本等可移动文物，要分门别类送入博物馆、纪念馆、图书馆收藏保护。对王阳明文化有关的遗址、史迹、石窟、石刻、古建筑等不可移动文物，要根据其历史、艺术、科学价值申报列入相应级别文物保护单位进行保护。对王阳明有关民间文学、民俗活动、表演艺术、传统庙会等非物质文化遗产加紧收集和整理，根据其历史文化价值列入非物质文化遗产保护名录加以保护。组织力量对王阳明文化遗产及其保护现状进行全面普查，特别是王阳明文化重要的遗址、史迹、石窟、石刻、古建筑、遗物手稿、档案文书、古籍善本、碑帖拓本等，要进行详细的调查研究、科学论证，并依法进行登记、归档和建立数据库。按照"抢救第一、保护为主、合理利用、加强管理"的方针，加强对王阳明文化遗产的保护。各地在市文广新局、市文物局的指导下因地制宜开展对王阳明文化遗产的保护工作。对于遭到毁坏的文物，要抓紧制订抢救性保护方案并报上级文物主管部门批准，尽快实施抢救性保护，确保文物安全。市文物局和通天岩风景名胜区管理局要尽快设计通天岩文物保护规划和维修设计方案，妥善解决部分题刻和造像风化、剥落等问题；于都县要妥善解决罗田岩摩崖石刻风化、脱皮、剥落等问题，禁止在罗田岩寺内燃放爆竹、焚烧纸钱、周边堆放垃圾等行为；龙南市要加强对玉石岩摩崖石刻和太平桥的保护工作；崇义县要继续做好平茶寮碑的日常维护管理和周边环境整治工作；大余县要继续做好王阳明落星亭的日常维护管理工作。章贡区、南康区、信丰县、全南县、定南县、瑞金市、会昌县等对王阳明当年留有足迹的地区要加强相关遗址遗迹的保护工作。各地、各有关部门认真搜集、整理民间流传、收藏王阳明传世典籍、散逸著作以及王阳明弟子的笔记、心得、著述等，特别要注重孤本、善本、手稿等的搜集。

同时，赣州各县（市、区）人民政府和有关部门要加强对王阳明文化遗产保护工作的领导，将王阳明文化遗产保护列入重要议事日程。市文广新局、市文物局是全市王阳明文化遗产保护工作的主要责任单位，负责指导、督促各地开展王阳明遗产保护工作。各地要加强与市文广新局、市文物局的沟通与联络，合力加大文物保护的执法力度，严厉打击破坏王阳明文化遗产的各类违法犯罪行为，严禁因决策失误、玩忽职守造成王阳明文化遗产破坏、被盗或流失，确保在半年内有关王阳明重要文化遗产保护现状有明显改善，走上规范化、制度化、科学化管理轨道。

（五）保护非遗，赣州在行动

赣南人文荟萃，有着以客家文化为主的丰富的非物质文化遗产。赣州全市有国家级非物质文化遗产代表性项目 10 项、省级 96 项、市级 165 项、县级 556

项。2013 年，原文化部批准设立国家级客家文化（赣南）生态保护实验区。赣州市高度重视非物质文化遗产的保护和传承，全力做好非物质文化遗产的普查、认定、登记、申报和保护等工作，取得了显著成绩。

赣州市以编制保护区总体规划为契机，在赣州市深入开展非物质文化遗产普查调查。仅 2014~2018 年，赣州市共开展各类田野调查 200 多次，组织召开座谈会 45 次，走访非物质文化遗产传承人 1080 人（次），重点调查了 601 个非物质文化遗产项目，共挖掘筛选了 2207 个非物质文化遗产项目。在普查的基础上，系统开展非物质文化遗产项目的整理完善工作，对非遗项目实施分级保护；对普查成果建立档案，实行数字化、网络化、规范化管理，为后续保护、发展、利用提供资料依据及操作平台。同时，开展国家级代表性传承人抢救性记录试点，为国家级非物质文化遗产赣南采茶戏代表性传承人陈宾茂进行了抢救性记录资料录制，并为其撰写个人纪事，在赣州市宣传推广。

对整理后具备条件的非物质文化遗产项目，纳入县、市级非物质文化遗产代表性项目名录，并遴选最具典型性、有更高价值的项目申报省级、国家级非物质文化遗产项目，提升保护层级。随着 2020 年赣州市第五批"非遗"代表性项目名录公布，2021 年赣州共有国家级非物质文化遗产代表性项目 10 项、省级 108 项、市级 220 项、县级 556 项。以非物质文化遗产为核心的客家文化生态保护工作正由以项目、局部、个体为主，转向以全面、整体、全民为主。

非物质文化遗产传承，离不开人员队伍的建设、培训。非遗传承人作为非遗活态传播者，是非遗文化重要的承载者和传递者，非遗传承人队伍的建设显得尤为重要。赣州市把强化队伍作为一项长期性、基础性工作抓好抓实，健全了市、县、乡（镇）三级非物质文化遗产保护的专兼职队伍；建立起全市非物质文化遗产传承人体系，2021 年全市有国家级非物质文化遗产项目代表性传承人 5 人、省级 75 人、市级 225 人、县级 336 人；发挥老干部、老党员、老教师、老艺人、老工匠等作用，形成广泛参与非物质文化遗产保护的社会队伍。既做好非物质文化遗产传承人的培训，又做好专职人员和文化志愿者的业务培训，多次邀请国家级、省级非物质文化遗产专家授课辅导，积极组织参加上级举办的各类非物质文化遗产保护培训班。

纵观人类文化发展的历史，可以清楚地看到，任何一个现有的文化都不是凭空产生的，而是优秀传统文化的丰厚积淀和传承延续。正是这一人类文化发展的客观规律，决定了我们不能割舍中华优秀传统文化，而应以自身所拥有的民族文化遗产为基础，传承其中的优秀成分，并在此基础上不断发扬光大。

二、文化创新，紧扣时代脉搏

激活传统文化的时代魅力，是传统文化融入现代社会的必由之路。这种转化要符合时代需求，需要不断探索完善，只有不断调整传统文化的发展方向，使之与时代需求接轨，才能设计创造出具有传统文化底蕴的当代文化作品。

（一）文旅创新，技术融合

赣州历史文化悠久，红色旅游资源丰富。为推动赣州旅游产业实现跨越式发展，赣州市政府积极回应文化事业和文化产业高质量发展的时代诉求，顺应大数据、人工智能时代文化与科技融合的新态势。

2019年4月17日，赣州市文化广电新闻出版旅游局与赣州市智能产业创新研究院（以下简称"赣州智研院"）联合实施"VR+红色文化产业示范项目"，以5G、VR/AR、三维可视化、人工智能等前沿技术为手段，打造建设"红色初心 APP""5G+VR 智能自主体验终端""红色旅游 VR 云平台"、"红色内容云大脑"等红色旅游智慧产品，并于2020年推出赣州智慧旅游手机 APP 4.0，建成红色旅游 VR 云平台系统及应用。对红色文化遗产进行独特的内容呈现，为红色旅游再赋新能。

"5G+VR 智能自主体验终端"系统的作用并不仅仅停留在身临其境的体验层面。针对赣南红色旅游资源零散分布的特点，系统通过技术应用，充分尊重和帮助游客行使知情权和选择权，充当了一位贴心的"智慧向导"。系统通过场景再现，实现对各类旅游信息的智能感知和利用，让参观者及时了解获取相关景区信息，从而根据个人喜好等因素选择安排景点游览计划，帮助游客更好地安排旅游计划并形成旅游决策，让游程安排进入触摸时代。5G、VR、区块链等技术提升了代入感，增加了旅游的满意度，"智慧芯"的插入，让游客在旅游信息获取、旅游计划决策、旅游产品预订支付、享受旅游和回顾评价旅游的整个过程中都能感受智慧旅游带来的全新服务体验。传统的红色旅游体验模式，在信息技术的应用下正在发生悄然改变。

"智慧芯"改变的不仅仅是"旅游服务的智慧"，还有"旅游营销的智慧"。围绕区块链、多媒体等技术应用，赣州智研院实现了赣南老区的"红色元素数字化"。红色元素包括革命旧址、景区的摄影摄像资料，以及旧址、人物、故事的文字、音频介绍。赣州智研院针对红色元素建立数字化标准，赋予红色元素价值，建立新的消费模式，即把线下的红色元素通过线上推广消费，建立一种新的消费模式，实现信息的传递和实时交换，推动传统的旅游消费方式向现代的旅游消费方式转变，并引导游客产生新的旅游习惯，5G 技术应用下，赣州智研院融合人工智能、大数据、区块链、工业互联网等多种信息技术，初步搭建赣南智慧旅游生态体系基础。赣州智研院通过运用"5G+人工智能""5G+VR""人工智能 NLP 技术"，打造红色旅游云项目，实现了对赣南地区红色文化字符的同义关联，红色知识图谱集的制作，以及红色文旅资源的个性化推荐等，基本实现了赣南红色文化的智能化、数字化发展，研发出"5G+VR 智能自主体验终端""5G+VR 采集终端设备""红色初心 APP""红色内容云大脑答题终端"等红色旅游教育产品，并且已经在不忘初心网站收集了红色故事 1336 个，红色人物 2193 个，红色景点 838 处，红色图集 3913 幅，逐步呈现出数据智能化、推送精准化、场景动态化、需求人性化四大特征。此外，赣州智研院重点搭建红色初心地图、红色之旅路线、红色教育课程、红色 VR 全景体验、红色出行服务等应用模块，实现了 AR 智能讲解、VR 虚拟漫游、VR 智能导览、周边推荐、热门线路推荐、互动学习等功能，充分发挥红色旅游的教育功能，赣南老区红色旅游这艘大船正朝着智慧旅游的方向驶去。

（二）深化红色理论阐释，引领时代文明

红色资源蕴含了与时俱进的先进理论。恩格斯认为，每一时代的理论思维，包括我们时代的理论思维，都是一种历史产物，在不同个时代具有非常不同的形式，并因而具有非常不同的内容。这些先进理论深深蕴含于红色资源中，指导着中国人民革命、建设与改革创新的伟大实践。红色资源是时代进步的伟大产物，是在中国共产党领导中国各族人民追求民族独立和解放的伟大社会实践过程中产生的，代表了时代发展的正确方向。无论从哪个角度或哪个时间段来看，红色资源都是中国共产党领导人民在社会历史发展的各个转折关头所作出的正确抉择、所形成的宝贵时代精神和伟大动力。在革命、建设、改革等各个历史时期，红色资源都发挥了不可替代的重大作用，都代表了时代发展的正确方向。

在新时代的赣南，一处处革命战斗遗址、一首首红色革命歌谣、一件件苏区档案典籍正逐渐成为后人追寻先烈足迹、了解革命历史、缅怀革命先烈的载体和依托。挖掘、利用、传承好赣州丰富的红色文化，充分发挥红色文化育人培元、培根铸魂的作用，是重要的职责和使命担当。通过传播红色文化，让广大人民群众知道和牢记红色政权是从哪里来的、中华人民共和国是怎么建立起来的，加倍珍惜中国共产党开创的中国特色社会主义道路和中国特色社会主义理论体系。

《国务院关于支持赣南等原中央苏区振兴发展的若干意见》出台以来，赣州市紧紧围绕红色文化传承创新区战略定位，深入挖掘红色资源，促进资源创新转化，教育引导全市干部群众从红色基因中汲取强大力量，把赣州打造成最讲党性、最讲政治、最讲忠诚的红色圣地，为建设革命老区高质量发展示范区打造"红色引擎"。红色研究走深走实。赣州市高质量推进历史上第一个中共中央宣传部重大委托课题研究——马克思主义理论研究和建设工程《从瑞金溯源：为人民打天下，为人民治国家——中国共产党苏维埃红色政权道路的探索实践与现实启示》；赣州市委主要领导在《求是》《人民日报》刊发理论研究成果文章，进一步巩固苏区精神在中国革命精神链条中的重要地位。加强对苏区精神、长征精神等的研究概括和内涵提炼，先后举办长征精神、"人民共和国从这里走来——庆祝中华人民共和国成立七十周年"、苏区精神和苏区干部好作风等系列理论研讨会，编辑出版《永恒的初心——赣南苏区红色故事》《中国苏区简史》《中央苏区简史》等一系列理论研究成果，推动红色文化在新时代绽放光芒。围绕习近平同志在江西赣州视察时关于"从瑞金溯源"的重要指示精神，赣州市高质量推进中共中央宣传部重大委托课题研究《从瑞金溯源：为人民打天下，为人民治国家——中国共产党苏维埃红色政权道路的探索实践与现实启示》，形成26.5万余字的课题报告，课题研究阶段性成果之一在《求是》杂志发表。2020年9月，"纪念毛泽东寻乌调查90周年理论研讨会"在寻乌县成功举办，70多名特邀专家及入选论文作者代表参会，集中研讨展示了近年来关于调查研究的最新成果。"党的调查研究理论与实践"课题成功立项，《用好调查研究这个传家宝》读本形成初步成果。

（三）整合文化资源，做强旅游品牌

近年来，赣州立足自身文化禀赋，注重围绕赣州的历史现实地位，开展地域文化的研究，注重对红色历史遗迹的保护和利用，充分整合红色文化、客家文化等资源，为当地经济文化建设做贡献，构建"一核三区"旅游大格局，即以章贡区、南康区、赣县区为主体的宋城文化旅游核心区，以瑞金市、兴国县、于都县、宁都县、会昌县为主体的红色旅游区，以上犹县、崇义县、大余县为主体的生态休闲度假区，以龙南市、定南县、全南县为主体的客家文化旅游区，以及以兴国三僚、章贡区马祖岩、章贡区杨仙岭、定南布衣文化为核心的旅游产业集群。加快把资源优势转化为经济优势。为此，赣州编制完成《赣州市"十三五"旅游产业发展规划》《赣州市温泉旅游发展规划》，启动《赣州市三江六岸旅游开发与环境提升规划》编制工作，全市上下形成了以旅游业发展总体规划为基础，各级地方旅游发展规划和重点旅游区规划相结合的旅游规划体系。科学的谋篇布局，为全域旅游发展开启了新篇章。自2016年以来，全市旅游产业呈现稳中有进的良好发展态势，旅游综合实力不断增强，旅游接待能力逐渐提升，旅游品牌效应日益显现。

同时，为弘扬长征精神，打造长征文化品牌，赣州市不仅立足自身，整合内部文化资源，还与长征沿线重要城市合作，整合长征文化旅游资源，联合推出精品旅游线路。近年来，长征文化旅游越来越得到政府的重视与市场的青睐，相关旅游产业发展势头良好。但目前，各地长征文化旅游发展大都仅限于利用、开发当地红色资源发展旅游产业，相对较为分散，很难形成规模效应，如何打造有竞争力的旅游产品和品牌，整合各地长征文化旅游资源，实现我国红色文旅产业高质量发展成为各地关注的焦点。

2019 年 6 月，由赣州、遵义、延安三市党委政府联合举办的"2019 年赣州、遵义、延安长征文化旅游（北京）推介暨新闻发布会"在北京人民大会堂举行。赣州、遵义、延安三地准备有效整合当地长征文化旅游资源，将长征重要节点按照时间维度进行串联，共同推出以长征文化为主题的精品旅游线路，真实还原这一场由中国共产党领导中国人民英勇革命的壮丽史诗。根据合作协议，赣州、遵义、延安三地将共同整合长征文化旅游资源，推出以长征文化为主题的精品旅游线路，让广大人民群众在休闲度假、研学旅行中零距离感受红色文化。同时，三地还将合作挖掘长征历史文化、合作打造红色旅游品牌、合作走出革命老区高质量发展的新路子。

此外，为推动赣州、遵义、延安长征沿线重要城市的合作，共同宣传长征红色旅游品牌，三地还推出了"长征"红色旅游专列、包机等奖励政策，三地将筹措 500 万元以上的奖金，重奖向三市输送红色旅游客源的旅行社，鼓励旅行社组织更多的团队游客踏上长征红色旅游路线。

三、文化创新，回归民众生活

文化创新回归生活的天地，与生活对话。一方面，生活的原野上所呈现出的瑰丽景观是文化本身应吸纳的，是文化自身的应有之义，脱节于生活的文化必定是"瘸腿"的、"别扭"的；另一方面，文化创新旨在通过源源不竭的创新来保证文化自信的内在生命力，这也要求文化创新必须紧紧地扎根在生活的大地，如此，才能让人民群众真真切切地感受文化的力量。因此，传统文化必须紧跟振兴发展时代要求，不断推陈出新，才能贴近百姓，更好地满足新时代的文化需求。

（一）创新活动形式，红色文化深入人心

赣州市通过"政府搭台、群众唱戏"，常态化举办红色文化传承活动，营造红色基因代代相传的浓厚氛围。通过缅怀革命先烈清明祭奠活动，缅怀革命先烈丰功伟绩，激发干部群众红色情怀；连续五年举办文化惠民周活动，组织开展传唱诵读红色经典、"红色歌曲大家唱"、大型赣南采茶歌舞剧《八子参军》进大中专院校巡演、《长征组歌》学唱传唱等活动，让群众享受创新文化大餐，推动红色基因融入血脉、扎根人心；举办红色故事讲解大赛、中小学生红色故事大赛、"诵读红色家书、不忘初心使命"朗诵大赛等，推动红色课堂剧、红色乡土教材、红色歌曲走进课堂，帮助青少年学生从"红色基因"中汲取智慧和力量，争做时代新人，"主题诵读"活动发布作品1266期，参与人数超5000万人次；发挥红色资源在爱国主义、革命传统教育中的作用，将革命遗址打造成红色教育基地。加强爱国主义教育基地（教学点）建设，现有国家级爱国主义教育基地5个，青少年社会实践基地、党员干部培训教育基地或现场教学点1000多个；大力发展红色教育培训产业，建立干部党性教育培训联盟，成立赣州市红色资源保护发展中心，全市有10人获评省级金牌、银牌红色旅游"五好"讲解员。

（二）"非遗进校园"，精神滋养渗入千家万户

近年来，赣州市不断创新"非遗进校园"模式，探索非遗传播新方式与新途径，全面推进非物质文化遗产保护与传承。在开展"非遗进校园"活动中，设置非遗课程，在校园里研培促传承，将优秀文化遗产内容纳入教学计划，定期组织非遗传承人在校园进行项目传习，组织各县（市、区）根据本地实际编写适合中小学的非遗教材，让原先只有实践操作的非遗特色课，增加了理论依据，使学生在寓教于乐的氛围中感受非遗、体验非遗。兴国县将传承的重点放在了学校，大力开展"兴国山歌进校园"活动，专门编写了《兴国山歌乡土教材》等，在兴国当地中小学校进行教学，开创了一条"山歌进校园、促教学、传文化"的新路子。兴国县实验小学连续开展了16年的探索，如今建设了"山歌进校园"示范传承基地，培养了大量的"小小山歌手"。2018年，赣州市推选的兴国山歌进校园优秀实践案例项目，从参选的500余个案例中脱颖而出，入选全国10个获奖优秀案例，成为江西省唯一入选的项目。

采茶戏进校园，让本是草根文化的采茶戏重归草根环境，重获生机，起到了诸多良性的连锁反应。其中，本身是传统文化瑰宝的采茶戏在进校园得到传承的同时，因为渗透进了诸多的其他城市传统文化元素，带动整个传统文化得到传

承，起到了一石数鸟的教化作用。采取唱采茶歌、跳采茶操等多种活泼生动、通俗易懂、寓教于乐的形式，引导孩子们了解传统的采茶文化，感受传统采茶文化的魅力，并且通过对采茶文化的积极保护和传承，进一步教育孩子们热爱自己的祖国、热爱自己的家乡。

章贡区的学校将采茶戏和校园体操有机融合，精心改编成动作简易、舞姿优美的"采茶戏健身操"，学校将采茶戏进校园与校园文化建设、未成年人思想道德建设紧密结合。在学校普及推广，孩子们得到不少乐趣，不知不觉中接受了身边的传统特色文化。瑞金二中创作的原创节目《采茶韵律操》，开启传承采茶戏这一传统文化的希望之门，走出一条传承非物质文化遗产的新路。

（三）开发古城底蕴，切实改善居住环境

习近平同志曾指出"要把老城区改造提升同保护历史遗迹、保存历史文脉统一起来，既要改善人的居环境，又要保护历史文化底蕴，让历史文化和现代生活融为一体"。城市建筑可以复制，但历史文化无法复制。城市保留厚重的历史文化，往往能让生活在城市的人们有归属感，也赋予城市个性特色。

赣州是我国历史文化名城，于西汉初年建城，曾是宋代三十六大城市之一，迄今已有 2200 多年的历史。赣州市在城市建设过程中，坚持彰显个性、塑造特色的理念，尤为注重古城遗址的保护和传承，传承历史文脉，留住城市记忆，打造可识别城市。今天的赣州依旧保持着宁静安谧的自然之美，又多了无限的自信与豁达。一座快速崛起的城市，一座古城景观与高楼大厦纵横交错的城市，一座传统历史文化与现代商业文明和谐共存、交相辉映的城市。无论站在何处，都能让人深刻感受这座国家历史文化名城散发出的勃勃生机。

按照赣州古城文化振兴区的规划定位，章贡区在"振兴发展先行区、先进制造业驱动区、商务商贸核心区、宋城文化创新区、民生保障示范区"建设的目标指引下，积极对接落实完善水东片区、章贡经济开发区、水西产业基地等控规编制，大力实施小街小巷、庭院综合整治，全面推进历史文化街区改造。《赣州都市区总体规划（2012—2030 年）》中，赣州老城区为古城文化振兴区，河套老城组团以河套老城为主，同时纳入站北区、沙石镇京九铁路以西部分地区。通过疏解大型商业、教育等功能，降低人口密度，提升街区品质；重塑"赣州八景"视廊，构建通天岩、狮子岩、马祖岩、老城之间的绿道，重塑"三山五岭八境台"的景观格局。两千多年悠久历史文化的赣州古城，再一次迎来了历史文化旅游产业发展振兴的勃勃生机。

一般意义上的文化旅游商业资源，很容易陷入"华而不实""束之高阁"的怪圈，空间和建筑的文化属性无法满足消费行为、消费观念的当代化。然而郁孤台历史文化街区的改造，走的是另一种思路——构建一个从业态策划、空间规划、景观设计到运营服务、营销推广的全系统架构，建设一个全领域覆盖的文化旅游休闲商业街区。行走在夜色下的郁孤台周边，彩灯高挂，古色古香的宋代风韵商铺酒肆林立，处处仿古建筑宋韵彰显，四贤坊、军门楼威武庄严，广场上人声鼎沸。穿越时光，梦回千年，昔日古老的皇城——郁孤台周边地区已经成为赣州人旅游休闲的又一个好去处。与之前"赣州风情，宋城印象"为定位进行的文清路商业街提升改造工程交相辉映，郁孤台历史文化街区也正在崛起为赣州古城的新地标、新名片。郁孤台历史文化街区改造，是赣州市、章贡区两级政府高度重视古城历史文化风貌改造的一个缩影。

围绕"高品质居住社区、商业娱乐区和高档次休闲旅游区"的目标，目前，章贡区水西水东组团高标准慢行系统建设，以五龙客家风情园为主题的文化产业园建设，赣州古城和周边风景旅游区的区域绿道网建设，七里镇遗址公园建设，滨江农村居民点景观风貌、基础设施、旅游接待服务设施和娱乐设施改造，滨江分散工业搬迁，赣州站东侧的商贸服务、休闲旅游与文化娱乐产业拓展等，均已列上议事日程加紧建设，以"赣州市文化发展核心区、拥有高品质宜居环境的生活区"为总体定位的赣州古城文化振兴区，正为世人塑造出一个"生命的纽带、生态的环境、生动历史文化景观交相辉映的活力新城"。

例如，拥有3.2万人口的水东新城，集马祖岩、狮子岩、燕子岩、赣江、贡江等自然景观与马祖文化、七里古镇、和谐钟塔、儿童新村等人文景观于一体，其旅游资源总数达49个，其中自然景观10个，人文乡土景观39个。水东新城的概念规划有效地将自然景观和人文乡土景观进行融合，在都市区总体规划和苏区振兴发展规划的背景下，将水东新城的功能定位为集"行政服务、休闲旅游、商务商贸、高尚居住"于一体的生态文明新城。结合水东新城的功能定位，确定"一带（沿江生态景观带）一轴（沿虔东大道与储潭公路形成的区域发展轴），四心（行政中心、商务商贸中心、七里古瓷文化中心、马祖文化中心）六区（行政服务区、商务商贸、水上游乐区、马祖高尚居住区、水东高尚居住区、七里古瓷文化区）"的规划结构。

近年来，赣州市、区政府想方设法筹措了大量资金，投入赣州古城历史文化风貌区的改造工作，还投入近亿元建设历史文化博物馆和城市建设展示馆。赣州市在2013年启动了"百街小巷整治"工程，旨在打造精品街巷，首批将对章贡区解放街道的方杆巷、纸巷进行整体规划、打造，把宋城元素与民居、民俗相结合。"百街小巷整治"工程正式启动以来，截至 2020 年，赣州市中心城区 1632 条背街小巷获得改造。中心城区居民出行难、行路难、无亮化、无休闲场所的问题现已基本解决，赣江、东外、南外、解放、沙河、水南 6 个街办（镇）的 207 项小街小巷的路面硬化、排污、排水整治、小游园整治、亮化整治全面完成，据不完全统计，仅章贡区就实施百街小巷、庭院"综合"整治工程 310 多项，有效地解决了市民反映强烈的小街小巷道路不平整，城区污水随意排放，居民休闲、健身锻炼场地少等一系列问题。同时，按照规划中市民在 1 平方千米生活半径内必须达到的规范标准，建设了一大批供市民休闲、游玩、健身的小广场、小游园场地，大大地提升了市民的幸福指数。

（四）文化创新，制度领航

文化的繁荣兴盛离不开制度的创新和完善，文化制度的构建是制度建设的重要一环。近年来，文化领域一系列制度相继建立健全使文化发展和文化制度构建相融相洽、相辅相成，是坚持和完善繁荣发展社会主义先进文化制度的题中应有之义。

第一，理论学习出新彩。全市各级党委（党组）中心组和基层党组织建立每月学习日制度，深化"3+X"学习模式，讲好红色故事、传承红色基因与学习宣传贯彻习近平新时代中国特色社会主义思想相结合，将其作为全市各级党委（党组）中心组和基层党组织学习日的标配内容。建立健全传承红色基因的长效机制，让红色基因融入血脉，用红色基因涵养气质，在传承红色基因中汲取强大的信仰力量，锤炼忠诚干净担当的政治品格，发扬实干为民的过硬作风，永葆艰苦奋斗的革命本色，与时俱进、锐意进取，锲而不舍地把革命先辈为之奋斗的伟大事业不断向前推进，感恩奋进续写振兴发展新华章，加快建设革命老区高质量发展示范区。中共中央宣传部总结赣州市理论学习规范化、制度化、科学化经验做法向全国推介，并作为第二批"不忘初心、牢记使命"主题教育典型，组织中央主流媒体集中采访报道。

第二，转企改制为突破。2007 年，赣州在被列为全国文化体制改革新增试点城市后，通过以经营性文化单位转企改制为突破口，推进文化体制改革，文化产业发展取得累累硕果，走上了一条经济效益与社会效益双丰收的跨越式发展道路。为激发文化单位发展活力，赣州市在江西省率先编制出台《赣州市"十一五"时期文化发展规划纲要》《赣州市文化体制改革试点工作方案》《赣州市关于深化文化体制改革加快文化产业发展的实施意见》。赣州将一批条件成熟的经营性文化单位推向市场。对保留事业单位性质的，全面推行劳动、人事和分配

"三项制度"改革,有效激发了活力。赣州电视台、赣州广播电台在江西省率先推出以频道制改革为核心的内部体制机制改革,剥离经营业务创办了金牛影视发展有限公司等5家新型文化企业,实现了良好的社会效益和经济效益。新成立的赣州电视台影视发展公司等文化企业,通过公司化运作成功生产首部反映社会主义新农村建设的电影《赣南之恋》,引起强烈反响。

第三,政策支持有保障。赣州在文化体制改革中依托重点文化产业项目带动战略,推进文化产业发展。为了让企业安心落户发展,赣州蓉江新区制定下发了《赣州蓉江新区支持总部经济、科技创新、文化产业、全域旅游、数字经济、康养产业发展的若干政策(试行)》,从办公用房、科技创新、企业融资、人才引进等方面给予企业政策支持,对入驻企业给予租金减免和员工住房保障等优惠政策,推进启迪K栈双创孵化园园区食堂建设,切实帮助企业解决发展生产中的各种实际问题,为企业排忧解难。目前,赣州已形成以印刷产业基地建设为龙头,着力发展以报刊传媒、影视制作、印刷出版、演艺娱乐、广告会展、文化旅游、创意动漫和艺术培训为主体的文化产业群体,并设立了赣州市文化产业发展专项基金,用于鼓励和支持文化产业发展。依托重大项目带动,一大批有活力、有实力、有竞争力的文化企业在赣州大显身手。赣州华亿科技发展有限公司总投资1亿余元,致力于"数字赣州"网络建设,现已研发出两个具有国内领先水平的国家级网络文化科技成果;定南仙湖文化生态旅游产业园和龙南市九龙湾国际温泉旅游休闲度假区等大型文化产业项目也正在加快建设之中。

第四,文化服务体系牵民生。在推进公共文化服务体系建设中,2011年赣州市被确定为创建国家公共文化服务体系建设示范区,成为全国首批、江西唯一被确定为示范区的设区市。在原文化部、原省文化厅和国家创建工作专家委员会的指导支持下,深入调研,科学论证,编制了《赣州市创建国家公共文化服务体系示范区工作规划》《2011—2012年赣州市中心城区公共文化设施布局专项规划》《客家文化(赣州)生态保护区建设规划》《大力弘扬苏区精神,打响苏区文化品牌工作方案》等一批公共文化建设的规划和方案,描绘了赣州公共文化建设的蓝图。赣州市抓好图书馆、文化馆、博物馆、文化艺术中心、广播电视网络等基础设施建设。为推动乡镇综合文化站、村农家书屋、文化广场建设上规模上水平,各县乡都设立专项资金,抽调专门力量抓落实。

第二节 坚持协调发展，平衡文化发展差异

协调是文化平衡发展的现实诉求，没有协调就无法实现文化发展的整体推进。由于历史、现实、政策等原因，在文化改革发展的过程中，存在着城乡文化发展差异、文化质量与文化数量不匹配、文化硬实力与软实力不协调等问题。在文化改革发展中树立和贯彻协调发展理念，力促实现文化发展的城乡同步、供求平衡、内外协调、效益双赢。

一、城乡文化融合发展，补齐文化短板

在文化发展中倡导协调发展理念，就要补齐文化发展的短板，解决文化发展的城乡差异、区域失衡问题，赣州市聚焦城乡文化发展不平衡、农村文化发展不充分问题，推进城乡公共文化服务体系一体化建设，促进城乡文化协调发展、共同繁荣。强化文化设施建设，丰富文化产品供给，因地制宜地进行文化的产业发展，消除不同区域、不同群体之间的"文化鸿沟"和"文化差距"。

（一）构建城乡文化互哺机制

构建城乡文化互哺机制，促进城乡文化发展融合。随着中国特色社会主义进入新时代，党中央适时提出在城乡融合发展中实现乡村振兴，既符合人类文明发展进步的历史逻辑，又与马克思主义城乡关系理论高度契合。重塑新型城乡关系、促进城乡文化融合发展，必须构建城乡文化互哺机制，以促进城乡文化的情感认同和交流融合。通过统筹城乡公共文化设施布局，吸引资本、技术等文化资源要素更多向乡村流动。通过建立城乡文化人才结对帮扶机制，为乡村振兴注入新的文化动能。

我国城乡格局经历了从"二元对立"到"融合发展"的历史变迁。乡村"空心化"困局不仅导致了乡村精神的边缘化，而且给乡村文化带来了秩序失衡的发展困境。马克思主义城乡关系理论认为，城市和乡村文化资源禀赋具有明显的差异性和互补性。"只有随着城乡文化融合，才能使城乡居民平等地、自由地去获得历史上遗留下来的文化中科学、艺术、社交方式等一切真正有价值的东

西。"① 马克思主义城乡关系理论揭示了城乡关系从分离到融合演进的总体趋势，并为新时代推进城乡文化融合发展提供了理论依据。党的十八届三中全会明确提出"建设综合性文化服务中心"的改革任务。党的十九大提出的乡村振兴战略，为乡村走出文化困境提供了无限可能。城乡融合发展理念的贯彻和实施，又为乡村文化振兴提供了现实方案。

近年来，赣州市把建立和完善公共文化服务体系纳入经济社会发展的基本指标，全力推动公共文化服务标准化、均等化，常态化开展文化惠民活动，高质量建设国家公共文化服务体系示范区，不断增强群众文化获得感和幸福感。

赣州市先后出台了《公共文化服务体系建设意见》《赣州市新农村建设创建"百、千、万"文化工程活动方案》《关于赣州市乡镇综合文化站建设的实施意见》《赣州市中心城区公共文化设施布局专项规划》等一系列统筹城乡文化发展、加强农村文化建设的政策措施，为农村和基层公共文化服务体系建设提供了强有力的政策支持。统计数据显示，赣州市每万人拥有公共文化设施面积由2011年的156.4平方米提高到2019年的753.2平方米，增长382%；参照2018年第六次全国县级以上公共图书馆评估定级结果，赣州市获评6个一级馆、9个二级馆、4个三级馆；全市建有各类具有一定规模的体育场馆共计120个，比2012年增长1.85倍，"全民健身中心"建设规划率达100%。

（二）城乡互哺，乡村旅游促协调

近年来，赣州立足得天独厚的自然资源、文化资源优势，乡村旅游蓬勃发展，大量游客穿梭于城乡之间，旅游城镇化成为不少赣南乡村的发展路径。这类城镇化，既可以保存优秀传统文化，又可以实现农村的发展，还能够实现人的现代化。

赣州市通过积极编制出台各项国家级旅游试验区规划，并围绕规划每年研究制订试验区建设行动计划，对全市A级景区、A级乡村旅游点、星级旅游饭店、星级农家旅馆、旅游产业发展重点乡镇等建设进行了部署，有序推进旅游发展"十百千"工程。结合精准经济发展工作，研究制定了一系列政策，通过建设大项目带动当地就业，发展乡村旅游带动产业创新，研发推广旅游商品带动"造血"等方式，推进旅游产业的发展工作。仅在2015年，全市接待旅游总人数4801.24万人次，同比增长37.07%；旅游总收入395.13亿元，同比增长41.32%。全市新增国家AAAAA级景区1处，AAAA级景区2处，AAA级景区

---

① 马克思，恩格斯. 马克思恩格斯选集：第1卷［M］. 北京：人民出版社，2012.

5 处，创评四星级以上旅游饭店 4 家，三星级以上旅行社 7 家，新增旅行社网点 80 家。

与此同时，加快提升试验区旅游公共服务水平各项工作也在有条不紊地开展。上犹县黄沙坑至五指峰旅游公路等 5 条旅游公路共 48.3 千米，列入了《江西省旅游公路建设规划（2015—2020 年）》；进一步完善旅游交通指引系统，开展了高速公路沿线旅游交通指示牌设立工作，共设立了交通指示牌 150 块；实施了全市旅游厕所革命，切实抓好重点旅游景区旅游厕所新改建工作，建设完工 A 级以上旅游厕所 101 座，兑现了省、市奖补资金共计 1176 万元；采取"政府主导、企业参与、市场运作"方式，开发了集在线订票、订餐、订房、报团出游等功能于一体的赣州智慧旅游平台和手机 APP，并已上线运营。

为了加强政策引导，扶持和鼓励乡村旅游发展，赣州市先后制定出台了《关于开展 100 家星级农家旅馆创评活动的通知》《赣州市支持旅游发展奖励办法》等系列政策，极大地助推全市乡村旅游健康快速发展。截至 2016 年，全市各类休闲农业和乡村旅游企业达 1671 家。其中，成功创评全国休闲农业与乡村旅游示范县 2 个，全国休闲农业与乡村旅游示范点 3 个，省 AAAAA 级乡村旅游点 1 个，省 4A 级乡村旅游点 9 个，三星级以上农家旅馆 137 家，漂流点 18 个；宁都小布镇被评为"江西省十大休闲小镇"，龙南市关西镇关西村和兴国县埠头乡枫林村被授予"中国乡村旅游模范村"称号，安远县车头镇车头村田园山庄等 6 家被授予"中国乡村旅游模范户"称号，另有 60 名个人被授予"中国乡村旅游致富带头人"称号，40 家单位被授予"中国乡村旅游金牌农家乐"称号。全市兑现乡村旅游发展奖励资金 958 万元。

同时，力求业态突破，推动乡村旅游产品转型升级。赣州市依托自然山水、人文历史和农事节事等，发展形成了近郊踏青、果蔬采摘、乡村民宿、休闲度假、民俗体验等一批各具特色、星罗棋布的乡村旅游产品。集中打造了大余周屋村、上犹新建村、石城大畲村、瑞金沙洲坝村、赣县白鹭村等一批文化底蕴深厚、乡土本色浓郁、田园风光独特、环境整洁优美的旅游特色村，建设了龙南虔心小镇、上犹园村、赣县大田乡村部落等一批亮点突出、个性鲜明的乡村旅游点，推广了一批特色菜肴和风味小吃，推动发展了于都屏山牧场、大余黄龙花木产业示范园、石城通天寨荷花园区等一批集生产、生活、观光、休闲于一体的新型农业产业示范点。如大余丫山乡村生态园将农业产业园、美丽家园、旅游公园融合为一体，探索出了一条体验型休闲乡村游之路，成为江西省第一家 AAAAA 级乡村旅游点；龙南虔心小镇通过规划建设樱花谷、镜心湖、沐心谷、虔山寺四大休闲度假体验区，已成为集农业生产和家庭休闲度假为一体的生态农业休闲度假体验小镇；崇义以君子谷野生水果世界现代农业龙头企业为依托，打造了以野生水果知识科普、葡萄园休闲观光、葡萄酒庄酿酒工艺参观为一体的乡村旅游与工业旅游融合发展的乡村度假旅游景区；上犹新建旅游新村以推进产业耦合、突出特色项目、凸显文化内涵为发展理念，以花海、火车、奇石为纽带，打造了田心花海、赏石文化城、赣南森林小火车、柏水寨芝樱花谷等旅游产业示范引领项目。

此外，赣州市还坚持抓产业促发展，带动农民致富奔小康。通过积极发挥旅游业"一业兴、百业旺"的行业带动优势，推动乡村美和百姓富有机统一。如龙南虔心小镇景区采取倒包返租的方式，通过"公司+农户"的模式，将虔山鸡养殖项目倒包返租给当地贫困户，统一供给种苗、统一配送稻谷（虔山鸡的主食）、统一提供技术、统一回收成鸡，待虔山鸡出栏后，按每只鸡 10 元的标准结算劳务费，并根据成活率，给予绩效奖励；上犹新建村通过流转柏水寨土地 5000 余亩，开发柏水寨休闲创意农业园，当地村民除获土地流转租金外，还通过为园区务工，户年均增收 9000 元。

二、打造文化精品，文化作品重质重量

在文化发展中倡导协调发展理念，就要协调文化质量与数量、文化需求与供给。2019 年，赣州市委、市政府下发《关于加快文化强市建设的实施意见》，明确提出到 2025 年，赣州市的文化综合实力将全面提升，文化事业繁荣发展，文艺精品不断涌现，文化创新创造活力迸发，将建设成为在全国具有较大影响的文化强市。近年来，赣州市以此为目标导向，协调文化数量与质量、供给与需求的不平衡，坚持以人民为中心的发展思想和工作导向，把满足人民精神文化需求作为文艺工作的出发点和落脚点。一方面通过改善供给结构和提升供给质量，扩大优质供给、减少无效供给，为广大人民群众提供丰富多样的文化产品和服务；另一方面，根据时代发展变化，动态研究不同受众群体的文化喜好、行为习惯、消费方式等，改善消费条件，促进文化消费的便利化、大众化，刺激文化消费，以文化供给侧结构性改革为重点满足人民群众高质量的文化需求。

愉悦之效，教化之功，文化具有双重特性。建设文化强市，至关重要的是创作推出体现时代特征、富有赣州特色、具有强烈震撼力、在全国有较大影响并且市场效应好的艺术精品。赣州市深挖本土文化资源，同步推进文艺精品和文化惠民，为广大人民群众提供丰富多样的文化产品和服务。如兴国县山歌剧《老镜子》、兴国山歌《等着你》、会昌县采茶戏《畲山情歌》、安远县采茶小戏《圆梦九龙山》等，均获国家级奖项。赣南采茶戏《一个人的长征》等 3 部作品入选"庆祝中国共产党成立 100 周年舞台艺术精品创作工程"重点扶持作品名单，《永远的歌谣》获中共中央宣传部第十四届精神文明建设"五个一工程"奖，《抵达昨日之河》获第三届江西省文学艺术奖。大型赣南民俗音画《客家儿郎》在国家大剧院演出，其舞蹈片段入选文化和旅游部第十二届全国舞蹈展演。这些描摹时代底色的作品，释放了本土文化的魅力，集中展现了一个时代的品格气象与精神风貌。此外，赣州影视剧创作也大作频频，根据赣南真实故事改编的战争史诗催泪巨制电影《八子》于 2019 年在全国放映，大型理论文献纪录片《从瑞金出发》、电视剧《毛泽东寻乌调查》等精品创作扎实推进；中国长征超级 IP 动漫作品《长征总动员》，红色动漫《长征先锋》、《红游记》等动漫创作后来居上。不仅如此，在赣南这片红色土地上，还走出了张曼君、龙红、杜欢、杨俊 4 位中国戏剧"梅花奖"得主。定南瑞狮是 2008 年 5 月公布的"江西省第二批非物质文化遗产项目"，其造型及舞蹈动作取南狮、北狮之长，崇尚客家奋发进取、和谐包容精神理念，融南狮、北狮和客家艺术于一炉，形成了独具特色的艺术形态。2019 年，定南瑞狮作为赣南客家舞狮艺术的典范、定南县首个省级非物质文化遗产项目，有幸入选赴京参加天安门广场国庆 70 周年联欢活动表演，成为全国 9 个、江西唯一的地方民俗进京表演项目，为舞狮文化在新时代进行了全新的解读。

统筹推进物质文明和精神文明发展。唱响主旋律，牢牢把握正确舆论导向，不断传播正能量；提振精气神，深入开展文明城市创建活动，抓好身边好人评选工作，加快文化艺术中心、图书馆、农家书屋等文化设施建设，丰富群众精神文明生活；抓住结合点，发展文化产业和文化旅游业，注重创意包装，把故事挖出来，把碎片整理好，把亮点串起来，既发挥好文化滋润人心的作用，又开发出文化的经济价值。

为让文化精品走向大众，赣州策划了文化惠民周等活动，将精品艺术节目、优秀社区艺术节目和合唱节目在全市性群众文化活动中展演，为开展多形式的群众文化活动做了有益尝试，推动了基层群众文化活动的开展。2016 年春节前夕，首届文化惠民周活动启动，有 20 余万名群众在家门口享受了文化盛宴，展演了各县（市、区）新创作的优秀剧目，还有赣州京剧票友迎春演唱会，专门邀请中国国家京剧院青年演员肖田到场指导并献唱，较好地实现了"文化惠民、精品共享"。

三、文化硬实力与软实力齐头并进

文化软实力是一个国家或地区的文化体现出来的凝聚力、吸引力、影响力。文化硬实力指一个国家或地区拥有的文化领域配套基础设施、文化产业产值、文化产品、人才资本等"硬件"要素。在文化发展中倡导协调发展理念，就要正确认识文化产品意识形态属性与商品属性的关系、社会效益和经济效益的关系。促进文化事业全面繁荣、文化产业更好发展，推动物质文明与精神文明协调发展，让人民群众在物质生活更加殷实的同时，精神生活也更加丰富，坚持把社会效益放在首位，促进文化经济效益与社会效益的有机统一，实现文化硬实力与软实力的同步发展，从而推进文化改革发展的整体性和协调性。

传承红色基因，用好红色资源增强文化软实力。深入传承、开发赣州的红色文化资源，对于开展社会主义核心价值体系和核心价值观教育、打造赣州文化发展繁荣的文化品牌有重要价值。赣州近年来着力用好赣南红色资源禀赋，擦亮"共和国摇篮""长征集结出发地"等旅游品牌；不断深化与遵义、延安、桂林、龙岩等地的旅游区域合作，联动打造"长征文化"红色旅游品牌；加快红色旅游与红色教育、红色培训的融合，鼓励各地建设红色教育培训基地，于都县挂牌成立了雩都长征学院；着力建设红色文化传承创新区和全国著名红色旅游目的地，不断升级改造革命遗址、革命纪念馆和红色主题园区等场馆，使得红色文化与红色旅游互相促进、相得益彰。

发展文化产业、做好文化产品、吸引人才资本，增强文化硬实力。

第一，着力健全现代文化产业体系，实施"文化+"战略，促进文化与科技、互联网、旅游等深度融合，培育文化新业态、商业新模式。推动原创内容向出版物、影视剧、戏剧演艺等文化产品转化。充分发挥各类创业投资引导基金作用，加大对文化新业态创新企业的支持力度。这是赣州市满足群众多样化、高品位文化需求的重要基础，也是激发文化创造活力、推进文化强省建设的必然要求。赣州市顺应数字产业化和产业数字化发展趋势，实施文化产业数字化战略，加快发展新型文化企业、文化业态、文化消费模式，改造提升传统文化业态，形成了红色文化、客家文化、宋城文化、生态文化和世界钨都、稀土王国、脐橙之乡等新型文化业态交相辉映的新格局，提高质量效益和核心竞争力。赣州市围绕国家重大区域发展战略，把握文化产业发展特点规律和资源要素条件，规范发展文化产业园区，已建成赣州红五星文化创意产业园区，积极推动长征国家文化公园赣州段项目，推动区域文化产业带建设，促进形成文化产业发展新格局。赣州市坚持以文塑旅、以旅彰文，推动文化和旅游融合发展，建设一批富有文化底蕴的旅游景区和度假区，打造一批文化特色鲜明的国家级旅游休闲城市和街区，发展红色旅游和乡村旅游，让人们在领略自然之美中感悟文化之美、陶冶心灵之美。赣州市坚持社会效益和经济效益相统一，树立"文化立市"理念，深化文化体制改革，完善文化产业规划和政策，加强文化市场体系建设，不断扩大文化产品供给。

第二，吸引人才资本，强化文化硬实力。为了吸引并留住人才，赣州市在职称评定、参与培训、申报项目等方面对文化创意产业人才给予优惠待遇。鼓励对文化创意企业有突出贡献的高层次人才以知识产权、股权、期权等方式参与分配，并在落户、住房保障、补助资金等方面享受优惠政策。对海外高层次留学人才和留学人员创业团队以自有专利、专业技术、科研成果进行转化、创办文化企业的，给予创业资助，对在国外取得的学历、学位，经国家教育部门承认的优秀文化人才，可根据本人实际专业技术水平和能力，申报评审或报考相应专业技术职务任职资格。对引进的高层次人才，同等条件下可优先申请租住或申购人才用房，非本市户籍人才子女就学享受本市户籍学生同等待遇。江西省下达的"三区"文化人才支持计划中央专项资金，用于赣州市选派人员到基层文化单位开展文化志愿服务，支援基层开展文化工作和必要的短期文化服务，全市 11 个受援县（市、区）的 207 名派出人员获得补助。大大提升了赣州市基层文化工作队伍素质，为文化事业改革和发展提供人才支持。

四、"红绿古客"四色文化交相辉映

赣州文化多元、底蕴深厚。宋城文化、红色文化、客家文化交相辉映、熠熠生辉，厚重的文化积淀、丰富的文化业态，让赣州独具魅力，是文化旅游发展的雄厚实力。文化是明天的经济。对于一座城市而言，文化既是独一无二的印记，又是城市的精髓和灵魂，文化提升旅游，旅游传播文化，文化与旅游之间存在着天然的耦合性。"文化+旅游"将产生"1+1>2"的效应。赣州市将"红绿古客"四色文化资源，有效整合至赣州特色旅游资源当中，打出了"品味宋城神韵，领略客家风情，回归自然山水，重温红色经典"的金字招牌。

第一，赣州具有丰富的红色文化和红色资源。赣州红色文化是中国共产党领导人民大众在赣州这片红土地上，进行革命根据地建设和红色政权建设的伟大实践中形成的先进文化，苏区精神是赣州红色文化的核心和灵魂，并凸显出赣州红色基因的特质。赣州既是苏区精神的主要发育和形成之地，又是长征精神的发

源地。

第二，赣州具有丰富的绿色资源，切实推进保护生态公益林、改造低质低效林、建设水源涵养林、打造乡村生态风景林和推进林业平台建设"五条主线"，生态屏障愈加牢固。2019 年，该市森林覆盖率稳定在 76.2% 以上，获得了"绿色生态城市特别保护贡献奖""中国最具生态竞争力城市""中国最佳绿色宜居城市""全国首批创建生态文明典范城市""国家森林城市"等一系列荣誉。

第三，赣州人文历史资源厚重，名胜古迹众多，是一座历史文化名城。至今赣州还存留着许多宋代文化景点，有被誉为"宋城博物馆"的宋代古城墙、巍峨的八境台、郁孤台、文庙以及石雕宝库通天岩等。全市有全国文物保护单位 17 处，省级文物保护单位 48 处，保存着一大批历史古迹。

第四，赣州是客家先民从中原南迁的第一站，是客家诞生地和大本营之一，是客家文化的主要发源地和传承地，同时又是全国最大的客家聚居地，生活在这里的客家人总数超过 800 万。赣州现有 600 余幢古老的客家围屋，保存完好、较具代表性的有龙南关西新围、燕翼围和安远的东升围、全南的雅溪围、定南的明远第围，还有规模宏大的客家文化城，是客家后人寻根祭祖之地。2013 年 1 月，原文化部正式发文，在赣州市设立国家级"客家文化（赣南）生态保护实验区"。

赣州市将绿色文化、红色文化、古色文化和客家文化有机融合，促进了赣州市的旅游发展，形成了观光游览、休闲度假等多元化的旅游模式。依托森林公园、湿地公园、风景名胜区、国有林场等森林风景资源，赣州市打造了森林旅游精品线路，与红色文化旅游、客家文化旅游和宋城文化旅游互为补充，造就了融红色、古色、绿色、客家多种文化内涵于一体的赣州特色旅游。

赣州红色、绿色、古色、客家等各项独具特色的文化旅游发展齐头并进，离不开政策、资金的引导。赣州每年安排旅游产业发展专项资金 3000 万元，将旅游业纳入现代服务业攻坚战的重要组成部分，做到对旅游重大项目实行定期调度。赣州还组建了赣州市旅游专家智库，从学院派旅游专家、业界企业家、政府专家三类人选中遴选了 30 余名专家，为赣州市旅游项目建设、品牌创建出谋划策和专业把关。

第三节　坚持绿色发展，提升文化质量效益

绿色发展理念以人与自然和谐为价值取向，以绿色低碳循环为主要原则，是突破资源环境瓶颈制约，实现可持续发展的必然选择。坚持绿色发展，提升文化质量效益，近年来赣州市着重在两个方面下功夫：一方面，在文化产业发展中注意守住生态文明红线，完善文化、旅游、环保等行政管理部门之间的协调联动机制，确保任何形态的文化产业发展都不以牺牲自然环境为代价；另一方面，在文化建设中始终坚持把社会效益放在首位、实现社会效益和经济效益相统一，把握"两个属性"，即意识形态属性、文化属性。各级各部门加强市场监管，从根子上祛除文化垃圾、精神毒品，守护好共同的精神家园，确保文化建设沿着正确方向前进。

一、以绿色发展理念促进文化产业可持续发展

习近平同志曾指出，"经济要发展，但不能以破坏生态环境为代价。生态环境保护是一个长期任务，要久久为功"；"科学布局生产空间、生活空间、生态空间，扎实推进生态环境保护，让良好生态环境成为人民生活质量的增长点，成为展现我国良好形象的发力点"。文化产业被誉为21世纪的朝阳产业，是我国绿色产业体系的重要组成部分，推动文化产业向好发展，并推动文化产业与相关产业融合发展，是实现我国经济社会走绿色发展之路的必要举措。

赣州是江西省国家级历史文化名城，生态优势明显，非常重视绿色文化建设，在建设绿色文化时促进了其他文化建设，并将"绿色文化强市"作为文化发展战略的重要内容。因此，培育绿色文化、打造绿色城市、倡导绿色生活，让绿色文化成为赣州的文化品牌，使绿色文化建设可持续发展具有非常重要的意义。

（一）旅游开发注重生态保护

赣州是我国南方地区重要的生态屏障和南方18个重点集体林区之一，素有"江南绿洲"美誉，森林覆盖率达76.23%。近年来，赣州按照建设"生态旅游大市、著名旅游目的地"的指导思想，充分挖掘赣州的生态旅游资源，从规划控制入手，搞好绿化美化，把生态工程建设与经济发展相结合，促进环境保护与资

源开发平衡发展，促进生态旅游的长足发展，推动赣州市旅游产业的可持续发展。同时，赣州扎实推进生态文明建设，依托丰厚的生态资源大力发展森林旅游，赣州市着力实施旅游生态化战略，精心培育生态绿色旅游业，把生态工程建设和经济发展相结合，实现生态保护和发展旅游产业双赢。"两山"理念在实践中深深扎根，生态经济体系日益完善，一条生态美、产业兴、群众富的绿色崛起之路，正在赣南大地徐徐延展。赣州目前已跻身"国家森林城市""全国首批森林旅游示范市"。

赣州拥有 30573.33 平方千米林业用地、1.38 亿立方米活立木总蓄积、115 个自然保护地、88 个国家森林乡村。绿色生态已成为赣州的最大财富、最大品牌、最大优势。得益于赣南苏区振兴发展、国家生态文明试验区建设、省域副中心城市建设和打造对接融入粤港澳大湾区桥头堡等政策支持，赣州努力做好治山理水、显山露水文章，结合发展全域旅游，积极推动森林旅游高质量发展。按照"科学规划、严格保护、统一管理、合理开发、永续利用"的原则，赣州精心编制《赣州市全国森林旅游示范市建设规划》，将森林旅游与红色文化旅游、客家文化旅游、宋城文化旅游、橙乡文化旅游有机融合，构建起"一核四区五带"的森林旅游空间布局。"一核"即包括上犹、崇义、大余在内的赣州森林旅游核心区域；"四区"即中部宋城文化森林旅游区、南部客家文化森林旅游区、东部寻根溯源森林旅游区、北部红色教育森林旅游区；"五带"分别为赣深高铁森林旅游发展带、粤赣闽森林旅游发展带、济广高速森林旅游发展带、客家江源森林旅游发展带、泉南高速森林旅游发展带。截至 2019 年，森林旅游景区内有车船 240 台（艘）、游步道 461 千米、餐位总数 11720 个、床位 5405 张，社会森林旅游从业人员达 1465 人。①

目前，赣州已经形成"游"为纽带、"康"为主体、"养"为特色、多业态互补互促的森林旅游产业格局，重点打造了大余丫山、崇义阳明山、赣州阳明湖、安远三百山、石城通天寨、会昌汉仙岩、宁都翠微峰等一批南北贯通、东西交错的森林旅游精品线路；建成了龙南虔心小镇国家级森林养生基地，大余丫山、赣县天子峰、安远三百山等省级森林康养基地，龙南南武当、章贡区花田小镇等省级森林体验基地。森林旅游品质不断提升，平整宽阔的盘山公路，林茂粮丰的生态庄园，设施齐全的旅游商业街，观光游览、休闲度假、健

---

① 资料来源：赣州市森林旅游迈向高质量发展［EB/OL］. 客家新闻网，2019-08-07. https：//baijiahao. baidu. com/S？id=1641183805568680510&wfr=spioler&for=pc.

身康养、野营探险、自然体验、科普教育等丰富的森林旅游养生产品，为游客创造着"诗和远方"的美好体验。如今的赣州，四海游客慕名前来，敞开心扉"森"呼吸，拥抱自然"林"距离，森林旅游正成为消费新热点和经济增长点。2019年，全市森林旅游接待游客4470万人次，实现总收入470余亿元，约占全市旅游总收入的33%。

除此之外，赣州市积极探索"矿山环境修复+全域旅游"模式，将矿山环境恢复治理和景区旅游发展有机结合，最大限度地发挥项目的社会、生态、经济效益，有力地促进赣州市有效保护、合理开发和持续利用矿业遗迹资源，展示矿业发展历史内涵，促进地方旅游经济发展。其中大余西华山矿山公园、于都盘古山矿山公园被授予第四批国家矿山公园资格。盘古山矿山公园地处于都县盘古山矿、铁山垅矿地区，具有光荣的革命历史和丰富多彩、光辉灿烂的矿山文化。国家矿山公园的建设实现了矿山环境恢复与特色旅游融合发展，历史遗留的废弃稀土矿山环境问题也得到有效解决。

（二）产业发展注重环保可持续

在新时代，绿色发展离不开绿色文化理念支撑，绿色文化理念的主旨在于实现人与自然的和谐发展。大余县靠文化创意提升县域传统产业和项目，走出了传统产业与文化产业共赢的发展之路，使资源型传统产业转变为效益高、前景好的新兴文化产业项目，探索出一条县域发展文化产业的新路子。

其中赣州市大余县锡、钼、铜等有色金属资源十分丰富，现有规模以上钨及有色金属加工企业近30家。为提高产品附加值，大余县引导企业把锡、钨等有色金属的实用功能与现代文明、绿色环保、文化创意有机融合，成功开发了锡制花瓶、锡制酒具、钨金装饰品等一批自有知识产权和自有文化产业品牌的工艺品，生产的绿色环保型高纯锡制旅游工艺品填补了全省有色金属工艺旅游产品的空白。

江西首家锡工艺品生产厂家——大余县东宏锡制品有限公司，在产业发展之初，主要以冶炼生产锡锭、锡条、锡丝为主，产品直接投放市场，每千克纯利润只有十元左右。赋予产品文化内涵，打造成锡制工艺品后，每千克锡的售价约合人民币400元，从经营"工业锡锭"到经营"锡工艺品"，这几字之差，让这家传统金属冶炼企业摇身变为文化创意产业，纯利润也提升了约40倍。

传统产业靠文化"点石成金"，产生了利润大幅提高、产品供不应求的"倍增效应"。通过巧打创意牌和文化牌，大余县重点培育了东宏锡制品有限公司、经纬钨业有限公司、南安板鸭厂和多味花生厂等企业，初步形成了锡制工艺品、钨金工艺品、板鸭腊味、客家风味食品四大系列文化旅游产品。该县对文化产业重点项目实行"一名县领导牵头、一套政策扶持、一支队伍服务、一笔开发经费跟进"的工作机制，灵活招商，全力争资，一幅红色赣州绿色崛起的美丽长卷正徐徐铺展开来。

崇义县将当地文化特色与生态旅游相结合，实行"竹乐文化与生态旅游"交融发展，逐步完善竹文化产业项目链条，形成以乐器研制和表演为核心，带动乐器制作、展览、工艺制品生产等相关项目共同发展的格局，并将竹乐表演搬进景区，提升旅游文化品位，助力生态旅游升级。仅 2014 年，崇义县共接待旅游人数 140.35 万人次，同比增长 31.21%；实现旅游收入 75761.27 万元，同比增长 26.76%。①

二、以绿色发展理念涵养文化生态

改革开放以来，我国文化发展迎来了春天，文化领域"百花齐放"。但不可否认的是，形形色色的错误思想也出现在文化治理中，成为文化治理中的重点和难点，影响文化治理的成效。因此，赣州市在文化内容治理上下大功夫、大气力，激浊扬清。坚持马克思主义在意识形态领域的指导地位，以社会主义核心价值观引领文化建设，在多元多样文化相互激荡中立稳跟脚，在纷繁复杂的社会思潮中奏响主旋律。加强网络技术与新媒体的建设、管理、运用，为健康网络文化内容的传播与发展提供载体与媒介。

(一) 坚持马克思主义的指导地位，抓实党管意识形态工作

意识形态工作是党的一项极端重要的工作，关乎旗帜、关乎道路、关乎国家政治安全。赣州积极创新落实党管意识形态工作责任制，压实主体责任，扎实推进基层宣传思想工作，巩固壮大意识形态工作阵地，全市呈现出理论武装入脑入心、舆论引导有声有色、文化熏陶润物无声的生动局面。

建立有效机制，抓实党管意识形态。近年来，赣州狠抓意识形态工作责任制落实，压实主体责任，要求各级党委（党组）加强对意识形态领域重大问题的分析研判和统筹指导，带头知责履职，担起"第一责任"，当好"第一旗手"。赣州市在全省率先将意识形态工作作为一级考核指标纳入县（市、区）科学发展综合考评体系，纳入各级党委（党组）书记年度工作述职，初步构筑了横向

---

① 资料来源：好山好水好光景——崇义生态旅游引领经济发展升级［EB/OL］. 大江网，2014-12-01. https：//jxgz. jxnews. com. cn/system/2014/12/01/013467363. shtml.

到边、纵向到底的意识形态工作责任链。同时，首次将意识形态工作作为一级考核指标纳入县（市、区）科学发展综合考评体系，与党风廉政建设、领导班子建设等摆在同等重要位置进行综合考评；纳入领导班子、领导干部目标管理考核，将考核结果作为领导班子和领导干部业绩评定、奖励惩处、选拔任用的重要依据，意识形态工作责任制由"软约束"变成了"硬指标"。

强化责任意识，突出关键环节。赣州市充分调动各条战线、各部门抓意识形态工作的积极性，着力形成党委统一领导、党政齐抓共管、宣传部门组织协调、有关部门分工负责的工作格局。赣州市将主要公共文化产品和服务项目、公益性文化活动纳入财政经常性支出预算，并逐年提高支出比重；设立 2200 万元文化产业发展专项资金，投入 500 万元扶持赣南红色文艺精品创作；在全省率先实施宣传思想文化系统干部培训规划，与清华大学等国内知名高校联合举办培训班。同时，拓展阵地，充分发挥意识形态工作引领社会、凝聚人心、推动发展的强大作用，为该市打好"六大攻坚战"提供坚强的思想保证。深化价值引领，持续发布"赣州好人榜"，赣州市健全道德模范和身边好人关爱帮扶机制，创造"好人无忧"的社会环境，专门出台道德模范礼遇帮扶实施办法，七种礼遇方式、八种帮扶途径，实现道德模范、"身边好人"和优秀志愿者常态化帮扶礼遇。

传承红色基因，苏区干部好作风深入人心。回顾红色历史，"苏区干部好作风，自带干粮去办公，日着草鞋干革命，夜打灯笼访贫农"不仅在人们口中传唱，更是我们要始终传承和坚持的优良作风。苏区干部的好作风，说到底就是全心全意为人民服务，凡事党员冲在前，百姓诸事记心间。在新冠肺炎疫情防控期间，赣南大地上暖流涌动，各级党组织充分发挥"支部引领、党员带头"作用，积极响应，号召党员踊跃投身抗击新冠肺炎疫情一线，让党旗在新冠肺炎疫情防控斗争第一线高高飘扬。赣州市先后派出七批医疗队共 307 人支援湖北。全市涌现了大余县疾病预防控制中心艾防科副科长蒋金波，于都县马安乡溪背村党支部委员、村委会主任郭东生，兴国县自然资源局方太自然资源所所长曾华林等坚守基层一线的抗疫英雄。

（二）净化社会文化环境，宣传弘扬主旋律

近年来，我国在净化文化环境方面积极响应群众呼声，采取了许多有力措施，也取得了积极成效，文化市场环境进一步净化。2020 年赣州市委市政府印发《关于贯彻落实〈新时代公民道德建设实施纲要〉的实施意见》，意见指出，要丰富新时代公民道德建设内容，筑牢理想信念之基，培育和践行社会主义核心价值观，传承中华传统美德，广泛挖掘研究客家文化、宋城文化、阳明文化等赣南优秀传统文化资源中蕴含的道德资源，深入阐释其时代价值，使之与现代文化、现实生活相融相通。持续开展"少年传承中华传统美德"系列教育活动，编写中华文化幼儿读物，创作系列绘本、童谣、儿歌、动画等。扎实推进"赣南新妇女"运动，弘扬尊老助老、爱老敬老传统美德。在广大农村、社区建设一批"德文化""孝文化""廉文化""慈文化""好人文化"等道德传播阵地。

拓展公民道德建设路径。赣州市把立德树人贯穿学校教育全过程，用良好家风涵育道德品行，以先进模范引领道德风尚，以正确的舆论营造良好道德环境，以优秀文艺作品陶冶道德情操，抓好重点群体的教育引导。精心选出"最美人物""赣州好人"等先进典型，综合运用宣讲报告、事迹报道、专题节目、文艺作品、公益广告等形式，广泛宣传他们的先进事迹和突出贡献，树立鲜明时代价值取向。关心关爱先进人物和英雄模范，建立健全关爱关怀机制，维护先进人物和英雄模范的荣誉和形象，形成德者有得、好人好报的价值导向。

广泛开展道德实践活动。赣州市广泛开展弘扬时代新风行动，深化群众性精神文明创建活动，持续推进诚信建设，深入推进学雷锋志愿服务，常态化开展"垃圾不落地——城市更美丽"等各类志愿服务活动。构建"群众点单、中心派单、志愿者接单、社会评单"的新时代文明实践志愿服务工作模式。加大对基层志愿服务工作的扶持力度，提高县域志愿服务组织化程度。健全全市志愿服务激励保障机制，推进学雷锋志愿服务制度化、常态化。

加强网络道德建设。赣州市加强网络内容建设，丰富网上道德实践，提升网络道德环境，积极培育和引导互联网公益力量，探索"互联网+公益""互联网+慈善"模式。网信部门联合民政部门指导和联系一批网络公益组织，推出一批脱贫攻坚、教育助学、养老助残等网络公益项目，使更多人理解公益、参与公益。严格依法管网治网，加强互联网领域执法，依法惩治网络违法犯罪。强化网络综合治理，加强网络社交平台、各类公众账号等管理，切实维护好网络道德秩序。开展"净网""扫黄打非"等网络治理专项行动，促进网络空间日益清朗。

完善公民道德建设的法治保障。赣州市对加强组织领导作出了明确安排，要求建立健全党委统一领导、党政齐抓共管、宣传部门组织协调、有关部门各负其责、全社会积极参与的工作格局，推动形成公民道德建设蓬勃开展、深入发展的良好局面。

（三）绿色文化，全民享有

以绿色文化打造绿色家园，绿色是底色，家与园才是核心。赣州创建国家森林城市，打造绿色家园，核心的精髓就是让绿色融入城市与百姓。城市绿化建设遵循自然法则，以城市道路、"三江六岸"和公园绿地为重点，因地制宜，巧妙利用自然山体、河岸、水域和湿地等原生态环境，既借景又造景，全面推进"植树增绿"和园林景观提升工程，营造"山为翠浪涌，水作玉虹流"的山水城市景观意象，逐步形成"古郡与绿韵相辉映，新城与生态共交融"的赣州特色景观。赣州所有城市公共绿地均免费开放，让公众最大限度地享受森林城市建设成果。目前，赣州还建有赣州市自然博物馆、林业生态馆、动植物标本馆、森林动物园等生态文明建设基地。其中赣州自然博物馆总投资约 2 亿元，为地级市及华南地区首家综合性自然博物馆。赣州编辑"创森"系列丛书《村口那片风景林》《"创森"的脚步》《赣州市古树名木》《"创森"先锋》和《赣南林产品荟萃》，拍摄制作了《创建国家森林城市汇报片》和《赣州林业建设专题片》，记录了赣州市上下同心协力，勇创一流的坚定意志和心路历程。

第四节　坚持开放发展，力促文化交流

文化因交流而繁荣，文明因互鉴而兴盛。文化只有在开放中才能发展自己，中华文化的世界影响力只有在文化发展中才能实现。我们要坚定文化自信，不断激发自身文化发展的内在活力，在文化开放中汲取人类不同文化的有益养分，在推动文化守正创新中不断壮大民族文化本体，推动中华优秀传统文化创造性转化和创新性发展，继承革命文化，发展社会主义先进文化，不忘本来、吸收外来、面向未来。

党的十八大以来，习近平同志反复强调我们要融通外域优秀思想文化资源，大力促进中华文化的对外传播。以开放理念力促中华文化走向世界，表明了对待文化的气度和态度。正如习近平同志所说，"不同文明要取长补短、共同进步，让文明交流互鉴成为推动人类社会进步的动力、维护世界和平的纽带"。要以开放的气度对待世界各国的先进文化，坚持多样共存，尊重文化差异，倡导文化平等，积极吸纳外域文明的优秀成果，在吸收借鉴中能够并善于明辨是非，增强文化自信，传播中国价值，展示中国精神。

以开放理念力促中华文化走向世界，要坚持文化对外开放的战略布局，在文化改革发展实践中不断探索能够提高国际传播能力、提升国家国际形象、扩大中华文化影响力的战略举措。在赣州市政府主导的原则下，充分发挥企业、高校、民间组织等的力量，以世界各国人民喜欢的形式、能够听得懂的话语、愿意接受的方式进行中华文化的对外传播，向世界人民讲中华文化的精髓，使跨越时空、超越国度、具有永恒魅力的中华优秀文化在世界各国广泛传播。赣州市深入学习贯彻习近平同志关于文化建设的重要论述，牢牢把握社会主义先进文化前进方向，坚持以文铸魂、以文塑形、以文传情、以文惠民、以文兴业，坚定不移深入推进文化强省建设，大力繁荣文化事业发展文化产业，切实增强文化软实力和综合竞争力，不断开创赣鄱文化繁荣发展新局面，为建设富裕美丽幸福现代化江西、描绘好新时代江西改革发展新画卷提供强大精神动力和文化支撑。

一、加强国际文化交往

（一）发挥独特文化资源优势

赣州市积极参与加强与"一带一路"沿线国家和地区文化方面的交流合作。以客家文化为纽带，赣州推动江西与"一带一路"沿线国家和地区交流交往：第一，外塑形象，搭好客家文化交流联谊的平台。广泛联系客家地区媒体和文化传播公司，整合各方力量，进一步加强赣州客家的宣传力度，提升客家文化的影响力；搭建联谊联络平台，广泛加强与"一带一路"沿线国家和地区客家社团的联络联谊，扩大江西在客家活动中的影响力。第二，扭住关键，发展以文化为纽带的经贸往来。综合利用好围屋等客家旅游资源，联合闽粤等客家地区，建立客家旅游联盟，重点打造好客家旅游精品线路，精心打造客家旅游文化品牌，以文促旅，推动经贸合作，让客家文化"走出去"。第三，充分发挥客家商会的作用，依托各类文化经贸交流活动，吸引海内外广大客商来江西投资兴业，促进客家文化更好地传承，实现走进来。

同时，文化的国际交流促进了本土文化自身的发展和进步，也为赣州市的发展积累了人脉资源，拓展了发展机遇。赣州市推进赣州文化在海外传扬和传播，引导旅居海外的赣州新生代客家人寻民族根，延续中华文化魂，助力赣南苏区圆振兴梦。实施文化交流项目，对外交流有了常态化的基础，丰富的文化内涵和体验形式，自然产生了巨大的吸引力。赣州市文联佬偠歌合唱团以"立足本土音乐，走向世界"为出发点，发挥自身在作曲、作词等方面的优势，将赣南采茶戏等具备赣南客家文化的音调、曲词进行融合，改编成合唱的模式，以合唱作品进行演唱。2018年赣州市文联佬偠歌合唱团，与来自全球59个国家和地区的308支合唱团15000余名合唱爱好者同场竞技，荣获第十四届中国国际合唱节暨国际合唱联盟合唱教育大会成人混声组"A级合唱团"（金奖），成人组女声"B级合唱团"（银奖）。

赣州将继续举办客家文化行夏令营和"中华文化大乐园"活动，让本土文化不仅花开墙内，还香飘海外。2012年7月，首个海外华裔青少年江西客家文化行夏令营在赣州市开营，有90多名来自美国、加拿大等地的华裔青少年参加，实地学习感受客家民俗文化、赣州历史与文化、赣南客家山歌、客家人的迁徙等内容。

2016年，赣南师范大学巡演团走进摩洛哥和塞内加尔，与摩洛哥穆罕默德五世大学孔子学院、哈桑二世大学孔子学院和塞内加尔达喀尔大学孔子学院一起庆祝2016年"孔子学院日"，为中非文化交流"牵线搭桥"，做好文化交流文明使者。2017年，赣南师范大学巡演团分别走进斯里兰卡首都科伦坡和孟加拉国首都达卡举办6场文艺演出，并与两国相关文化机构建立交流合作关系，为中斯和中孟文化交流牵线搭桥。

共同的文化基石是增进国家之间相互理解的重要纽带，赣州是王阳明"立德、立功、立言"的重要实践地，也是王阳明"知行合一"思想的主要形成地和成熟地。同时阳明思想也是中华优秀传统文化的精华之一，历经五百多年传承发展，成为世界文化交流的桥梁，特别是在促进国际文化交流、人民相互理解、凝聚共识、融合共生方面发挥了重要作用。赣州十分重视阳明文化的传承弘扬，更加推崇阳明心学文化内涵发掘，光大"知行合一"的时代价值，大力开展阳明文化遗址遗迹保护修复、完善阳明文化传承发展规划、组织开展学术研究研讨、系统挖掘其时代精神、时代内涵，新建有阳明书院、阳明博物馆、良知楼、阳明公园、阳明湖、阳明山和阳明中学等，努力打造中国阳明心学研究高地，让阳明文化薪火相传。2019年，赣州市政府分别在日本东京、韩国首尔举办"知行合一——王阳明在赣州"阳明文化对外交流活动，以阳明文化为载体，促进东亚文化交流，进一步提升了赣州文化发展的国际知名度、美誉度，加强文化、旅游方面合作与交流。2020年，崇义王阳明展览馆入选第八批中国华侨国际文化交流基地，旨在加强侨联组织与社会文化机构的双向协作，挖掘、展示、运用优质文化资源，促进向海内外传播弘扬中华优秀文化，促进凝聚侨心侨力。此外，亲子儿童剧《白雪公主》、《木偶奇遇记》，漳州歌仔戏（芗剧）《保婴记》，北京电影学院话剧《回家》，赖声川话剧《千禧夜，我们说相声》，大马戏《小丑嘉年华》，法国钢琴演奏会等先后在赣州市隆重上演。

赣南文艺精品陆续走出国门，省外艺术精品纷纷亮相赣州，赣南文化影响力、感召力进一步提升。赣南采茶戏向海外迈进，赣南采茶戏优秀传统小戏及客家歌舞亮相新加坡。虔州龙头骨化石模型赴日本展示交流，龙南客家山歌唱响马来西亚沙巴客家文化节。《山歌情》剧组主要演员一行抵泰进行了为期 7 天的艺术文化交流，在加强艺术交流的同时，还向泰国华人介绍了赣州深厚的文化底蕴、资源优势以及优越的交通位置，让泰国华人更深入地了解赣州。

宁都县黄石镇中村客家傩戏，亮相中国文联、江西省人民政府、中国民间文艺家协会在南昌联合主办的"中国江西国际傩文化艺术周"活动。由宁都"客家傩"和"竹篙火龙"、瑞金"马灯舞"、于都"客家迎亲"、上犹"九狮拜象"、石城"灯彩" 5 支队伍 380 多人组成的庞大表演团，与来自日本、韩国、俄罗斯、莫桑比克、巴西的 5 支国外表演队和来自我国贵州、安徽、湖南等的 10 支外省傩舞队及其他地市 14 支表演队一起，参加了开幕后举行的大型民间艺术踩街表演，《人民日报·海外版》《客家世界网》等媒体也多次对中村傩戏进行了介绍。

（二）善用平台拓宽交流渠道

赣州市借助外事平台，整合资源优势，积极拓展对外交流通道。以文化为载体，得以在更大的国际舞台上全方位展示开放形象和自信姿态。2010 年 5 月，江西理工大学向国务院侨办申请设立赣州市首个华文教育基地，并于 2011 年 11 月正式揭牌，重点面向海外华裔青少年和华文教师开展客家文化、红色文化和生态文化教育及特色文化体验活动。赣南师范大学积极与韩国、泰国、乌克兰、俄罗斯、美国、加拿大等 10 余个国家有关高校和教育机构建立了良好的合作关系。

赣州与塞拉利昂的友好源远流长，双方高层曾多次进行互访，2009 年与塞拉利昂首都弗里敦市正式结为友好城市。2012 年 9 月，赣南师范大学承办的塞拉利昂大学孔子学院正式揭牌，这是赣州市在国外举办的第一个孔子学院，也是全国首个地方性大学承办的孔子学院，赣州市通过地方外交巩固了中非传统友谊。2018 年 12 月，赣州市专程赴"一带一路"专列抵达欧洲枢纽城市德国汉堡，举办了"世界橙乡·生态家园"赣州旅游推介会，在德国设立"赣州市旅游推广驿站"，与德国的中国入境旅行服务商"中国之旅"在共同开发赣州旅游线路、更好地宣传赣州旅游等方面开展深入合作，海内外 300 多家媒体对活动进行了宣传报道，开辟赣州市"一带一路"入境旅游市场的新篇章。在此基础上，赣州市扩大宣传推广，深化合作，迎来"一带一路"的游客。2019 年，中国赣州（圣彼得堡）旅游推介活动在圣彼得堡俄中商务园举行，旅游推介会把赣州秀美的自然风光、厚重的人文历史推向境外游客，进一步促进赣州与圣彼得堡文化、旅游和经贸双向交流与合作，让中俄地方交流合作希望的种子在两地开花结果，促进了赣州与圣彼得堡文化和旅游双向交流与合作，双方在打造精品线路，开展客源互送上达成了共识，将共同开拓"一带一路"入境旅游市场，吸引并组织更多的俄罗斯等境外游客走进赣州休闲度假旅游。

在开展对外文化交流方面，赣州市融入和借助国家的一系列文化平台：2010年5月，江西理工大学向国务院侨办申请设立赣州市首个华文教育基地，并于2011年11月正式揭牌，重点面向海外华裔青少年和华文教师开展客家文化、红色文化和生态文化教育及特色文化体验活动。赣南师范大学积极与韩国、泰国、乌克兰、俄罗斯、美国、加拿大等10余个国家有关高校和教育机构建立了良好的合作关系。2012年，赣州市择优选派12名优秀教师前往加拿大渥太华实施首次"中华文化大乐园"海外送教活动，为近300名华裔青少年带去了中华文化大餐。其中，中华魔术、中华武术、中华民族声乐、中国国画、中国地理等课程深受学生们欢迎。实施文化交流项目，对外交流有了常态化的基础，丰富的文化内涵和体验形式，自然产生了巨大的吸引力。赣州将继续举办客家文化行夏令营和"中华文化大乐园"活动，让本土文化不仅花开墙内，还香飘海外。

文化的国际交流促进了本土文化自身的发展和进步，也为赣州市的发展积累了人脉资源，拓展了发展机遇。据赣州市外侨办负责人介绍，今后，赣州市将继续推进赣州的文化在海外传扬和传播，引导旅居海外的赣州新生代客家人寻民族根，延续中华文化魂，助力赣南苏区圆振兴梦。

此外，赣州还积极参与国家级、国际化、综合性文化产业博览交易会，签约重大文化产业项目。在文博会上参展的作品也深受经销商和广大群众的喜爱，红色文化系列产品吸引眼球，上犹油画创意产业园更是受到美国旧金山客商的青睐，当即签下1000余万元的订单，要求加盟成为美国总代理、在旧金山设立展馆。

二、加强区域文化交流

（一）赣州市在区域文化交流合作方面成果丰硕

赣州市以红色文化基因为纽带，深化区域合作，着力推动革命老区高质量、跨越式发展。赣州市委、市政府主要领导和分管领导为赣州红色旅游站台，通过"走出去，请进来"方式，联合遵义、延安发起举办"红军长征论坛"，签订战略合作框架协议，举行长征文化旅游（北京）推介暨新闻发布会、开展《长征组歌》巡演等交流活动10余次，实现三地航线互通，开启了红军长征沿线城市交流合作的新篇章。引进各类红色文化培训和青少年红色研学团队，其中2018

年仅陕西省发来的大型研学游专列人数就超 1 万人，充分搅动红色文化教育培训市场，进一步打响了"共和国摇篮""长征集结出发地"红色旅游品牌，2018 年赣州市仅红色培训及红色研学团队人数就达 20 万人。成功举办红色旅游博览会暨中国红色旅游推广联盟年会、长征沿线红色旅游城市联盟年会，发起成立涵盖赣闽 9 个县（市）的中央苏区"7+2"红色旅游区域联盟，组建中央苏区纪念馆联盟、红色美术馆联盟，全面打响红色旅游品牌。

赣州、台湾两地客家人"祖同宗、文同源、语同音、歌同调、俗同风、食同好"，赣南采茶戏等民间文化，至今仍在我国台湾民间广为流传，两地民众有着许多割舍不断的血脉亲缘。2020 年赣州市人民政府办公室印发《关于促进赣州与台湾经济文化交流合作的若干措施的通知》中提出支持两岸文化交流的若干举措：一是推动赣州与台湾在客家文化、阳明文化等领域研究和成果应用，鼓励台湾同胞和台湾高校、民间社团以及相关机构参与赣州有关文化工程项目、文化活动和学术研究，共同弘扬中华文化。支持我国台湾文化艺术界团体和个人参与赣州在"一带一路"沿线重要国家或地区举办的文化交流活动。二是鼓励赣州高校、相关专业社团和协会开展两地教育、文化、卫生、艺术、体育、科研、旅游等交流活动，支持赣州职业院校、中小学校、幼儿园开展两地间教育文化体育交流，鼓励我国台湾青少年来赣州参加各类夏令营和交流活动，实现教育体育文化智慧共享。

赣州文化资源丰富，具有发展潜力，文创企业纷纷来赣州投资创业，共同开创了赣南文化繁荣兴盛的新局面。中共赣州市委、赣州市人民政府举办赣州市重大文化产业项目签约仪式，涵盖食、住、行、游、娱、购等各个领域。其中，最令人关注的是赣州华侨城综合项目。该项目由大型央企、国家首批文化产业示范基地、全国文化企业 30 强的旅游集团华侨城集团打造，总投资 300 亿元，以文化为核心，以旅游为主导，包含升级改造"三江六岸江南宋城"旧城、开发打造"蓉江新区大型文旅综合体项目"和提升改造"通天岩风景区"三大内容。

为庆祝中国共产党建党 100 周年，赣南采茶歌舞戏学会开展献礼建党 100 周年赣州红色文化全国大型文艺展演活动，以人人都能参与的形式，让人们铭记赣州这块由革命先烈用生命和鲜血浸染的红土山川。赣南采茶歌舞戏学会组织各县、市（区）的赣南采茶歌舞戏学会会员和民间艺术舞蹈团队代表前往广西贺州瑶族、黄瑶大剧院进行四日三晚的旅游文艺演出活动，表演形式包括大合唱、戏曲、旗袍秀、广场舞、大型朗诵、特色乐器表演等。除此之外，由赣南艺术创作研究所选送的赣南采茶戏《一个人的长征》、赣南采茶歌舞剧《八子参军》分别入选"百年百部"创作计划重点扶持作品和传统精品复排计划重点扶持作品，赣州市文化馆选送的歌曲《新长征再出发》入选"百年百项"小型作品创作计划重点扶持作品，将红色精品唱响祖国大江南北。

（二）赣州市在旅游宣传方面力度增强

大力实施精准营销，全方位、多角度地宣传推介赣州旅游，主攻北京、广东、上海等地主要客源市场，策划开展了百余场丰富多彩的旅游宣传推广活动。赣州还精心策划了一批旅游节庆活动，实现线上线下全媒体宣传，使赣州城市旅游形象更加鲜明。

近年来，赣州围绕"一核三区"旅游发展布局，着力打造全国著名的红色旅游目的地、区域性文化旅游中心城市和东南沿海地区休闲度假后花园，持续不断创新旅游宣传营销手段，充分整合资源，紧盯目标市场、瞄准高效媒体、开展旅行商合作，通过"点对点"主攻珠三角、闽三角、长三角等主客源市场，投入千万元实施"引客入赣"工程，推动了团队游市场趋热、线路产品打造，带动了自驾游、散客游市场的井喷。

同时，赣州每年举办赣南脐橙网络博览会、旅游博览会等百余场各具特色的节庆活动，聚集人气、扩大影响。特别是为给江西省旅游产业发展大会宣传造势，赣州唱好重头戏，在高铁站、机场、高速公路、城市主干道等积极营造大会氛围，利用微博、微信、抖音等网络媒体、新媒体进行多角度宣传，还创作了主题歌曲《等你来》《最美的相遇》，以歌会友，呈现赣州秀美的风景和独特的民俗风情，不断提高关注度，形成了全媒体、全覆盖的宣传局面，显示赣州市"处处都是旅游环境，人人都是旅游形象"的良好风貌。

赣州市创新实施"引客入赣"项目。赣州市旅游部门整合资源，投入1200万元，针对广州、深圳、厦门、南昌、香港和台湾6个重点客源区域创新开展"引客入赣"项目，将品牌宣传、市场拓展、游客引入结合在一起招投标，竞选出最优秀的合作旅行社，针对当地市场需求进行宣传，明确引客目标，用市场的手段撬动大市场，赣州旅游在各重点客源地的知名度不断提升，组织来赣州的旅游团队络绎不绝，进而吸引了各类民间资金对赣州旅游的投资升温，推动了线路串联的各县（市、区）项目建设的提速升级。

不仅如此，围绕核心客源地市场，赣州市旅游部门在香港地铁、赣瑞龙动车组及高铁站、江西航空航班、首都机场、昌北机场、赣州机场、深圳地铁、高速服务区等精准投放赣州旅游形象宣传广告，在赣州市内进行了报纸、电视、网络及出租车、分众传媒等的全面覆盖，充分展示了赣州旅游的亮丽风景。还与中国国际教育电视台签订合作协议，中国国际教育电视台免费提供3000万元广告资源宣传赣州旅游，进一步打响赣州旅游在海外的知名度和影响力。同时借力新华社、光明网等主流媒体及微信、抖音等新媒体矩阵的影响力和网络推广力，加大赣州旅游形象宣传力度。全媒体、多平台的宣传，让赣州城市形象及旅游品牌推广形成合力，收效显著。

在香港、广州、深圳、厦门举办了"问港哪得清如许，唯有赣州山泉来"2018赣州（香港）旅游推介会暨香港市民万人游赣州宣传推广活动、2018赣州（广州）旅游推介会暨"引客入赣"启动仪式、"GAN嘛去，去赣州"（厦门）赣州旅游产品说明会、中国（深圳）国际旅游博览会赣州旅游特色展等系列活动，赣州旅游精彩亮相各地市场，反响强烈，效果显著。

第五节　坚持共享发展，推进文化全民受益

马克思主义发展观既要回答发展动力、发展思路、发展方向、发展布局等问题，又要回答发展为什么人、发展成果由谁享有等问题。共享是中国特色社会主义文化发展的本质要求，没有共享就无法体现社会主义的优越性。从历史唯物主义的视角来看，人民始终是文化治理的主体。共享是文化治理实践的出发点和落脚点，新发展阶段文化治理的使命就是更好地维护人民的文化权益，使人人都能够平等地享有文化治理成果，不断满足人民日益增长的美好生活需要，从而提升全民族的精神文化素养。

在文化改革发展中坚持共享理念，就是要在最大限度、最大范围、最基本要求上满足广大人民群众的精神文化需求，保障广大人民群众最基本的文化权益，并且能够满足人民群众日益增长的精神文化需求，保证文化的全民受益。在文化发展中落实共享理念，既要促成文化资源的共享，通过文化设施的免费开放，降低人民群众获得优质文化资源的成本，通过高质量文化产品、作品的丰富供给，让人民群众能够共享高质量、内涵丰富的健康向上的文化信息和文化内容；又要促成文化创作共享，坚持在各种文化产品、文化作品的创作中以人民群众的实际生活为创作来源，坚持为了人民群众而创作，坚持贴近实际、贴近生活、贴近群众的创作原则，真正生产创作出人民群众喜闻乐见的文化产品和作品。尽量倾听并充分尊重人民群众的文化诉求和意见表达，关照人民的生活、命运、情感，表达人民的心愿、心情、心声，让人民群众能够真正成为文化创作的源泉，成为文

化创作的力量，成为文艺歌颂的对象；还要促成文化成果共享，通过文化事业和文化产业的蓬勃发展，为人民群众提供丰富的文化产品、文化活动和文化服务，满足人民群众基本文化需求和多样化的文化需求。通过政府投入、制度规约、市场机制等手段调节文化产品、文化活动和文化服务的供给，让人民群众有能力、有意愿、有渠道获取和享有多样化的文化成果。同时，要从财政资金、硬件设备、市场发展、队伍建设等方面，全方位做好文化共享制度建设，促进文化共享的制度化、规范化，为实现文化共享提供完善的制度保障，切实提高广大人民群众的文化参与度与获得感。

一、共享发展，文化惠民工程稳步推进

文化共享发展，实施文化惠民，要把社会效益放在首位。推动以文化人，促进以文育人，赣州深厚的文化底蕴，营造了良好的文化环境。丰富的文化资源，为开展各种形式的文化活动提供了条件。近年来，赣州各地扎实有效地开展文化惠民工程，通过建设公共文化设施、开辟文化惠民途径、打响"文化惠民"活动品牌，推动公共文化服务提质增效。

（一）文化惠民，建设公共文化设施

赣州市将文化惠民放在公共文化基础设施建设工作中的重要位置。公共文化设施是公共文化服务体系建设的基础平台和首要任务，是展示文化建设成果、开展群众文化活动的重要阵地，它多指城市里的博物馆、文化馆、图书馆，乡镇文化站、村文化室，非物质文化遗产展示中心、非物质文化遗产传习所以及一些纪念地。公共文化设施的建设和管理水平，直接关系人民群众基本文化权益的实现和文化发展成果的共享程度。赣州市完善村（社区）文化活动中心、农家书屋、室外健身广场等公共文化设施，深化国家公共文化服务体系示范区创建，探索贫困地区公共文化建设路径。通过提升各地文化基础设施，为文化惠民品牌推广搭起舞台，进一步发挥阵地的功能。

以苏区振兴为契机，赣州市提出打造主城区和中心镇15分钟、一般村镇20分钟公共文化服务圈，全面深化国家公共文化服务体系示范区创建，探索贫困地区公共文化建设路径，提升各地文化基础设施，全力保障实施，各级财政对公共文化建设投入比例逐年增加，近年来，全市投入公共文化设施建设资金80多亿元。赣州通过深入开展丰富多彩的文化惠民活动，增加文化供给，促进基本公共文化服务均等化，提高公共文化服务能力，最大限度地满足群众日益增长的多层次、多样化公共文化需求。

第一，赣州市基本建成覆盖城乡的公共文化服务设施网络。赣州市通过深化创建国家公共文化服务体系示范区，公共文化服务重心下移、资源下倾，公共文化服务遍布乡村，公共文化设施面貌有了很大改观，覆盖城乡的市、县、乡、村四级公共文化设施网络基本完善。截至 2020 年，全市建有公共图书馆 20 个、文化馆 20 个、博物馆（纪念馆）18 个、美术馆 4 个。① 截至 2019 年全市 283 个乡镇设有综合文化站（综合性文化服务中心），80% 以上的行政村和社区建有文化活动室（中心），达标率达到 90% 以上，建有农家书屋 3515 个，基本建成覆盖市、县、乡、村四级的公共文化服务设施网络。同时，在全市范围内扶持和培育了 2000 多支基层文化宣传队和超百个农民业余演出团体，常年送戏下乡、巡演各地。每年根据群众实际需求，采取政府购买服务等方式，为城乡群众每年提供送戏下乡 1124 场、放映电影 5.4 万多场次，指导帮助农村乡镇每年自办文体活动 500 多场次，② 随着互联网联上乡村和千家万户，全市还创新实施了"农家书屋+电商"工程，让农民的文化生活与经济生活融为一体。

市级设有美术馆，建有符合国家标准的文化馆、图书馆、博物馆，其中市文化馆、市图书馆均为国家一级馆；市博物馆新馆于 2016 年元旦正式开馆，经省文物局评估，达到国家二级馆标准。18 个县（市、区）分别建有符合标准的文化馆（一级馆 8 个、二级馆 6 个、三级馆 4 个）、图书馆（一、二、三级馆各 6 个）、17 个博物馆（纪念馆）、4 个民间博物馆、4 个美术馆。赣州通过深入开展丰富多彩的文化惠民活动，增加文化供给，促进基本公共文化服务均等化，提高公共文化服务能力，最大限度地满足群众日益增长的多层次、多样化公共文化需求。

第二，赣州市重点提升完善市级重点公共文化设施。在市县两级，大力推动图书馆、博物馆、文化馆"三馆合一"及文化艺术中心建设。近年来，全市新建改建"三馆一中心"等 75 个，赣州市综合文化艺术馆（文化艺术中心）项目，建筑面积 8.4 万多平方米，包括新建市级图书馆、文化馆和大剧场，于 2021 年分步开放，可为广大市民提供更多高质量的公共文化服务。加快推进市美术馆、市科技馆、新华书城新建项目，完成了选址工作，该项目选址位于市综合文化艺术馆东南方，建筑总面积约 8.3 万平方米，其中市美术馆约 2.4 万平方米、

---

① 资料来源：赣州：建设公共文化打造国家工程［EB/OL］．中国文明网，2018－12－05．http：//www.wenming.cn/dfcz/jx/201812/t201812054923948.shtml.

② 资料来源：江西赣州市大力推进文化建设高歌唱出花千树［EB/OL］．中国文明网，2019－06－11．http：//www.wenming.cn/dfcz/jx/201906/t201906115145351.shtml.

市科技馆约 3.05 万平方米、新华书城约 1.5 万平方米。投资 5000 万元，依托市博物馆老馆改造建设了红色文化展示馆，于 2019 年 9 月底正式开馆。大力推进新建赣州市全民健身中心项目，总投资约 25.89 亿元，现已完成了立项批复、选址意见书、一期用地规划许可证等，预计 2022 年完成项目建设。

第三，赣州市采取新建一批、改建一批、整合一批的方式，多措并举保证基层公共文化设施全面达标提升。结合土坯房改造、移民搬迁、新农村建设等，整合各部门相关资金，把文化活动中心建成多功能综合体；整合利用宣传文化、党员教育、科学普及、体育健身等现有场地、设施和资源，加以提升，形成综合性文化服务中心；兴建文化广场，在公共文化设施相对薄弱的乡村，村（社区）文化广场统一按"六个一"标准建设，即一个舞台、一套音响、一个文化活动室、一支文艺队伍、一个宣传长廊（包括读报廊）、一套健身器材。大力推进贫困地区百县万村综合文化服务中心、"农家书屋+电商"、基层综合性文化服务中心等文化惠民工程建设。

第四，打造红色教育阵地，红色基因代代相传。近年来，赣州市致力于保护红色文化，严格按照"不改变文物现状"的原则，修复了一大批濒临倒塌的苏区革命旧居旧址，恢复了原状陈列，使游客在参观时享受原汁原味的红色文化。其中瑞金市修复保护了 110 多处革命旧址，积极加强与中央和国家部委、社会各界的联系，广泛开展了寻根觅祖、续红色家谱和革命文物认护等互动活动，先后有 54 个中央和国家部委前来寻根问祖，修复前身旧址及建立传统教育基地，有10 万游客参与结对认护革命文物。兴国整合"一园一院三馆七大革命旧址"红色资源，使毛主席长冈乡调查纪念馆、土地革命干部训练班旧址、中共江西省委旧址等一批革命历史旧址得到修复和保护。于都将 47 处重要的革命旧址修葺一新。

赣州市推进公共文化设施的建设，有利于完善基层公共文化设施网络，补齐短板，打通公共文化服务的"最后一公里"；有利于增加基层公共文化产品和服务供给，丰富群众精神文化生活，充分发挥文化凝聚人心、增进认同、化解矛盾、促进和谐的积极作用；有利于统筹利用资源，促进共建共享，提升基层公共文化服务效能。要从战略和全局的高度，充分认识加强基层综合性文化服务中心建设的重要性和紧迫性，增强责任感和使命感，为巩固基层文化阵地、全面建成小康社会奠定坚实基础。

（二）文化惠民，文化服务零门槛

党的十九大报告指出，坚定文化自信，推动社会主义文化繁荣兴盛。文化惠民，要在为基层群众送去丰富多彩的文化大餐的同时，精心打造群众文化队伍，变"送"文化为"种"文化，提升基层文化活动能力与城乡群众文化素养，让文化传承在基层生根发芽。近年来，赣州充分挖掘丰厚文化资源，文化惠民系列活动呈常态化推进，赣南优秀传统文化得以更好传承弘扬，与此同时，宣传队常年送戏下乡、巡演，"家门口看戏"让老百姓获得感、幸福感持续提升。

赣州市提高免费开放服务水平。推行公共图书馆、文化馆夜间免费开放，市图书馆、文化馆及 12 个县级图书馆、文化馆实行了夜间免费开放，更好地满足了群众的文化需求。对未成年人、老年人、现役军人、残疾人和低收入人群，实行了参观文物建筑及遗址类博物馆实行门票减免，文化和自然遗产日免费参观。实现了无障碍、零门槛进入，文化利民惠民范围不断扩大。涌现出了一大批如"欢乐赣州"广场文化活动、"我们的节日，我们的家乡"、"百姓大舞台，大家一起来"、赣南采茶"歌·舞·戏"周末剧场等群众文化活动品牌，为市民送上了精彩纷呈的文化盛宴。全市博物馆（纪念馆）、图书馆、文化馆（群艺馆）、美术馆利用节日、纪念日等，举办免费开放活动，组织文艺人才深入基层、走近群众，开展丰富多彩的群众文化活动。全市国有、民营院团，2000 多支基层文化宣传队和上百个农民业余演出团体常年送戏下乡、巡演，让基层群众共享文化发展新成果。以"书香赣州悦读之城"为主题，精心组织赣州市全民阅读系列活动，2017 年以来，全市每年开展形式多样的读书活动 100 多场。各县（市、区）形成了以"永远的红土情""客家神韵"为主线，"一县一品"为基础的特色群众文化活动品牌。如今，群众演戏、演群众戏、让群众看戏，已经成为赣州推进文化惠民的一大特色。

为进一步保障和改善广大基层人民群众的基本文化权益，实现公共文化服务的公益性、基本型、均衡性、便利性要求，赣州市不断探索公共文化服务新的实现方式。2010 年以来，赣州市文化广电新闻出版旅游局联合专业文化科技企业在全国率先开展农村基层文化流动服务站的开发与应用工作。该项目的研发，使一辆服务车能取得多辆相同长度大巴车的空间，在实现多功能文化服务的同时，提高服务效能，改善服务环境，节省服务成本，力争成为具有赣州特色的、基层民众喜闻乐见的、流动的文化加油站、文化娱乐站。通过这项服务，赣州市实现图书服务到村、影视服务到村、公共服务到村、宣教服务到村、文体娱乐服务到村"五合一"，并开创提高农村流动文化服务的质量、提高农村流动文化服务的效率、提高广大农民群众的满意度"三提高"的新型农村流动文化服务方式。2011 年，赣州基层文化流动服务站入选全国文化创新项目，被列为全国文化创新 30 个重点项目之一。

赣州市依托专业剧团，每周举办一场赣南采茶戏惠民演出；发挥各级文明单位的积极作用，每周轮流举办一场文艺汇演。这些演出，每场观众都有上千人，有效满足了群众日益增长的精神文化需求。同时，赣州市协助中国文联文艺志愿服务服务队、中国音协文艺志愿服务团、中国摄影家协会文艺志愿服务小分队等，走进于都县、寻乌县、瑞金市等地，开展系列主题演出活动，为赣南百姓送来了文艺大餐。在全市扶持和培育 2000 多支基层文化宣传队和 117 个农民业余演出团体，以采茶戏、三字歌、兴国山歌、诗词楹联等艺术形式，丰富基层群众文化生活。

同时，赣州融合地方特色文化、民间民俗文化、现代都市文化等，打造出一批与时俱进、群众喜闻乐见的文化品牌。如于都长征源合唱团巡演大江南北，被评为"全国文化工作先进单位"；信丰县成立全国首个县级合唱协会，走进维也纳金色大厅演出。大型赣南采茶歌舞剧《八子参军》先后获"五个一工程奖""文华优秀剧目奖"，赣南采茶戏《永远的歌谣》获国家艺术基金舞台艺术创作资助。

为满足市民日益增长的精神文化生活需求，2016 年起，中心城区每周举办一场周末惠民演出，常态化开展文化惠民活动。周末除逛街、看电影外，赣州市民有了更多选择：白天到黄金广场看"文明风采百姓舞台"文艺汇演，晚上走进剧场看"文化惠民　精品共享"赣南采茶歌舞剧。群众演戏、演群众戏、请群众看戏，成了赣州文化惠民的一大特色。如今，赣南老区的文化惠民"大餐"，已逐渐成为城乡群众日常生活中常常看得见、吃得着的"家常便饭"。赣州市依托博物馆、乡镇综合文化站等平台，把公共文化服务"种"到了百姓家门口；把"送文化"和"种文化"结合起来，精心配置"文化套餐"，将公共文化送到群众家门口。

（三）文化惠民，打响活动品牌

文化惠民，要整合文化资源，盘活民间文化资产，挖掘传统文化项目，同时创新文化载体，再通过开展精品文化活动，打造文化惠民品牌，促进群众文化蓬勃发展。赣州市以"文化惠民周"活动品牌建设为抓手，合理挖掘与整合民间文化资源，将文化惠民真正落到了实处。

赣州市各级文化部门深入挖掘丰厚文化资源，以"文化惠民，精品共享"为主题，全市上下连续五年举办了"文化惠民周"活动，已成为具有赣州地域特色的文化惠民品牌。近年来，赣州市以习近平新时代中国特色社会主义思想为指导，坚持文化惠民、精品共享，深化文化惠民长期化、制度化、常态化建设。赣州群众文化活动好戏连台，精彩不断，为建设革命老区高质量发展示范区提供了强大的精神动力和文化支撑。

"文化惠民周"是赣州市的创新活动形式，全面展示了赣州文化建设和文明创建成果，展示了赣南人民感恩奋进的精神风貌，精心挑选极具赣南特色的优秀节目展演，主要有"红色歌曲大家唱"优秀节目展演、新春游园、社区优秀节目展演、经典名人名家朗诵会、展览展示等多种群众艺术形式，让群众感受最缤纷的文化体验。参与"文化惠民周"展演的节目和演出人员，大部分来自全市各县（市、区），演群众的戏、群众演戏，充分体现了"让群众当主角"的要义。文化惠民周期间，赣州市还坚持市、县、乡、村四级联动，同步开展系列文化活动，让基层群众共享精神文化食粮，不断丰富和满足人民群众文化新需求，该活动已成为具有赣州地域特色的文化惠民品牌，使优秀的文化精神叩响百姓的心房。

二、共享发展，重焕非遗活力

非物质文化遗产既是历史发展的见证，又是珍贵的、具有重要价值的文化资源。文化遗产传承不应该被束之高阁，而要与时俱进做到为民服务。因为只有融入群众生活，才有久远的生命力。

赣州市以客家文化为主的非物质文化遗产资源丰富、分布广泛、特色鲜明。在此基础上，赣州市立足自身实际，积极挖掘、保护非物质文化遗产。全市共普查 2207 个非物质文化遗产项目，截至 2022 年，全市共有国家级非遗项目 13 项，省级非遗项目 108 项（含国家级非遗项目），市级非遗项目 327 项（含省级非遗项目）①。保护区建设正由局部、项目、个体为主向全面、整体、群体保护转化。

为推进非物质文化遗产保护传承，赣州市以振兴传统工艺、建设非遗传习所、保护和培训传承人为重点，全面实施《客家文化（赣南）生态保护实验区总体规划》，江西省文化生态保护实验区建设工作座谈会、江西省第五批国家级非遗代表性项目申报工作（南部片区）调度会在赣州市召开。在赣州市全面实施《客家文化（赣南）生态保护实验区总体规划》工作以来，以"挖掘、提升一批非物质文化遗产项目，抢救、保护一批传承人，设立一批传承基地，开展一系列展览展示活动"为重点，注重非遗资源融入现代生活，传播客家文化，实现社会效益与经济效益的统一，在传承中求创新，在创新中谋发展。江西省人大非遗条例执法检查组也肯定赣州市非遗保护工作基础扎实、有亮点、有特

---

① 资料来源：全市共有国家级非遗项目 13 项，省级非遗项目 108 项（含国家级非遗项目），市级非遗项目 327 项（含省级非遗项目）［EB/OL］. 赣州市文化广电新闻出版旅游局网站，2022－01－31. http：//wlj. ganzhou. gov. cn/whgdxwcblyj/c102949/202202/07ca8fb7e0154e0588108a259e79d3f5. shtml.

色。陆续开展了赣南民间工艺展、江西省非物质文化遗产展、全市及全省南部片区非遗法律法规知识竞赛、非遗管理人员及传承人群培训等宣传、展示、培训活动。

赣州市创新非遗传播方式，多途径共同发力。利用广场、公园、景区等场所，推动客家文化进社区、进乡村、进家庭、进课堂、进教材、进景区，广泛开展节日民俗和非物质文化遗产展示、展演等全民参与感受的活动。赣州市还建设了一批传承基地，截至 2019 年，统一规划已建、在建非遗项目传习所（点）116 所，非遗综合展示馆 9 个。建有省级非遗研究基地 2 个、传承基地 5 个、传播基地 15 个、生产性保护示范基地 4 个，为非遗传承提供了重要支撑。

赣州市还构建了非物质文化遗产校园传承保护模式，市非遗研究保护中心与赣州广播电视大学合作开办赣南采茶戏各艺术门类培训，依托赣州高等师范专科学校定向培养赣南采茶戏专门人才。赣南师范大学还将赣南采茶戏纳入大学生人才培养课程体系，招收赣南采茶戏表演方向的研究生，培养赣南采茶戏专门人才。开展"赣南采茶戏进校园、进课堂"活动，兴国县出版了《中小学生乡土教材》，普及兴国山歌；于都县积极开展"非物质文化遗产进校园"活动，把非遗传承与学校社团活动结合起来；崇义县 2010 年开始开展"三节龙"进校园活动；会昌县鼓励"非遗"走进校园，催发新生力量……

2018 年，《赣南日报》开设每周一期的《非遗周刊》，旨在搭建一个展示非物质文化遗产风采、非物质文化遗产保护工作进展及成效，发布赣州市非物质文化遗产工作信息的传播平台，推动形成社会公众自觉参与保护非物质文化遗产的良好氛围。

2019 年，由文化和旅游部非物质文化遗产司、江西省文化和旅游厅、赣州市人民政府联合主办的江西非遗集市在赣州市郁孤台历史文化街区广场举办。来自江西省 64 个非遗项目走出"展览馆"，分别由非遗传承人在现场进行展示，向市民们呈现江西的多彩文化。通过展示与交易并重、展演与展销结合的方式，呈现江西丰富多彩的非物质文化遗产。赣州市通过建设以生产传习和展示销售为主要功能的传习所，搭建传承交流平台，开展宣传展演，振兴客家传统技艺，推动非遗文化薪火相传、塑造品牌，并与旅游经济融合发展，走出了一条非物质文化遗产保护传承新路径。

2020 年赣州市"非物质文化遗产月"围绕"云赏非遗，赣在传承"主题正式启动，活动通过非遗演出、展示、展销等方式进行，旨在弘扬赣州市优秀传统文化，彰显文化自信，践行"见人见物见生活"保护理念，提高全民文化遗产保护意识，让非遗更好地融入当代生活，让民众在非遗购物体验中，共同参与非遗保护、共享非遗保护成果。活动分为"非遗购物节""非遗文化创意作品展""非遗摄影展""非遗传承人线上手工艺展示""非遗交流讲座"五个部分。活动共举行非遗在线直播9场，线上销售超过500单，线上线下交易总额超160万元。展出非遗主题摄影作品99幅，非遗集市展位32个，活动间接参与的非遗传承项目超过200个；章贡客家竹雕等5个非遗项目已列入省级传统工艺振兴目录。①

三、共享发展，文化产业鼓起村民"钱袋子"

共享发展以"人人享有、各得其所，不是少数人共享、一部分人共享"回答了"为谁发展"这个根本导向性问题，这既是对马克思主义发展观的继承和发展，又是对传统发展观的反思和超越。让农村贫困人口共享改革开放文化发展成果，是新阶段文化发展的价值遵循，也是全面建成小康的应有之义。

赣州狠抓乡村旅游，打造特色乡村旅游品牌，文化产业富民惠民成效彰显。统筹推进县域文化发展。赣州市各地立足县情，选择好首位文化产业，培植发展一批企业，集聚发展一批配套企业，实现错位竞争、差异发展。

2017年，赣州大力发展乡村旅游，充分利用农村田园景观、自然生态、农耕文化、民俗文化、民族风情等，积极打造特色乡村旅游品牌；把旅游与乡村振兴相结合，以"休闲农业+乡村旅游"为旅游新亮点，帮助有条件、有资源的村庄发展旅游产业。

同时，赣州积极培育乡村旅游新业态，提高乡村旅游产品品质和生命力。通过赣州智慧旅游APP开辟乡村旅游专栏，将全市星罗棋布的乡村旅游点串成精品线路，同时做到"一村一品"，即每个村都至少有一个农特产品在平台上销售展示；探索出了"公司+农户""景区（公司）+合作社+农户""基地+农户"等旅游产业带动模式，全市各类休闲农业和乡村旅游企业增至1936家；举办以时令赏花、风俗文化、农业体验等为主题的节庆活动，促进乡村旅游消费，户均增收10071元；大余丫山小镇、龙南虔心小镇、上犹陡水漫生活小镇等15个旅游特色小镇建设进展顺利，其中全南南迳镇、宁都小布镇列入第二批国家特色小镇。

---

① 资料来源：赣州非遗主题月系列活动，让非遗引领健康生活！［EB/OL］．搜狐网，2020-06-19. https://www.sohu.com/a1403026244826355.

赣州采取创新模式，帮助农户获得自主经营、土地流转、资产入股、资金入股、特产销售等方面的收入，让村民成为乡村旅游发展的参与者、受益者。全市涌现出大余丫山、宁都小布、石城大畲等一大批远近闻名的休闲农业与乡村旅游点，全市各类休闲农业和乡村旅游企业快速增加，村民的日子越过越亮堂。

在第三产业领跑下，赣州交出了一份漂亮的成绩单：围绕"一核三区"的战略布局，主动作为，旅游产业呈现发展提速、转型升级的良好态势，使城市建设管理水平和整体形象品位大幅提升，城乡人居环境和投资发展环境得到明显改善，城市人气和居民幸福指数稳步提升，形成了"市民享、游客赏、慢生活、细品味"的旅游环境，为赣州成功创建全国文明城市发挥了重要作用，实现了经济效益、生态效益、社会效益的共赢。

赣州市发展壮大特色文化产业，最大限度把农户吸纳在文化产业链上，持续促进农民增收，助力乡村振兴。各地紧跟时代步伐以产业方式运作文化事业，充分利用已有的文化技艺，组织起各项技艺的行家里手采取"公司+农户"的运作模式，把本土的文化资源变成高附加值的商品。以崇义县为例，崇义竹编藤编、竹根盆景、根雕等已经逐渐形成响当当的文化品牌，远销欧美市场。对竹子进行工艺制作，原材料制成成品后增加 4~6 倍的附加值。据不完全统计，崇义从事竹编藤编、奇石、根雕、盆景、灯彩、书画等文化产业的经营者有 6000 多人，年生产文化产品 1 万余件，产值超过 8000 万元，文化产业成长为该县经济发展新的增长点。

四、完善政策配套，构建基本公共文化服务体系

进入新时代，我国社会主要矛盾已经转化为人民日益增长的美好生活需要和不平衡不充分的发展之间的矛盾。这种不平衡不充分在公共文化服务保障方面的表现之一，就是地区之间、城乡之间的不平衡问题。经济发达地区优于经济欠发达地区，城市及近郊地区优于乡村及偏远地区，致使公共文化服务均衡化发展面临诸多困难和障碍，影响中国特色社会主义文化的普及和优秀传统文化的传承弘扬，制约着社会文明程度的提升。要着力消除阻碍城乡之间公共文化保障服务融合发展的体制机制和政策障碍，创造公共文化向薄弱环节倾斜的社会环境，促进城乡之间公共文化服务各种要素的自由流动和平等交换。

赣州市完善政策配套，全面落实《中华人民共和国公共文化服务保障法》，出台实施《赣州市中心城区公共服务设施提升三年行动计划（2019—2021

年）》，明确提出到 2021 年每万人拥有文化设施面积达到 1000 平方米，公共图书馆人均藏书量达到 1 本，人均体育场地面积达到 1.8 平方米。制定标准规范，对标细化国家公共文化机构服务标准和服务规范，开展赣州市公共文化设施体系化建设系列研究，完善各类文化设施管理办法，建立健全各项考评机制并纳入全市高质量发展考核体系，公共文化服务规范化、标准化、制度化建设不断推进。具体内容如表 2-1 所示。

表 2-1　2015~2020 年赣州市基本公共文化服务保障实施标准

项目	内容	标准
基本服务项目	读书看报	图书馆（室）、乡镇（街道）综合文化站、村（社区）（村指行政村，下同）综合文化活动中心、农家书屋等配备图书、报刊和电子书刊，并免费提供借阅服务，市级图书馆应提供盲文读物、有声读物 图书馆（室）人均藏书量和县级图书馆年新增藏量、年开展流动图书服务次数不低于省定标准；农家书屋可供借阅的图书、报纸期刊、音像制品、电子出版物和年均新增图书量均不低于省定标准，报纸期刊及时更新 在城镇主要街道、公共场所、居民小区等人流密集地点设置建有"身边好人"榜（含社会主义核心价值观 24 字基本内容和村规民约、社区业主公约等）、阅报栏或电子阅报屏，提供时政、三农、科普、文化、生活等方面的信息服务，适时更新
	收听广播	为全民提供突发事件应急广播服务，实现农村广播"村村响" 通过直播卫星、无线模拟、数字音频免费提供的广播节目不低于省定标准
	观看电视	通过直播卫星、地面数字电视免费提供的电视节目不低于省定标准，未完成无线数字化转换的地区，免费提供的电视节目不低于省定标准
	观赏电影	为农村群众免费提供数字电影放映服务场次达到省定标准，其中每年国产新片（院线上映不超过 2 年）比例不低于省定标准 为中小学生每学期提供爱国主义教育影片场次达到省定标准
	送地方戏	根据群众实际需求，采取政府采购方式，每个乡镇、农林垦殖场、开发区购买省、市、县三级院团公益性送戏下乡演出场次及每场演出时间达到省定标准
	设施开放	图书馆、文化馆（站、中心）、博物馆（非文物建筑及遗址类）、美术馆、非物质文化遗产展示馆等公共文化设施免费开放，开放时间不低于省定标准，双休日不得闭馆；基本服务项目健全 县级以上公共体育场、全民健身活动中心提供免费开放时段，每周免费开放时间不低于省定标准 逐步推动县级以上工人文化宫、青少年宫、妇女儿童活动中心、科技馆、中小学校课外活动基地等设施向社会免费提供基本公共文化服务项目 未成年人、老年人、现役军人、残疾人和低收入人群参观文物建筑及遗址类博物馆实行门票减免，文化遗产日免费参观

项目	内容	标准
基本服务项目	文体活动	图书馆年举办公益性讲座、培训；文化馆和非遗展示馆每年举办公益性展览展示，博物馆每年举办临时展览，美术馆每年举办常设展、临时展；市、县两级公共文化设施举办上述活动次数均不低于省定标准
		文化馆（站、中心）应开展普及文化艺术知识的培训，培养群众健康向上的文艺爱好，市、县、乡三级每年举办公益性艺术培训次数达到省定标准。各级文化馆年组织大型文化活动次数、参与人数达到省定标准，乡镇（街道）综合文化站年组织面向全乡镇（街道）群众的综合性大型文化活动次数达到省定标准
		博物馆、美术馆年举办公益性公共教育活动（如培训、讲座、辅导及其他）市、县两级均达到省定标准
		城乡居民依托村（社区）综合文化服务中心、文体广场、公园、健身路径等公共文化设施就近方便参加各类文体活动
		公共文化体育机构免费辅导群众开展常态化文体活动
		文化馆组织开展年不少于一次针对残障人士、未成年人、老年人和农民工等特殊群体的文体活动。体育场为残障人士、未成年人、老年人和农民工等特殊群体开展文体活动提供便利
	数字服务	县级以上公共文化机构建有面向群众的网站，设施内免费提供无线 Wi-Fi 服务
		各级公共图书馆、文化馆（站、中心）建有公共电子阅览室，并免费提供上网服务
		市级公共图书馆、文化馆、博物馆建有地方特色数字资源库的数量达到省定标准。市、县两级公共数字图书馆数字资源量达到省定标准
		文化信息资源共享工程通过网络电视、有线（数字）电视、手机电视等实现综合入户率不低于省定标准，其中自建地方特色资源量、市、县级整合数字资源量不低于省定标准
硬件设施	市级"五馆一中心"	市级在辖区内设立"五馆一中心"，即图书馆、群艺馆、博物馆、美术馆、非物质文化遗产展示馆和文化艺术中心（含大剧场），按照国家颁布的建设标准等进行规划建设，馆舍建筑面积和功能区设置不低于国家和省定标准
	县级"三馆"	县级在辖区内设立"三馆"，即图书馆、文化馆、博物馆（或纪念馆），按照国家颁布的建设标准等进行规划建设，馆舍建筑面积和功能区设置不低于国家和省定标准。县级具备条件可在辖区内设立美术馆、非遗展示馆和剧场，符合人口密度、交通便利等基本要求，建筑面积与藏品数量、展示规模和观众容量相对应，按照国家颁布的建设标准等进行规划建设
	乡镇（街道、县级以上工业园区）综合文化站	县级在辖区内设立乡镇（街道、县级以上工业园区）综合文化站，建筑面积不低于省定标准，房屋建筑功能达到"三室一厅"的标准：图书阅览室（包括电子阅览室、文化信息资源共享工程）、教育培训室、管理和辅助用室、多功能活动厅，按照国家颁布的建设标准等进行规划建设

续表

项目	内容	标准
硬件设施	村（社区）综合文化服务中心	村（社区）结合基层公共服务综合设施建设，整合闲置中小学校等其他部门资源，统筹建设综合文化服务中心，因地制宜配置文体器材。实现"七个一"建设标准：设有1个文化广场，1间多功能文化活动室，1个简易戏台，1个宣传栏，1套文化器材，1套应急广播系统（含山洪等灾害预警功能），1套体育设施器材
	广电设施	县级以上设立广播电视台和广播电视发射（监测）台，按照广播电视工程建设标准等进行建设
	体育设施	县级以上设立公共体育场；乡镇（街道）和村（社区）配置群众体育活动器材设备，纳入基层综合文化设施整合配置
	流动设施	每个县配备用于图书借阅、文艺演出、电影放映等服务的流动文化车，开展流动文化服务
	辅助设施	各级公共文化服务机构为残疾人配备无障碍设施，有条件的配备安全检查设备
人员配备	人员编制	县级以上公共文化机构、人力资源社会保障部门按照职能职责、国家有关要求和当地编办核准的编制数量配齐文化工作人员
		县级公共图书馆、文化馆、公共博物馆每馆配备专业技术人员数量和比例不低于省定标准，成立登记注册、管理规范的文化志愿者队伍
		在现有编制总量内，落实乡镇（街道）综合文化站每站配备有编制人员的要求，规模较大的乡镇（街道）适当增加
		政府购村（社区）综合性文化服务中心公益性岗位每村（社区）文化管理员（文化辅导员）人数不低于省定标准
	业务培训	县级以上公共文化机构从业人员每年参加脱产培训，乡镇（街道）、村（社区）文化专兼职人员每年参加集中培训，培训时间不低于省定标准
财政保障	硬件设施保障	建立健全公共文化服务财政保障机制，按照基本公共文化服务实施标准，落实提供基本公共文化服务项目所必需的资金，保障公共文化服务体系建设和运行
		统筹、整合基层宣传文化、党员教育、科学普及、体育健身等各方面建设资金和设施设备，实现共建共享
		落实从城市住房建设开发投入中提取1%，用于社区公共文化设施建设的要求
	基本服务保障	县级以上政府安排资金，通过购买服务方式面向企业、社会组织购买公共文化服务
		乡镇、农林垦殖场、开发区每年购买省、市、县三级文艺演出团体的文艺演出，每场平均补助金额达到省定标准
		行政村每年活动补助经费按省定标准执行，包括共享工程基层服务点、农家书屋、农村电影放映、农村自办文化活动、体育活动补助
		义务教育学校每学年放映电影补助按省财政有关规定实施

续表

项目	内容	标准	
评价标准	绩效考核	政府公共文化投入（权重为20%）	A1 人均公共文化财政投入（权重为12%） A2 地区公共文化基建专项资金投入（权重为4%） A3 公共文化投入占地方总财政支出比重（权重为2%） A4 社会力量对公共文化机构捐赠（赞助）经费占公共文化机构总收入比例（权重为2%）
		政府公共文化管理效能（权重为15%）	B1 地区公共文化机构数（权重为7%） B2 公共文化机构从业人员占总人口比重（权重为5%） B3 地区公共文化机构高级职称人数占总从业人员数比重（权重为3%）
		政府公共文化建设（权重为25%）	C1 每万人拥有公共文化设施面积（权重为5%） C2 公共图书馆人均藏书数（权重为5%） C3 博物馆每万人拥有藏品数（权重为5%） C4 广播电视村村通工程任务完成情况（权重为5%） C5 乡镇综合文化站、村（社区）综合文化服务中心建有率（权重为5%）
		政府公共文化服务效能（权重为20%）	D1 公共文化机构举办活动总数（权重为4%） D2 公共图书馆总流通人次（权重为4%） D3 博物馆总参观人次（权重为4%） D4 农村文化五项建设内容（权重为5%） D5 乡镇综合文化站、村（社区）综合文化服务中心总服务人次（权重为3%）
		社会评价（权重为20%）	E1 公共文化服务公众满意度（权重为10%） E2 媒体评论（权重为5%） E3 上级奖励（权重为5%）
	自我评价	县级以上政府应对照基本公共文化服务保障实施标准，对公共文化服务管理、服务的质量进行评价	
	社会评价	县级以上政府建立社会评价标准，组织开展公众满意度调查	

　　赣州市在本实施方案的基础上，要求各县（市、区）因地制宜制定本地基本公共文化服务实施细则。市级各主管部门会同有关部门通过重点检查、实地督导、查阅台账档案等方式，对建设工作过程加强过程指导。此外，还对时间进度做出了规划要求：2014年，赣州市已在寻乌县进行了基本公共文化服务保障实

施标准的省级试点。2015~2017 年试点面扩大至 5 个县（市、区）及一批基层示范单位。2018 年全面铺开基本公共文化服务实施标准建设。2020 年达到省、国家规定的基本公共文化服务标准。

以寻乌县为例，2019 年 10 月，寻乌县被纳入第二批全国新时代文明实践中心建设试点；2020 年 5 月，被中共中央宣传部、中央文明办确定为全国新时代文明实践中心建设试点工作 10 个重点联系县之一。寻乌县在新时代文明实践中心建设工作中，探索总结了"12366"的总体工作思路，即紧扣"传播新思想、引领新风尚"一个目标，围绕"党建引领""文明实践"两大理念，落实"问需于民、问计于民、问效于民"三问制度；坚持"有平台、有队伍、有资金、有机制、有活动、有成效"六有标准，抓实"学习实践科学理论、宣传宣讲党的政策、培育践行主流价值、丰富活跃文化生活、持续深入移风易俗、创新基层社会治理"六项重点。同时，寻乌县工作案例被列入《2019 年全国宣传思想文化工作案例选编》，并被纳入中共中央宣传部、中央文明办、全国宣传干部学院新时代文明实践创新案例研讨班教学案例。

截至 2020 年末，寻乌县已建成县级新时代文明实践中心 1 个、乡镇新时代文明实践所 16 个、村级新时代文明实践站 186 个。整合各类资源，打造"党群服务+文明实践+社会治理"综合体 73 个，利用闲置校舍、客家祠堂、村史馆、卫生室、产业基地、大树下等场所，建设新时代文明实践点 785 个，形成了"中心、所、站、点"四级阵地体系。组建了"理响寻乌"宣讲团，下设 10 支宣讲队深入村组屋场、田间地头，常态化开展宣讲 3900 多场次，受众 15 余万人次。运用客家山歌、舞蹈等方式编排理论宣传节目 340 多个，编制《习近平金句》等口袋书 5 期 10 万余册，制作一批印有党的创新理论的书签、拼图、魔方等文创产品，互动式开展理论宣讲，推动理论传播通俗化、大众化。县、乡、村分别建立志愿服务总队、大队、小队 710 支，广泛开展志愿服务活动，创设志愿服务项目 115 个，建立线上点单系统，精准对接群众需求，开展志愿服务活动 5 万余场次，服务时长超 65 万小时。①

赣州进行的一系列有益探索，在推进基本公共文化服务标准化、均等化、社会化，创新公共文化管理体制和运行机制，提高公共文化服务效能，完善政府保障责任等方面有所规定和突破。

---

① 资料来源：赣州市人民政府发布的《我县推进新时代文明实践中心建设成效显著》。

第三章 推动赣南老区文化建设高质量发展改革

第一节 赣南老区文化建设政策分析

进入新时代，以习近平同志为核心的党中央把文化建设提升到一个新的历史高度。江西省为全面贯彻习近平新时代中国特色社会主义思想和党的十九大精神，提出要坚持中国特色社会主义文化发展道路，坚定文化自信；要坚持为人民服务、为社会主义服务，坚持百花齐放、百家争鸣，坚持创造性转化、创新性发展等原则要求；要持续深化习近平新时代中国特色社会主义思想的学习宣传研究、培育和践行社会主义核心价值观等工作任务，深入贯彻党的十九大关于推动社会主义文化繁荣兴盛的基本目标、根本要求和主要任务。

党的十九届五中全会高度重视文化建设，从战略和全局上作了规划和设计，明确提出到2035年建成文化强国，吹响了推进社会主义文化强国建设的号角，标志着我们党对文化建设重要地位及其规律认识的进一步深化，为我们继续推进社会主义文化强国建设提供了重要遵循。

江西省着眼于从更高层次深入贯彻习近平同志对江西工作的重要要求，贯彻落实省委、省政府关于文化建设的部署要求，提出多项工作举措，如大力传承红色基因，支持景德镇创建国家陶瓷文化传承创新试验区，推进南昌汉代海昏侯国遗址、景德镇御窑厂遗址等国家考古遗址公园建设，做大做优瓷博会、艺博会、红博会、药交会等专业会展平台，实施"一带一路"文化交流合作行动计划等，紧密结合省内实际，彰显江西特色。

赣州作为省域副中心城市、国家历史文化名城，有着 2200 多年的建城史，是江西省面积最大、人口最多的设区市，历来为江南政治、经济、军事、文化、交通重镇。赣州文化资源丰富，有着千里赣江第一城、江南宋城、红色故都、客家摇篮、世界橙乡等美誉，其厚重的历史文明、丰富的红色资源，赋予了赣州独特的文化气质，为赣州市推进文化强市建设奠定了坚实基础。

文化政策是国家在文化艺术、新闻出版、广播影视、文物博物等领域实行意识形态和行政管理所采取的一整套制度性规定、规范、原则和要求体系的总称（胡惠林，2014）。本节以江西省出台的文化建设政策为出发点，由上至下分析了江西省赣州市为实现文化高质量发展的特色做法，深入聚焦赣南老区的文化高质量建设与发展，进而提炼出具有赣南特色的政策做法，总结经验。

一、江西省文化建设政策分析

江西省委、省政府一直以来高度重视文化强省建设，省"十三五"规划纲要明确了建设文化强省的目标任务，2018 年省委常委会工作要点和省政府工作报告均把制定下发加快文化强省建设方面的实施意见列为重点工作任务；同时加强政策支撑，制定了推动艺术创作精品数量、加快推进现代公共服务体系建设、推动优秀传统文化保护利用和传承发展、提高产业发展质量和资源利用水平、提升市场管理和综合执法能力、加强对外合作交流和宣传推广、推动体制机制和保障能力建设一系列的政策文件。江西省文化高质量发展带来的感召力、生命力、凝聚力日益凸显，江西正在向文化强省稳步迈进。

江西省文化和旅游厅围绕省第十四次党代会确定的文化强省目标，紧密结合全省实际，研究制定《贯彻落实省党代会精神推进文化强省建设的实施意见》，在文化强省的总体目标基础上，提出五大发展目标，分别是持续推进社会主义核心价值体系、优秀传统文化传承体系、基本公共文化服务体系、现代文化产业体系、文化发展保障体系"五大体系"建设；创新性地提出"652"文化发展目标思路，即建设省级文化中心、省部合作海外中国文化中心、省文物保护研究中心、地方戏曲传承保护展示中心、省文创产品研发中心、江西文化演艺集团六个中心（集团），实施艺术精品工程、遗产保护工程、戏曲振兴工程、文化创新工程、人才培养工程五大工程，打好文化小康、文化产业两大攻坚战。为全省文化发展确立了发展目标和路径。目前已推动文化强省建设取得重要进展，文化产业成为支柱性产业；在此基础上再奋斗五年，到 2025 年建设成为在全国具有较大影响的文化强省，文化产业成为重要支柱性产业。

1. 构建江西省基本公共文化服务体系

公共文化服务体系是由政府主导、社会参与，以公共财政为主、其他社会资本为辅，公共文化机构为主、其他文化机构和社会组织为辅，为全体国民提供普及文化知识，传播先进文化，提供精神产品，满足人民群众文化需求，保障人民群众文化权益的各种公益性文化产品和服务的总和。公共文化服务体系是现代政府公共服务体系的重要组成部分，提供公共文化服务是政府的核心职能之一。

为推动江西省基本公共文化服务标准化、均等化发展，推动相对贫困地区公共文化建设跨越式发展，江西省出台一系列政策做法，健全完善基本公共文化服务体系。

第一，2014 年开始，江西省在 22 个县（市、区）分两批开展基本公共文化服务标准化、均等化建设试点工作，在全国率先建立全省公共文化服务体系协调机制，制订《江西省县（市、区）基本公共文化服务标准化、均等化实施意见》，将吉安市新干县和赣州市寻乌县列为全省基本公共文化服务标准化、均等化的首批试点县，深入、持续推进全省公共文化服务体系标准化、均等化建设。试点工作在省、市、县三级的高度重视和合力推动下，大胆实践，取得了明显成效，探索出了"文化快递"等公共文化服务的新路子。

"十三五"期间，江西省各地通过新建、改建、维修提升图书馆、文化馆等方式，着力补齐文化阵地短板，构建了较为完备的公共文化设施体系，基层文化设施基本实现全覆盖，主城区和中心镇 15 分钟、一般村镇 20 分钟的"公共文化服务圈"加快形成。2016～2020 年，市县两级财政投入资金近 50 亿元，新建或改扩建了 33 个文化馆、41 个公共图书馆、22 个美术馆和 28 个国有博物馆（纪念馆），新建改扩建面积达 106 万平方米。① 截至 2020 年，全省共有 114 家文化馆、113 家公共图书馆、136 家国有博物馆和 45 家国有美术馆，基本实现市有文化馆、图书馆、博物馆、美术馆，县有文化馆、图书馆、博物馆。

此外，江西省不断降低群众文化消费的门槛，制订了《关于推进江西省公共图书馆文化馆（站）免费开放工作实施方案》，按照"积极试点、分批实施"的原则，自 2011 年起选择部分公共图书馆、文化馆和综合文化站实施免费开放试点，取得了很好的文化惠民效果及社会反响，目前江西省已全部免费开放"文化三馆一站"（公共图书馆、文化馆、美术馆及乡镇文化站），江西省在免费开放

---

① 资料来源：江西已有 114 家文化馆和 113 家公共图书馆［EB/OL］. 凤凰网，2020 - 11 - 24. http：//jx.ifeng.com/c/81evvpr6bE8.

"文化三馆一站"的同时保证开放质量，印发了《江西省文化厅贯彻〈中华人民共和国公共文化服务保障法〉工作方案》，出台了《江西省公共图书馆和文化馆（站）免费开放工作绩效考核要求》《江西省公共图书馆服务规范》《江西省美术馆、公共图书馆、文化馆（站）免费开放专项资金管理暂行办法》等配套政策。

第二，为推动江西省农村地区公共文化建设跨越式发展，2017年江西省印发《关于开展全省农村"推动移风易俗、促进乡风文明"行动工作方案》《关于进一步加强全省农村文化建设的实施方案》。一是要求农村公共文化服务设施网络基本完善，积极开展基层综合性文化服务中心建设，实现"五个一"建设标准（设有1间多功能文化活动室、1个文体广场、1套全民健身路径器材、1套简易音响设备、1套应急广播系统）；二是要求基本公共文化服务项目逐步健全，丰富公共文化服务内容，加强对农村留守儿童在阅读辅导、艺术培训、科学普及、文体活动等方面的文化服务；三是农村公共文化服务效能显著提升，大力支持百姓自主参与群众性文化体育活动，鼓励社会力量参与农村公共文化建设，深入开展文体志愿服务活动；四是农村公共文化服务保障切实加强，加强公共文化人才队伍建设，加大基层公共文化人才培养力度，大力培育乡土文化人才；五是农村文化管理体制和运行机制建设取得突破，公共文化机构内部管理体制健全，县级公共图书馆、文化馆总分馆制初步建立。总体而言，人民群众的获得感不断提升，文化队伍不断壮大，农村文化氛围更加活跃。农民看书难、看戏难、参与文化活动难等问题基本解决。

江西省发改委、原省文化厅、省民委、省财政厅、省体育局等单位联合出台了《江西省"十三五"时期贫困地区公共文化服务体系建设工作方案》，方案在公共文化服务设施网络、服务项目、服务效能、服务保障、群众受益程度、管理体制和运行机制建设等方面做出了具体工作安排，江西省贫困地区公共文化服务体系建设水平全面提升。

第三，根据《江西省公共文化专项资金管理暂行办法》和《江西省省级财政专项资金管理办法》，江西省财政厅多年连续下达省级公共文化专项资金，用于宣传文化领域、省级公共文化场馆免费开放、江西文化艺术基金、基层文物保护、非物质文化遗产保护等方面，深入推进文化强省建设，切实增强文化软实力和综合竞争力，不断开创赣鄱文化繁荣发展新局面。在此基础上，江西省规范资金管理，全面实施绩效评价。各地文化主管部门严格按照《财政部关于印发〈中央补助地方公共文化服务体系建设专项资金管理暂行办法〉的通知》《江西省公共文化专项资金管理暂行办法》要求，规范资金管理，全面实施绩效评价，提高资金使用效益。

第四，为了构建多层次的公共文化服务供给体系，根据《国务院办公厅转发文化部等部门关于做好政府向社会力量购买公共文化服务工作意见的通知》，江西省积极响应，2016 年发布了《关于做好政府向社会力量购买公共文化服务工作的实施意见》，提出要充分发挥市场配置资源的决定性作用，将推进政府购买公共文化体育服务与培育社会化公共文化服务力量相结合，逐步构建多层次、多方式的公共文化服务供给体系。对公共文化服务的购买主体、承接主体和购买内容，公共文化服务的购买流程、资金保障及评价监管机制，政府向社会力量购买公共文化服务指导目录都做出了详尽要求。

2020 年，江西省已基本建立比较完善的政府向社会力量购买公共文化服务体系，形成"政府主导、社会参与、多元投入、协力发展"的现代公共文化服务体系格局。

2. 构建优秀传统文化传承体系

江西物华天宝、人杰地灵，红色、绿色、古色交相辉映，书院文化、陶瓷文化、戏曲文化、革命文化等璀璨争辉，赋予了赣鄱大地独特的文化气质，留下了宝贵的精神财富，为推进文化强省建设奠定了坚实基础。

第一，为了明确各级政府对非遗保护的权利和义务，加强非物质文化遗产保护、保存工作，2015 年《江西省非物质文化遗产条例》出台。此条例的出台推动了江西省非遗工作迈上法治化轨道，确定了"保护为主、抢救第一、合理利用、传承发展"的非物质文化遗产保护方针。针对非物质文化遗产的传承和传播，条例规定了非遗代表性传承人的认定程序及其权利义务，明确了认定与退出机制，并规定政府应当利用现有场馆等专项公共文化设施，开展非遗的数字化保护和传播。针对非物质文化遗产的合理利用与传承发展，条例鼓励发挥非遗项目劳动密集、能耗低、环境污染小等特点，促进相关文化产业发展，推动全民创业，万众创新；鼓励和支持代表性传承人和保护单位利用现代科技、工艺或艺术手段对非遗进行创新；条例规定以非遗代表性项目名义生产产品或者提供服务的，应当完整保持该项目传统工艺流程和核心技艺，保证其真实性、整体性和传承性。

第二，江西省在确立了非物质文化遗产的传承人保护制度和传承机制的基础上，印发了《江西省非物质文化遗产生产性保护示范基地管理办法》，非物质文化遗产生产性保护示范基地是指在生产实践中，以坚持非物质文化遗产的真实性、整体性、传承性保护，突出核心技艺的传承，在生产、流通、销售等环节有效传承非物质文化遗产传统技艺，经省文化和旅游厅认定的企业或社会组织。非物质文化遗产生产性保护示范基地推动了江西省非物质文化遗产生产性保护，促进了非物质文化遗产传承发展。

第三，为进一步振兴江西地方戏曲，江西省实施戏曲振兴工程，发布了《江西省人民政府办公厅关于振兴江西地方戏曲的实施意见》，从深化改革，加强各类戏曲院团建设；整合资源，改善戏曲院团生产条件；积极推广，支持优秀戏曲剧目演出；鼓励原创，扶持戏曲剧本剧目创作；常抓不懈，加强戏曲保护与传承；尊重规律，完善戏曲人才培养体系；齐头并进，加强戏曲宣传和普及；加强领导，发挥社会参与的综合效益等多个方面入手，列出了 20 条具体实施意见，形成戏曲艺术保护传承工作体系，为振兴江西地方戏曲提供了政策保障。

第四，江西省为进一步贯彻落实《江西省非物质文化遗产条例》《江西省文化事业发展"十三五"规划》等文件要求，2017 年原省文化厅印发了《江西省"十三五"时期非物质文化遗产保护发展工作方案》，初步部署了江西省非物质文化遗产保护发展工作。在规划期间制定了《江西省非物质文化遗产项目评估标准》《江西省文化生态保护区建设评估标准》《江西省传统工艺振兴计划》，已于 2020 年建立了较为完备的非物质文化遗产政策制度体系，基本确立了非物质文化遗产的传承人保护制度和传承机制。

3. 重视文物保护利用，巩固文物大省地位

江西省有着突出的革命文物资源优势，江西省文物部门通过整体规划、连片保护，实施"赣南等原中央苏区革命旧址保护工程"。2014~2016 年，一大批革命文物保护和利用状况得到大幅改善，革命老区受益地涉及 8 市 54 县。实施过程中，努力探索形成具有江西特色的文物保护模式，革命文物得到充分利用，独特优势得到充分发挥，革命文物保护在理想信念教育、发展红色旅游、振兴乡村、惠及民生等方面发挥了积极作用。2016 年 7 月，国家文物局组织对赣南等原中央苏区革命遗址保护工程进行专项检查，高度赞许和表扬江西省革命遗址保护利用的做法。

2018 年，"推广赣南等原中央苏区革命旧址整体保护经验"写入《国家文物事业发展"十三五"规划》，7 月 30 日，在国务院新闻办举行的《关于实施革命文物保护利用工程（2018—2022 年）的意见》新闻发布会上，国家文物局局长刘玉珠高度评价了赣南等原中央苏区革命文物整体保护利用的做法。2018 年 11 月 30 日，国家文物局文化遗产公开课《革命旧址的保护利用——以赣南等原中央苏区革命旧址为例》在江西吉安开讲。2019 年，国家文物局主编出版《创新

与启示——赣南等原中央苏区革命文物保护利用实践》。江西省多人受邀在全国多个论坛、研修班或网站上发言,多家中央媒体报道江西省革命文物保护行动,多省来赣学习交流。根据《国务院关于支持赣南等原中央苏区振兴发展的若干意见》(国发〔2012〕21号)等文件精神,江西省主动对接国家文物局,实施了赣南等原中央苏区革命遗址保护利用工程。"十三五"期间,习近平同志两次视察江西,为新时代江西改革发展把脉定向、擘画蓝图,对推进传承红色基因提出了更高要求,极大地振奋了江西全民士气。

江西各级高度重视革命文物保护利用,省委办公厅、省政府办公厅陆续制定出台了《关于加强革命历史类纪念设施、遗址和爱国主义教育基地工作的实施意见》《江西省革命文物保护利用工程(2018~2022年)实施方案》《关于推进红色文化资源保护与开发利用工作的意见》等一系列文件;《赣州市革命遗址保护条例》《吉安市红色文化遗存保护条例》相继公布施行。2018年9月,《江西省人民政府办公厅关于进一步加强文物安全工作的实施意见》印发,意见包括6部分共12条政策举措,促进和推动全省文物安全工作迈上一个新台阶。2019年1月,江西省文化和旅游厅率全国之先成立革命文物处,江西作为全国革命文物大省的地位进一步得到巩固。

2019年以来,江西省陆续召开全省红色标语保护利用工作现场推进会,出台《江西省红色标语保护利用工作规范》,下发《关于全面加强红色标语保护利用工作的通知》,红色标语保护利用工作从试点阶段转向全面铺开阶段。

4. 打造旅游强省,助力旅游业态

"十三五"时期,江西省陆续颁布《关于进一步加快发展乡村旅游的意见》《关于全面推进全域旅游发展的意见》《江西省旅游景区优质旅游先锋行动三年计划》《江西省旅游产业高质量发展三年行动计划(2019—2021年)》《关于进一步激发文化和旅游消费潜力的实施意见》《关于促进民宿健康发展的意见》等重要文件,基本形成了旅游强省建设的政策体系。

第一,推动江西文化旅游深度融合。一是完善政策。印发《江西省旅游产业高质量发展三年行动计划(2019—2021)》,出台《关于加强文物保护利用改革的实施意见》。二是完善制度。出台《江西省文化和旅游产业融合发展示范区(点)创建办法(试行)》,推动文化旅游产业融合创建。三是推出精品线路。编制《江西省旅游精品线路规划》,对文化旅游精品线路进行总体设计,推出"环鄱阳湖世界遗产之旅""红土圣地寻根之旅""长征出发地之旅""特色非遗体验之旅"等一批文化旅游精品线路。

第二，为提振文旅市场，先后出台《打好组合拳提振旅游消费》《关于进一步激发文化和旅游消费潜力的实施意见》等政策措施。2020 年 7 月出台的《江西省文化和旅游产业链链长制工作方案》中围绕完善文化和旅游产业发展规划及"项目固链、龙头引链、业态延链、数字强链、人才兴链、金融活链、消费稳链、品牌塑链"九大工作举措构建文化和旅游产业发展新格局。江西省同步推动"文旅贷风险补偿资金池"加快落地，并制定《江西省中小微文旅企业贷款风险补偿资金管理办法》。组织实施 2020 年数字文化创意设计项目扶持计划，加快培育一批综合运用 5G、大数据、人工智能、VR 等新技术的文旅项目，确定扶持对象。

第三，加大对文旅企业的帮扶指导。受新冠肺炎疫情冲击，文化小微企业受影响严重。江西省文化和旅游厅及时派出 11 个调研组分赴全省各地就文化和旅游企业复产复工情况进行了专题调研，并下发了《关于做好新冠肺炎疫情防控期间及后疫情时期全省文化和旅游产业发展有关工作的通知》《关于做好小微文化和旅游企业对接金融服务的通知》《关于成立全省文旅企业疫情防控与复工开业工作帮扶指导小组的通知》等一系列文件，并组织人员制定了《江西省文旅企业帮扶政策措施指引》，意在帮助文化和旅游企业渡难关、促发展。

5. 优化提升文化市场环境，促进文化产业健康发展

为进一步深化全省文化市场综合执法改革，促进文化市场持续健康发展，2017 年江西省委办公厅、省政府办公厅印发《关于进一步深化文化市场综合执法改革的实施意见》，意见高度重视文化市场管理问题，进一步完善文化市场综合执法，推动现代文化市场体系建设，更好地维护文化安全和意识形态安全，更好地促进文化事业文化产业繁荣发展。

2019 年，江西省委发布《关于进一步支持文化产业发展的若干意见（试行）》，进一步落实了党中央决策部署的要求。意见立足江西文化产业发展实际，坚持问题导向，针对性地提出支持举措，分别为优化产业结构、打造产业平台、激发市场活力、加大投入力度、拓宽融资渠道、落实相关政策、强化人才支撑、完善推进机制八个部分，对江西省文化产业发展提供了有力的政策保障。

在此基础上，江西省积极开展知识产权保护，省市场监督管理局制定《江西省关于强化知识产权保护工作的实施意见》，转发《市场监管总局关于印发〈2020 年知识产权执法"铁拳"行动方案〉的通知》，并根据江西省知识产权保护工作实际提出要求，加大对侵犯知识产权行为的惩治力度，促进良好的知识产权保护环境，构建知识产权执法保护专业队伍，提升专利执法能力和行政保护水

平。江西省进一步出台了《江西省关于强化知识产权保护工作的实施意见》，发挥好现有各类知识产权保护平台作用，支持有条件的地市和县区设立知识产权维权援助中心和保护中心，积极发挥对知识产权保护的补充和协助作用。

江西省为助力小微文化企业解决融资难题，提供了一系列的政策支持。一是充分发挥政府性融资担保作用。发挥融资担保准公共产品属性，引入融资担保机构充分发挥准公共产品属性，帮助文化企业增加信用，支持文化企业获得低成本融资服务。2020年3月以省政府名义印发《关于完善政府性融资担保体系切实支持小微企业和"三农"发展若干措施的通知》，从推进政府性融资担保体系建设、专注支小支农担保业务、完善银担合作机制、有效降低综合融资成本、持续加大扶持力度、充分发挥担保增信功能六大方面支持企业发展，切实推动文化产业发展。二是积极推进政府性融资担保体系建设。省、市龙头融资担保机构实力增强，通过财政注资20亿元，做大做强省融资担保集团，成为省内规模最大的担保机构，进一步发挥头雁效应，引领江西省融资担保业发展。推动市级担保机构通过整合资源、增资扩股，做大为市级龙头政府性融资担保机构，承接本辖区内政府性融资担保体系建设职能。目前，市级规模较大的政府性融资担保机构已实现全覆盖。同时，成功对接国家融资担保基金，通过发挥上下联动作用，业务分险已覆盖赣州等9个设区市，已和江西银行、九江银行等19家机构就建立新型银担合作风险共担机制达成一致，基本形成"国家融资担保基金—省融资担保公司—市级担保机构—县区担保机构"四级融资担保机构与银行机构共同参与的业务联动和风险分担机制，为降低融资担保机构经营风险，为企业提供优质、高效、低成本融资担保服务提供有力保障。三是推动成立文化企业融资担保机构。为建好景德镇国家陶瓷文化传承创新试验区，推动景德镇设立文化企业融资担保机构，畅通渠道助力文化企业融资发展。目前，景德镇陶瓷文化旅游发展有限责任公司发起设立景德镇陶溪川创业融资担保有限责任公司。鼓励融资担保机构创新推出担保产品和模式。下一步，省地方金融监督管理局将围绕政府性融资担保体系建设、鼓励融资担保机构对文化企业提供融资担保、继续推动文化企业融资担保机构设立三方面聚焦服务包括文化企业在内的小微企业，有效服务实体经济发展。

6. 吸引文化人才，助力文化发展

习近平同志高度重视人才和人才评价工作，并强调，"要创新人才评价机制，建立健全以创新能力、质量、贡献为导向的科技人才评价体系，形成并实施有利于科技人才潜心研究和创新的评价制度"。文化人才的重要性可见一斑，江西省委办公厅、省政府办公厅印发《江西省关于分类推进人才评价机制改革的实施意见》，其中规定了文化艺术人才评价内容、人才分类、评价标准、方式方法、管理服务。以科学分类为基础，以激发人才创新创业活力为目的，建立健全导向明确、精准科学、规范有序、竞争择优的科学化、社会化、市场化人才评价机制，推动文化艺术人才评价机制深化改革。

为实施人才强省战略，健全集聚人才体制机制，根据《中共江西省委贯彻落实〈中共中央关于全面深化改革若干重大问题的决定〉的实施意见》等政策的有关要求，结合江西实际，省人社厅关于印发《江西省高层次人才引进实施办法》和《关于深化人才发展体制机制改革的实施意见》，其中详细制定了在人才引进、人才评价、人才激励、人才流动、科研成果转化、营造人才环境等方面的实施意见和办法，进一步推动江西省社会主义文化大发展大繁荣，吸引更多优秀高层次人才为江西文化事业发展做出贡献。

根据全省文化领域人才需求现状，江西省从加强文化人才建设的各方面，出台了许多政策文件，一是推动出台了《江西省文化领域急需紧缺人才培养和引进计划实施方案》，利用三年的时间，到 2021 年底，在重点文化领域聚集和培养若干名在全国有影响力的领军人才和一批有竞争力的拔尖人才，培养造就一大批在本职岗位创新创业创优的各类优秀文化人才。目前文化人才队伍显著增强，文化领域人才急需紧缺现象得到了缓解，人才发展环境不断优化，各类人才分布结构更加合理，基层文化工作队伍更加充实。二是出台《关于适应新时代要求大力发现培养选拔优秀年轻干部的实施方案》，进一步推进省直文化系统年轻干部工作，大力发现培养选拔优秀年轻干部。落实《江西省文化领域急需紧缺人才培养和引进计划实施方案》，进一步加强文化领域人才队伍建设。三是为发挥文化工作者在村级公共文化建设方面的积极作用，缓解村级公共文化人才队伍不足、服务效能不高的问题，进一步增强村级公共文化内生发展动力，省文化和旅游厅制订了《关于江西省边远贫困地区、民族地区和革命老区人才支持计划文化工作者专项实施方案》和《江西省 2017 年"阳光工程"——农村文化志愿服务行动计划工作方案》，通过选派和培养的方式，加快基层，特别是偏远基层文化人才的队伍建设，提高基层文化工作者素质，为推动基层文化发展、提升公共文化服务水平提供了人才支持。

二、赣州市文化建设政策分析

赣州人文历史厚重，距今有 2200 多年的历史，是中国优秀旅游城市、国家历史文化名城、国家园林城市、全国文明城市和国家森林城市。近年来，赣州市积极发掘地方优秀传统文化，取得显著成效。这些政策、规划的出台实施，为赣州传承优秀传统文化描绘了蓝图。

2012年，赣南等原中央苏区的振兴发展上升为国家发展战略，吹响了赣州市推动文化大发展大繁荣新号角。赣州市立足打造红色文化传承创新区和全国著名的红色旅游目的地，加强革命遗址保护和利用，推动红色文化发展创新，提升苏区精神和红色文化影响力，建设全国爱国主义教育和革命传统教育基地，打造全国著名的红色旅游目的地。

1. 加强顶层设计，公共文化服务惠及民心

赣州市政府认真落实《国务院关于支持赣南等原中央苏区振兴发展的若干意见》中关于支持赣南等原中央苏区公共文化设施建设的政策，按照国家创建标准，认真实施《赣州市公共文化设施建设规划》，稳步推进市级重点公共文化设施建设，全面提升县级公共文化设施建设，抓好村（社区）文化活动室（中心）场所建设和设施配置。

赣州市起草编制了《2011—2020年赣州市中心城区公共文化设施布局专项规划》，对博览文化、艺术文化、社会文化、历史文化等资源进行合理布局，分级设置，分区引导，形成"层级清晰、中心突出、网点众多、功能齐全"的中心城区公共文化服务网络，并且赣州市将建设新的市级公共文化设施项目纳入《赣州市城市总体规划》。

2012年10月，原文化部办公厅印发了《支持赣南等原中央苏区文化事业振兴发展的实施方案》，方案提出，支持市级图书馆、群艺馆、博物馆建设，尽早对赣州市群众艺术馆新建项目安排中央投资，赣州市图书馆扩建纳入国家补助规划。支持县级图书馆、文化馆建设，对赣州市部分面积虽达标但建成年代较为久远的县级"两馆"优先安排维修改造，进一步完善设施条件。支持乡镇综合文化站建设，支持村（社区）文化室（中心）建设，建立分工机制，分步骤、有计划地推进农村文化设施建设，开展村文化活动室及社区文化活动中心场所建设及设施配置。在此基础上，赣州市委、市政府印发了《关于加快构建现代公共文化服务的实施方案》和《赣州市推进基层综合文化服务中心建设实施方案》，根据国家、省有关标准，实施与赣州市经济社会发展水平相适应、具有赣州特色的村级综合文化服务中心示范点"七个一"标准，即一个文化广场、一个文化活动室、一个舞台、一个宣传栏（包括阅报栏）、一套文化器材、一套广播器材、一套体育设施器材，狠抓乡村公共文化设施标准化建设。2020年，赣州市已经

实现综合文化服务中心"村村有，全覆盖"。通过增添适宜老年人活动的文体器材、组织开展多种形式的文化活动，努力把村综合性文化服务中心办成乡村的"老年大学"。

赣州市还出台了《公共文化服务体系建设意见》《赣州市新农村建设创建"百、千、万"文化工程活动方案》《关于赣州市乡镇综合文化站建设的实施意见》《赣州市中心城区公共文化设施布局专项规划》等一系列统筹城乡文化发展、加强农村文化建设的政策措施，为农村和基层公共文化服务体系建设提供了强有力的政策支持。

龙南市为贯彻执行《中华人民共和国公共文化服务保障法》，充分发挥公共文化设施的作用，制订了《2017 年"公共文化设施建设和管理绩效年"工作方案》，对全市公共文化设施情况进行全面调查摸底，各地根据调查摸底的情况，针对不足和问题，按照正常运行的、不能正常运行或闲置的、被挤占挪用的、未达标的四个分类推进实施。2018 年，为创建国家公共文化服务体系示范区，龙南市印发《关于大力推进全县村级（社区）综合性文化服务中心覆盖工程的实施意见》，加强领导，高位推动，强力推进村级综合性文化服务中心覆盖工程。

2. 保护文化资源，传承革命精神与客家文化

第一，站稳定位，全面推进革命文物保护利用。2012 年，《国务院关于支持赣南等原中央苏区振兴发展的若干意见》出台实施。2020 年国家文物局审定通过《赣南等原中央苏区革命遗址保护规划》，以赣州市为主体的赣南等原中央苏区革命遗址修缮工程成为全国样板。

为了加强革命遗址的保护、管理、修缮和利用，2019 年赣州市出台《赣州市革命遗址保护条例》。条例规定对革命遗址实行名录保护制度，条例实施后，市政府应当立即组织开展革命遗址全面普查，编制革命遗址保护名录。对编入保护名录的革命遗址，已经登记公布为不可移动文物的，严格按照文物保护法律法规的规定进行管理；尚未登记公布为不可移动文物的，则参照文物保护单位的法律规定，设定相应的保护管理措施，如划定保护范围、建设控制地带，设立统一的保护标志等，与文保单位类似，在革命遗址的保护范围和建控地带内都不得从事危害革命遗址安全的行为。

条例规定市、县级人民政府应当根据需要建立红色文化教育培训基地，利用革命遗址及其相关联的纪念设施和革命史料，开展爱国主义和革命传统教育。各级学校和干部培训机构应当有计划地将革命遗址及其所承载的革命历史融入教育教学各环节，开设校本课程，开展研学实践教育活动，并且规定市、县级人民政

府应当按照革命遗址保护工作的实际需要，将革命遗址保护工作经费列入财政预算。

宁都县小布镇是第一、二、三次反围剿的政治、军事指挥中心，革命遗存丰富，乘着赣南苏区振兴发展的东风，该县三年时间共争取文保资金 1000 余万元，超过该县历史上文保资金总和。做好烟园围红军标语、中共信南县委旧址等革命旧址旧居保护维修工程，为打造红色旅游目的地奠定坚实的基础。

第二，守望乡愁，大力保护客家围屋。2013 年 1 月，原文化部批准设立国家级客家文化（赣南）生态保护实验区，赣州客家文化保护工作上升为国家关切。赣州市以此为契机和抓手，组织编制《客家文化（赣南）生态保护实验区总体规划》，于 2017 年 1 月获原文化部批准实施。

2017 年 6 月，赣州市积极筹措资金用于赣南客家围屋保护修缮，市政府印发了《赣南围屋抢救性保护维修实施方案》，在 2017~2019 年投入约 5 亿元对 113 处赣南客家围屋进行抢救性维修保护。围屋维修将实行属地管理和属地分担的原则，各级人民政府对本地围屋保护负总责。为推进保护工作开展，市级财政计划通过统筹文化产业发展专项资金、文化事业建设费、旅游发展专项资金等经费，采取"以奖代补"的形式按照围屋维修工程结算金额的 40%，分三年安排市级奖补资金。根据方案，赣州将按照"保护为主、抢救第一、合理利用、加强管理"的文物工作方针，坚持先易后难、先保护后利用、维修后便于开发展示利用等原则，不改变原状、最小干预、使用原材料、原工艺，对全市围屋分级分类进行抢修保护。

2019 年 3 月，赣州市正式施行《赣州市客家围屋保护条例》，对区域内的文化遗产实行整体性保护、加强对传承人和传承单位各方面的扶持。这部地方立法无疑把赣南客家围屋的保护工作推向一个新高度，也为进一步推进赣州市赣南客家围屋保护工作，规范赣南客家围屋的开发利用，传承客家文化、推动客家文化旅游开发提供有力的法制保障。赣州市以贯彻实施好这部法规为目标，加大条例的宣传力度，组织好条例的学习贯彻，扎实推动条例的执行和监督，为条例的有效平稳实施做好充分的舆论和工作准备。

2019 年 5 月，龙南市人民检察院以贯彻落实《赣南客家围屋保护条例》为契机，针对地方人大代表交办的"里仁镇渔仔潭围和沙坝围无人管理，有安全隐患，希望检察院加强公益保护"线索，对客家围屋保护公益诉讼案立案调查，通过实地勘查，调取围屋普查、维修、开发、利用资料等方式，收集、固定相关证据，梳理出龙南境内围屋基本情况以及保护监管方面存在的突出问题，于 2019

年 7 月向龙南市文化广电新闻出版旅游局发出行政公益诉讼诉前检察建议书，并以公开宣告的方式送达，建议其依法履行赣南客家围屋保护监管职责，及时制止破坏、损毁赣南客家围屋的违法违规行为，限期维修，并依法追究相关责任人的法律责任，并且此案例还入选了 2019 年度检察公益诉讼十大典型案例，成为 2019 年度江西唯一入选案例。

第三，充分发扬客家人"崇文重教"的传统，充分发挥客家宗祠的道德教化作用。祠堂为民间礼制性建筑，是宗族祭祀祖先和举办婚、丧、寿、喜等事及议事、聚会的公共活动场所。为加强对古祠堂的保护利用，2019 年赣州市政府出台《赣州市古祠堂建筑保护利用工作方案》。方案按照"保护为主、抢救第一、合理利用、加强管理"的方针，深入挖掘祠堂的历史、文化、社会、经济等价值，维护其真实性、完整性和可持续性，实现保护、利用与传承相协调。同时方案提出开展古祠堂普查、分类建立保护名录、实施挂牌保护、科学规划利用、实施维修工程、规范危旧古祠堂建筑拆除、合理利用古祠堂、建立健全长效机制八项具体任务，明确各项任务完成时间，重点强调古祠堂的维修保护资金应当以"社会筹资为主、政府投入为辅"，可以通过古祠堂宗亲集资、社会贤达或企业捐助等形式募集保护维修经费。争取用 4 年时间（2019~2022 年），按照应保尽保的原则，逐步建立古祠堂建筑保护利用长效机制，把古祠堂打造成传承乡土文化的重要载体、加强社会治理的重要阵地和弘扬文明乡风的重要平台，为助推乡村振兴战略实施和加快赣南等原中央苏区振兴发展提供坚实基础。

3. 优化产业结构，规范文化市场

第一，赣州市全力支持全市文化产业高质量、跨越式发展，提升城市文化软实力。赣州市印发了《关于加快发展文化产业的若干政策措施》《赣州市文化产业重点项目行动计划（2019—2020 年）》《关于进一步支持文化产业发展的若干措施》等文件；出台了《赣州市文化产业发展专项资金管理暂行办法》《赣州市重点文化企业发展扶持奖励暂行办法》，旨在充分发挥文化产业发展专项资金的扶持激励作用，促进全市文化产业发展。为推广客家饮食文化，赣州市将加强政策的支撑和引领作用，调动"人和"因素，制定了《培育赣南客家菜餐饮文化品牌工作方案》《客家美食旗舰店品牌建设奖励办法》，发挥《支持赣南客家菜"走出去"专项补助资金管理办法》的政策效益，鼓励赣南客家特色餐饮企业"走出去"开拓市外、省外市场。开展赣州客家美食旅游旗舰店创评，力争每个县都有至少 1 家赣州客家美食旅游旗舰店，让赣南客家美食餐饮与旅游文化得到大力弘扬和广泛传播。

第二，赣州市大力推动红色文化创意产品开发。为了系统梳理传统文化资源，让收藏在博物馆里的文物、陈列在广阔大地上的遗产、书写在古籍里的文字都活起来，在江西省人民政府办公厅转发原省文化厅等部门《关于推动文化文物单位文化创意产品开发实施意见的通知》及原省文化厅印发了《关于公布江西省文化文物单位文化创意产品开发试点名单的通知》（赣文产字〔2017〕11号）后，赣州市博物馆和龙南市博物馆作为省文化文物单位文化创意产品开发试点单位与民营文创企业建立了初步的合作机制，正处于初步探索开发阶段；引导民营企业开发具有本土特色的文创产品。大余县东宏锡制品有限公司设计开发的红色套装（红军帽、水桶、草鞋、火刀、五角星）；兴国春天文化传媒有限公司设计开发的模范兴国雕塑、军工摇篮雕塑、将军盘等；瑞金市文化旅游开发投资有限公司设计开发的红井琉璃摆件、红色足迹五件套、二苏大模型绒沙金；赣州市画卷人生艺术院设计开发的戏剧人生纯锡茶叶罐、"一带一路"挂件等文化旅游创意产品。赣州市推动出台文化产业相关支持政策，吸引更多民间资本进入文化产业领域。

　　第三，赣州市规范文化市场环境。赣州市进一步明确全市民宿产业定位、空间布局、品牌特色、公共服务，切实解决当前民宿主题不突出、发展不平衡、同质化明显等问题，逐步形成梯次配置合理、规模集聚适度、特色主题鲜明的民宿发展格局。

　　上犹县制订了《关于深化全县文化市场行政综合执法改革的实施方案》《上犹县深化旅游安全专项整治行动工作方案》《上犹县旅游行业开展安全生产"迎大庆、保稳定""打非治违"百日行动实施方案》《企业安全生产主体责任落实年活动工作方案》，积极开展了深化安全生产十大专项整治行动以及"防风险、保平安、迎大庆"消防安全执法检查专项行动。对全县文化娱乐场所、星级酒店、旅行社及网点、重点景区等文化旅游市场进行全覆盖隐患排查和安全巡查，严厉打击未年成人上网、无证照经营、旅游合同欺诈、虚假广告欺行霸市以及"黑东""黑导""黑社"等各类违法违规行为。有效地强化了各文化旅游经营场所的安全生产，进一步规范了市场秩序，有效地促进了全县文旅市场安全有序、健康发展。先后制订印发了《上犹县文广新旅局扫黑除恶专项斗争工作方案》和《上犹县文广新旅局扫黑除恶线索摸排工作实施方案》《上犹县文化和旅游市场"有礼必治"实施方案》《关于开展对黄赌毒和黑恶势力听之任之、失职失责甚至包庇纵容、充当"保护伞"专项整治实施方案》等一系列工作方案，为扫黑除恶专项斗争扎实有效开展提供了制度保障。

4. 打造赣州"一核三区"全域游

2017年起，赣州结合资源禀赋优势、区位优势、政策经济环境优势和后发优势，围绕市委"六大攻坚战"的决策部署和做旺文化旅游业的工作目标，着力打造宋城文化旅游核心区、红色旅游区、客家文化旅游区、生态休闲度假旅游区"一核三区"，出台了《赣州市发展全域旅游发展三年行动方案》《赣州市建设区域性文化旅游中心实施方案》《赣州市推进全域旅游奖励办法》《赣州市全域旅游发展总体规划》，全域旅游发展在全市高质量发展考评考核的分值比重增加到原分值的6倍，将全域旅游重点项目进行串联组合，形成特色鲜明、结构合理、要素齐备、市场规范的全域旅游供给体系。

第一，打造以章贡区、南康区、赣县为主体的宋城文化旅游核心区。章贡区陆续出台《章贡区全域旅游实施方案》《赣州市建设区域性文化旅游中心实施方案》《章贡区推进全域旅游发展奖补办法（试行）》《章贡区建设全市文化旅游中心实施方案》《赣州市章贡区宋城文化创新区发展规划》等文件，将章贡区定位为宋代都市，主打恬静闲适、温馨雅致的"赣州宋式慢生活模式"，全力打造"宋城文化旅游核心区"。赣县区主动融入，积极配合抓好宋城文化旅游核心区建设，以客家文化城为龙头，加快建成客家摇篮核心区、城郊休闲旅游带、文化休闲旅游带、运动休闲旅游带、养生度假旅游带"一核四带"旅游发展格局。南康区按照"宋城文化旅游核心区"的空间布局，编制全区旅游发展总体规划，建起了特色家居小镇、百家姓和谐城、南山文化旅游创意园等，加速旅游业发展。

第二，打造以瑞金、兴国、于都、宁都、会昌为主体的红色旅游区。赣州编制了《红色旅游区专项规划》《关于进一步加快红色旅游发展的实施意见》，县（市）一级编制了《于都县红色旅游专项规划》《会昌县红色旅游发展规划》《苏区干部好作风精神项目策划及规划》《大余县梅山红色旅游区修建性详细规划》等规划，出台了《瑞金红色旅游高质量跨越式发展三年行动计划》等文件，让全市各地红色旅游各具特色、差异发展、有章可循。石城阻击战纪念园、宁都起义纪念馆、寻乌调查纪念馆等场馆改造提升等一批红色旅游项目建设在全市各地"遍地开花"、接续推进。

为了实现全域旅游发展目标，瑞金市严格按照"一年求突破、两年出成绩、三年追赶超"的行动方略，研究出台了《瑞金市红色旅游高质量跨越式发展三年行动计划》《瑞金市发展星级酒店优惠奖励办法》《瑞金市促进红色培训发展三年工作计划》《关于提升改造赣州市红色演艺工作（三年计划）的实施方案》

以及一系列针对红色培训、酒店、民宿、旗舰店的扶植奖励政策。科学编制《瑞金市全域旅游总体规划》《瑞金市城市形象提升规划设计方案》等，成立了瑞金市党政主要领导挂帅、部门联动的全域旅游推进工作领导小组，从顶层设计层面推动全域旅游由"部门推动"向"党政统筹"转变，并把旅游工作纳入年度考核体系，建立国家全域旅游示范区创建工作联席会议制度和督查考评机制。

第三，打造以龙南、定南、全南为主体的客家文化旅游区。2012年赣南客家围屋入选《中国世界文化遗产预备名单》。2013年1月，原文化部批准在赣州设立国家级"客家文化（赣南）生态保护实验区"，赣州市实施《客家文化（赣南）生态保护实验区总体规划》。以普查摸底、调研整理为基础，推动各县（市、区）制定相关保护规划。龙南制定《龙南县文广新局关于推进文化与旅游融合发展工作方案》《龙南县推进全域旅游发展扶持奖励办法》等文件，从旅游项目（含供地、基础设施奖励、公共设施配套等优惠政策）、旅游文化项目招商、旅游品牌创建、旅游市场营销、旅游要素配套、旅游人才队伍建设六方面进行扶持奖励，发挥客家围屋资源优势。定南县制订《定南县文化和旅游产业链链长制工作方案》，深挖客家饮食、服饰、民俗、农耕等文化，打造"定南客家（莲塘古城）+九曲河"旅游带。

第四，打造以上犹、崇义、大余为主体的生态休闲度假区。良好的生态环境是赣州的优势所在，赣州市围绕构建我国南方地区重要的生态屏障目标，加快建设生态文明先行示范区，将绿水青山转化为金山银山。加快编制《上犹县全域旅游总体规划》《上犹县陡水漫生活小镇总体规划》《南湖渼奢居精品民宿专项规划》等规划，主动纳入《罗霄山红色旅游发展总体规划》《赣州对接融入粤港澳大湾区建设实施方案》，印发了《上犹县全域旅游工作实施方案》《上犹县筹备2020年江西省旅游产业发展大会工作方案》《上犹县筹备2020年江西省旅发大会项目推进工作方案》等方案，通过抓方向、抓区域、抓项目，做好产业发展开篇布局。结合文化和旅游发展新态势，牵头制定出台《上犹县推进全域旅游发展若干政策》，拿出"真金白银"奖补产业，充分调动社会资本参与文旅产业发展。大余县针对一度陷入"钨竭城衰"的困境，加快向生态文化旅游城市转型，将全县作为一个大景区来谋划打造，高起点、高品位编制了涵盖"城—乡（镇）—村"的乡村旅游发展规划和《大余县全域旅游发展总体规划》《大余县推进全域旅游发展的若干政策》；成立了由县主要领导亲自挂帅的旅游产业发展领导小组，率先在乡镇设立乡村旅游办公室，实现职能、机构、编制、职数、经费"五个到位"；探索采用PPP、BT等模式，引入社会资金、民营资金参与景区建设，社会资本投资占比高达 72.68%。

第二节　打造赣南老区文化发展改革"先行区"

赣州作为国家历史文化名城，顺应新一轮文化发展改革大势，在把握赣南苏区振兴发展的战略机遇的基础上，以高度文化自觉和文化自信，努力打造文化改革发展"先行区"，开创赣州文化大发展大繁荣新篇章。

一、深化文化体制改革

文化是民族凝聚力、创造力的重要源泉，是综合国力竞争的重要因素，是经济社会发展的重要支撑。文化建设是"五位一体"中国特色社会主义建设的重要组成部分。推进新时期文化建设，必须进一步深化文化体制机制改革，既要忠实传承和弘扬中华优秀传统文化，又要积极引领和践行社会主义先进文化，抓住重点，全面推进，在历史进步中实现文化进步，不断铸就中华文化新辉煌。遵循社会主义精神文明建设规律，把握文化创作生产传播特点，进一步发挥市场在文化资源配置中的积极作用，加强制度创新，构建确保把社会效益放在首位、社会效益和经济效益相统一的体制机制，调动全社会参与文化发展改革的积极性、主动性、创造性。

（一）改出活力，文化单位华丽转身

推动传统媒体与新媒体融合发展，是赣州市文化体制改革的重点内容之一。2015 年，由赣南报业新媒体中心推出的"你好"系列微杂志引爆网络。这是赣南报业首次通过微信客户端向外界系统性宣传赣南各县（市、区），图文并茂的新闻内容、轻松活泼的新媒体呈现方式，引得网友纷纷转发点赞，阅读量突破百万次。

从已颇具知名度的《赣南日报》《赣州晚报》的官方微信、微博平台，到《赣南日报》每周一期的《微报》专版，再到下一步着力打造的 App 客户端和全媒体采编平台，赣南报业媒体融合全面提速，成为赣州市文化单位创新文化生产经营机制的一个缩影。其他媒体改革亦亮点纷呈。2014 年，赣州人民广播电台、赣州电视台合并为赣州广播电视台；客家新闻网组建，为市委直属正处级差额拨款事业单位。这些不光是简单的机构加减，而是文化资源配置的优化和政府职能的转变，赋予了公益性文化事业单位更大的发展空间。

深化文化行政管理体制改革，推动职能转变，赋予文化企事业单位更多的法人自主权。过去，群众对文艺院团有着很大距离感，许多人打趣说"政府是投资主体、领导是基本观众、得奖是主要目的"，一语道破经营性文化单位体制机制不活的沉疴。转企改制后，赣南采茶歌舞剧院更名为赣南采茶歌舞演艺有限责任公司，折射的正是主管部门从"办"文化到"管"文化的理念之变。公司成立后，紧紧围绕观众和市场需求进行文艺创作，精心打造的采茶剧《八子参军》获得全国16家剧院的巡演签约合同，几乎场场爆满，实现艺术与经营的完美融合。截至2015年，赣州市国有文艺院团转企改制已基本完成，按照现代企业制度进行文化运营，形成了人才活跃、精品迭出的文化环境。

哪里有改革，哪里就有机会。站在文化体制改革前沿，赣州市文化单位华丽转身，收获充满活力、资源优化、运行规范、竞争力倍增的改革新气象。

（二）改出效益，文化产业茁壮成长

赣州市文化资源富集，具有发展文化产业、推进文化改革发展的坚实基础。要把文化资源转化为现实文化生产力，必须建立与社会主义市场经济体制相适应的文化体制。

赣州市积极采取措施，为文化产业持续健康发展提供体制保障，从制度上作出明确规范，加强引导监管。第一，抓好国家级客家文化（赣南）生态保护实验区、红色文化传承创新区等建设工作，推动文化与生态、旅游等产业融合发展。第二，成立赣州市文化产业促进会，首批吸纳全市85家团体会员单位。以往各自为政的文化产业群体实现资源共享、优势互补，行业发展得到进一步规范。第三，设立文艺精品创作专项资金，资金由市本级财政预算安排，重点支持文学艺术类精品创作和生产。第四，通过完善文化产品创作生产引导机制，赣州市文艺创作百花齐放。

文化产业的快速发展，让人们看到了文化体制改革所蕴含的巨大能量。

以文化龙头企业为引领，赣州市打造了一批特色鲜明、创新能力强、产业链完整的文化企业。同时，加大文化产业招商力度，引导社会资本和资源型企业转型进入文化领域，不断延伸产业链，优化产业结构，构建起门类齐全、科技含量高、竞争力强的现代文化产业体系。在宁都，被誉为"孔明灯大王"的刘鹏飞创立了飞天工艺品有限公司，近几年，企业在党中央、省委省政府、市委市政府和宁都县相关部门的支持下，得到了更多的扶持，成为一家多元化的文化生产企业，将中国传统文化与国外文化相结合，涉及孔明灯、荷花灯、十字绣、数字油画等多个领域，产品畅销欧美、东南亚等 60 多个国家和地区。

借助文化产业完善的发展平台，于都县发展了唐人轩国际电影城、欢乐城娱乐中心、长征源艺术培训学校等 20 余个文化产业项目，吸引了越来越多的企业"涉足"文化产业：由创佳广告公司主办的"创佳杯"青少年现场书画大赛成功举办多届，一批选手在比赛中脱颖而出，在全省、全国比赛中屡获佳绩；"华艺杯"少儿才艺大赛、"仙艳"健身操大赛等活动形成常态化。

（三）改出福祉，文化民生惠及万家

赣州完成广播电视直播卫星"户户通"工程 40 万户，开展各项群众文化活动 1.6 万多场次，市级"三馆一中心"、县级"三馆一站"（博物馆、文化馆、图书馆、乡镇综合文化站）免费开放；乡镇综合文化站、村（社区）文化活动室建设于 2013 年落实西部大开发政策。据了解，截至 2012 年底，全市 80% 的乡镇建有综合文化站，90% 的村（社区）建有文化活动室、100% 的村建有农家书屋、85% 的村建有公共电子阅览室。信丰县积极落实"三馆一站"免费开放资金，改变设施落后面貌，先后改造建设县文化馆，恢复赣粤边三年游击战争纪念馆，修复上乐塔、毛泽东旧居等一批文物，在 2012 年 80% 的乡镇综合文化站有独立的场所和必备的设施，90% 的行政村建立文化活动室。全市作为国家公共文化服务体系标准化试点城市，赣州市政府对保障人民基本文化权益具有深刻认识，正在不懈努力实现文化公平。

文化建设为了群众，成果理应由群众共享。以标准化、均等化为重要抓手，赣州市将公共文化服务触角向最基层延伸，促进城乡文化一体化发展。

各地加强统筹协调，推动公共文化服务制度设计。寻乌县积极实施"两馆一中心""社区文化活动中心""乡镇文化活动中心广场""村文化活动中心""广播电视基础设施、行政村广播'村村响'配套工程"五大建设项目，并通过政府购买服务等方式，为每个文化活动点配备文化协管员，使基层文化生活管理持续性、活动常态化。

伴随着公共文化服务覆盖面的扩大，其服务水平也在创新中不断提升。早期面对不少边远乡村未通硬化公路的情况，图书馆工作人员采取最原始的肩挑担扛方式，通过流动图书箱将图书送到群众手中。如今，赣州市图书馆开通"移动图书馆"服务，市民可通过移动终端随时随地获取馆藏资源。该馆还启动了智能图书管理系统，市民可通过扫描借阅证实现全自助借还图书。各县图书馆积极开展流动图书车"送书下乡"活动，解决文化服务群众"最后一公里"问题。

只有每一个人都能享受文化带来的滋养，感受文化的魅力，文化的基石才能牢固，文化的繁荣才有保证。政府主导、重心下移、共建共享，惠及 954 万赣南人民的"文化民生"新篇章正在绘就。

二、深化文化产业供给侧结构性改革

2016 年，《中华人民共和国国民经济和社会发展第十三个五年规划纲要》明确指出"公共文化服务体系基本建成，文化产业成为国民经济支柱性产业"的发展目标。落在实践中，就是要把社会效益放在首位，实现经济效益和社会效益有机统一，为人民提供高品质的文化产品和精神食粮。文化及文化产业发展要坚持双效统一，这是推动文化产业发展、实现支柱性产业目标的前提和底线。文化产业具有社会和经济双重属性，要始终如一地坚持这个基本原则。

近年来，赣州文化产业发展迅速，文化产业规模不断扩大，文化企业质量快速提升。与此同时，赣州文化产业供给侧目前仍存在一些结构性问题。区域布局上，各地市差异大，发展不平衡、产业结构不协调，区域间创新资源要素共享不够；行业结构上，文化产业核心层（文化产品生产类）虽居主导地位，但规模不大，新业态比重仍有待提升；供给主体结构上，文化企业数量可观，但企业层次还需进一步提升；所有制结构上，省内规模以上文化企业所有制结构不合理，民营文化企业发展较为缓慢；文化品牌结构上，精品缺乏，传统文化品牌市场化程度有待提升。为了解决上述问题，赣州文化产业从供给侧入手，推进文化产业供给侧结构性改革。

（一）构建区域协同创新机制，推动区域协同

第一，构建赣州区域协同创新机制。一是整合赣州的区域文化资源，实现资源的合理流动，吸引区域间上下游的产业集聚发展，找准文化和旅游的最大公约数、最佳连接点，促进资源深度融合。要积极开拓辐射范围广、带动性强的重点旅游项目，如中国花谷·小密花乡，是旅游助力脱贫、促进乡村振兴的有益示范；会昌的和君小镇，开创了"旅游＋文化＋教育"的发展新模式等。要调动一切资源、采取一切方式，做到有故事可说，有美景可看，有项目可玩，全力打造文化旅游升级版，整合区域内文化资源。二是整合媒体资源，建立省域全媒体运营矩阵。2015 年 1 月，赣南日报社成立新媒体中心，整合力量做大做好《赣南日报》和《赣州晚报》微博和微信公众号，赣州本土媒体主动顺应潮流，融合发展步伐不断加快；2016 年 9 月中旬，赣南报业"前端"新闻客户端上线，全市传统媒体与新兴媒体融合发展加快推进；2016 年宁都、寻乌、崇义三县列为全媒体中心建设试点县，构建起了报纸、广播、电视、门户网站、手机报、手机

客户端、微博、微信"八位一体"的全媒体中心，打造在线互动、便民利民的服务平台，构建"正加负减、合唱清朗"的良好网络舆论生态环境。三是以"文化+金融"为区域文化协同创新提供金融支持。赣州市创新文化金融服务方式，鼓励商业银行倾斜信贷政策。引导辖内银行业金融机构加大对小微文化企业的信贷资源倾斜；鼓励银行机构创新"文化+旅游"信贷产品和服务；鼓励运用"财园信贷通"、"小微信贷通"、"创业信贷通"、创业担保贷款等信贷产品，加大对文化企业的支持力度；落实金融"四项制度"，规范全市倒贷基金运行，逐步提高转贷基金规模；指导各县（市、区）进一步降低资金使用门槛和收费标准，降低文化企业资金使用成本。四是以特色工程为引领，推动区域文化协同发展，打造城市"众创空间载体"，形成促进文化创意企业成长的生态系统。赣州市依托高等院校、科研机构等创办文化科技园或创客空间，支持文创企业和机构研发生产、展示陈列具有本土特色的文创产品。鼓励各地打造特色文化产业园区，支持宋城壹号文化创意产业园、赣坊 1969 文化创意产业园等建设国家级和省级文化产业园区，积极引进文化名人设立工作室。

第二，以创新政策推动区域协同。2019 年赣州为大力实施文化强市战略，推动全市文化产业高质量、跨越式发展，提升城市文化软实力，出台了《关于进一步支持文化产业发展的若干措施》。一是推动优势文化制造业转型升级。培育一批高端文化设备制造基地，对年营业收入和当年度营业收入增速做出不同要求，并给予奖励。二是进一步拓展发展空间。支持骨干文化企业发展壮大。对首次入选的省级、潜在、种子"独角兽"企业，给予一次性的财政奖励；支持小微文化企业发展，鼓励"转企升规"。三是进一步激发市场活力。加大招商引资力度，积极引进国内外知名文化企业总部落户赣州，鼓励赣商回归发展文化产业；支持文化产业类行业社会组织发展，集聚社会力量，推动发展文化产业举报热线"12315"统一对外服务，统一受理侵犯知识产权等维权投诉，统一解答知识产权相关援助政策；优化服务，突出税收优惠政策落实，发挥"大数据"信息管税作用，确保文化产业企业应享尽享各项税收优惠政策。四是进一步加大投入力度。创新文化金融服务方式，鼓励商业银行倾斜信贷政策，指导各县（市、区）进一步降低资金使用门槛和收费标准，降低文化企业资金使用成本；积极推动"险资入赣"，鼓励保险机构开展符合文化产业特点和需求的新型保险业务，鼓励文化企业投保履约保证保险、信用保险、出口信用保险等保险产品。

（二）完善市场体系，推动供给侧主体结构优化

第一，推进现代文化市场体系建设。一是深入推进转企改制，确保和发挥国

有文化企业在市场中的主体地位和主导作用,通过一周一汇报、一月一调度,以及举办国有文化单位体制改革操作实务培训班等形式,积极推动赣州人民广播电台、赣州电视台合并为赣州广播电视台的组建工作,推动客家新闻网组建,深化赣南采茶歌舞演艺有限责任公司改革。2020年赣州市全市组织申报评选2019年重点文化企业及2020年优势文化产业扶持项目,发挥文化产业发展专项资金的扶持激励作用,促进全市文化产业发展。二是鼓励非公有制文化企业发展,推进赣州国家级印刷包装产业基地转型升级,支持小微文化企业发展,鼓励"转企升规"。三是积极开拓海外文化市场。传统文化是华人华侨获得乡愁的一种方式,抓住"乡情、乡愁"助推文化走出去,以客家文化为纽带,推动赣州与"一带一路"沿线国家和地区交流交往。

第二,加强文化主体培育。引导建立起产权清晰、权责明确、管理科学、市场驱动、产业联动的运营机制,打造一批文化示范企业,真正以知识产权为核心,以市场化发展为导向,以市场自主运营为驱动,以产业集群化为依托,建设一批示范园区。制定出台系列文化和旅游产业发展政策性文件,推动赣坊1969文化创意产业园提质增效;省第八批文化产业示范基地评选结果公布,赣州市三家单位榜上有名;加快财政资金由无偿向有偿、由直接分配向间接分配转变,努力实现市场化配置目标。

第三,以工匠精神引导精品生产。赣州市出台文化精品创作的鼓励政策与办法,引导和保障赣文化精品创作。《八子参军》大型赣南采茶歌舞剧,为赣州文化品牌打造树起一座新的高峰。赣州精品迭出的文化发展之路,正是改革开放激活了禁锢的思想,打破了僵化的体制,催生了创作的热情与活力,结出了赣州文艺创作的累累硕果:《山歌情》《长长的红背带》《快乐标兵》等优秀剧目唱响大江南北;赣南采茶歌舞剧《永远的歌谣》获中共中央宣传部第十四届精神文明建设"五个一工程"奖;大型赣南民俗音画《客家儿郎》成功演出40多场,正完善提升,准备冲击国家级大奖;各地精心创排的一批文艺精品,如兴国县山歌剧《老镜子》、兴国山歌《等着你》、会昌县采茶戏《畲山情歌》、安远县采茶小戏《圆梦九龙山》等,均获国家级奖项。从赣南这片红色土地上,还走出了张曼君、龙红、杜欢、杨俊4位中国戏剧"梅花奖"得主。

第四,推动特色文化品牌建设。赣州市以建设"红色文化传承创新区"作为文化建设的战略定位,在尊重群众意愿、挖掘文化资源、满足群众需求的基础上,着力打造赣南特色文化品牌。出台特色文化品牌战略规划及实施办法,以"永远的红土情""客家神韵"为主线,赣州市形成了一县一品、一乡一品、一村一品等独具特色的群众文化活动品牌，兴国每年的"山歌艺术节"、每月的"山歌情韵"广场演唱会、每日的"山歌小分队"巡回演出，被原文化部授予全国首届"群文品牌"。积极培育文化品牌消费市场，加强文化品牌保护与传播，完善文化品牌的培育机制和评价体系，全市精心培育叫响"长征文化品牌"，把长征题材文艺创作作为"十三五"全市文艺创作的重点，将《八子参军》搬上银幕，推进长征主题重大红色文化旅游项目建设，将于都县长征体验园等项目纳入全市文化旅游产业"一核三区"红色旅游区重点项目，着力打造成为全国著名的红色旅游目的地。

第五，推动文化产业融合创新。促进特色文化资源与文化产业的有机融合，大力发展文化创意产业，促进文化产业与新兴科技有机融合。党的十八大以来，赣州市致力于通过文化创意产业打造城市新名片。促进文化产业与金融服务有机融合，大力发展文化创意产业，通过设立文化产业发展专项资金，鼓励和引导社会资本参与发展文化创意产业，建立健全文化产业与科技融合的投融资体系。

（三）优化公共文化服务供给，培育消费增长点

第一，推进赣文化公共服务体系建设，补齐城乡公共文化服务"短板"。以公共文化服务项目或平台为媒介，传播、弘扬赣文化，提高民众的认知度，增强其文化认同感、归属感。赣州市致力于发展社会公共事业、改善群众生活、丰富群众文化体育生活，基本公共服务迈入均等化。截至2019年，"两馆一站"（市县公共图书馆和文化馆、乡镇综合文化站）全部实行免费开放，全市283个乡镇设有综合文化站，80%以上的行政村和社区建有文化活动室（中心），村级（社区）文化活动室平均面积达108平方米，建有农家书屋3515个，覆盖全市3460个村。全市每万人拥有公共文化活动设施面积由2010年的156.4平方米提高到700平方米，基本建成覆盖市、县、乡、村四级的公共文化服务设施网络，为城乡群众每年提供送戏下乡1124场、放映电影5.4万多场次，指导帮助农村乡镇每年自办文体活动500多场次，保障了广大群众收听广播、观看电视、读书看报的基本权益。①

第二，加强乡村文化事业发展，促进赣州文化公共服务均等化，不断丰富赣文化的有效传播和展示渠道、形式。2013年11月，赣州被原文化部、财政部正式命名为国家公共文化服务体系示范区，成为江西省唯一的示范城市。为做好创

① 资料来源：深耕红土地　壮大软实力——市第五次党代会以来赣州市文化建设综述［EB/OL］．客家新闻网，2021-09-20. http://www.newskj.com/news/system/2021/09/20/03033081.shtml.

建国家公共文化服务体系示范区后续工作，赣州市政府要求认真落实《国务院关于支持赣南等原中央苏区振兴发展的若干意见》中关于支持赣南等原中央苏区公共文化设施建设的政策，按照国家创建标准，认真实施《赣州市公共文化设施建设规划》。

赣州市切实加强《中华人民共和国公共文化服务保障法》的学习、宣传、贯彻。抓好《中华人民共和国公共文化服务保障法》和"十三五"文化改革发展规划的学习、宣传、贯彻，加快推进相关改革任务的落实，不断开创公共文化服务体系建设新局面。努力提升公共文化服务效能，开展 2017 公共文化服务"绩效年"活动。创新公共文化设施管理模式，完善服务质量监测体系，研究制定公众满意度指标，建立群众评价和反馈机制。依托城乡文化阵地，盘活基层文化服务设施。创新农村文化"三项活动"机制，引导居民和村民参与公共文化服务项目规划、建设、管理和监督，推动公共文化服务纳入基层社区服务网格进行管理。建立公共文化机构绩效考评制度，加强对重大文化项目资金使用、实施效果、服务效能等方面的监督和评估。以公共文化机构联盟等形式，推进公共文化机构互联互通，实现区域文化共建共享。做好第六次公共图书馆评估定级工作，深入开展"书香赣州"全民阅读活动。加快实施市图书馆总分馆制建设，指导县级图书馆总分馆制建设试点。实施新闻出版广播影视"公共服务提质增效工程"。推动基层农村新闻出版和广播影视资源共享、渠道互通、统筹分配。巩固"户户通"成果，统筹有线、无线卫星覆盖，推进数字化、智能化、移动化接收，完善覆盖城乡、便捷高效、功能完备的新型服务体系。

第三，公共文化服务供给要实行差异化，要跟踪民众文化需求，挖掘和创造赣文化亮点，优化公共文化服务供给。不断统筹城乡发展。坚持以城带乡、城乡互动，引导文化资源向基层倾斜。一是打造群众文化精品。以文化惠民周活动为引领，在中心城区"组团"开展"我们的节日"、"百姓大舞台"、赣南采茶戏精品展演、"非遗"展演展示及优秀美术作品展览等文化活动。在乡村打造一批群众文化精品，优化民间民俗活动，组织参评"群星奖"。二是加快数字化建设。加强全市文化馆、图书馆、博物馆数字化建设，提高数字化水平和服务能力。三是增加农村文化服务总量，提高重大文化惠民工程服务水平。加大政府购买服务力度，鼓励社会力量、社会资本提供公共文化服务，深入推进文化志愿服务。四是壮大全市文化馆联盟。市县联动，整合资源，为城乡群众提供更多更优质的文化服务。五是深化"四馆"法人治理结构改革。推动县级公共文化事业单位组建理事会，完善治理结构，增强内力、动力和活力，提高服务能力。实行所有权与管理权的适度分离，建立健全决策层、执行层、监督层"三位一体"，由利益相关方共同参与治理组织与运行机制，保证公益性文化事业单位的行为规范和公益目标实现。六是提供有针对性的少数民族文化服务，南康区赤土畲族乡每年举办一次畲族文化艺术节，组织当地群众在艺术节上表演民族文艺节目，并在艺术节现场制作畲家乌米饭、益母草、艾米果、竹筒酒等畲族美食小吃。通过举办畲族文化艺术节，在丰富广大群众精神文化生活和展示少数民族文化工作成果的同时，进一步传承和弘扬少数民族文化，促进南康区少数民族文化事业繁荣发展和民族团结进步。

第四，探寻新时代下传统优秀赣文化与公共文化服务联动的实现路径，努力将传统优秀赣文化元素融入公共文化服务建设，在公共文化服务活动中发挥文化传承作用。2016年4月，全省首个文化馆联盟成立，该联盟以市文化馆为龙头，第一批成员包括信丰、大余等县（市、区）文化馆共10个成员单位。该文化馆联盟将全市文化馆的力量紧密结合在一起，实现了人才、技术等资源的上下联动和共建共享，有效破解了文化人才少、品牌少、文化服务供给单一等难题，打造了全市文化馆交流合作的新平台，实现了传统优秀赣文化与公共文化服务的联动。随着赣州市文化惠民周活动的持续举办，体现优秀赣文化的各类文化活动精彩纷呈，越来越多的文艺精品、乡土小戏、客家民俗、传统技艺走出大山，走向广大城乡，甚至走出赣州，参与文化交流及大型演出。同时，赣州市不断完善城乡文化平台，持续推进非物质文化遗产等传统文化传承保护工作，面向市民免费举办赣南采茶"歌·舞·戏"周末剧场惠民演出百余场，扎实开展了全市农村文化"三项活动"和"百姓大舞台"主题群众文化活动。

第五，赣州市不断完善赣文化生态保护与公共文化服务融合的保障体系。为了打造优质的文化生态，为非遗保护和传承创造肥沃的土壤，龙南市围绕客家文化（赣南）生态保护试验区的核心区建设，大力加强非遗宣传，树立非遗保护"见人见物见生活""让非遗回归生活"的理念，致力于建设"遗产丰富、氛围浓厚、特色鲜明、民众受益"的国家级客家文化（赣南）生态保护区。2011年以来，龙南市把每年的6月定为世界文化遗产日宣传月，结合每一年"文化遗产日"系列活动，举办形式多样的民间文化保护宣传活动。龙南市坚持举办非物质文化遗产专题讲座和相关知识竞赛，还每年举办《中华人民共和国非物质文化遗产法》知识进校园、非物质文化遗产摄影展、市级以上非遗传承人座谈会等专题活动，加强非遗知识和保护理念的普及。

（四）完善配套体系，为产业发展提供保障

第一，加强服务体系建设。建立、完善和落实创新成果转化的利益分配制度，提高创意人才在创新成果转化收益中的比例。赣州市把文化产业项目列入对外招商重点项目，在各类招商活动中有计划地重点推介。对世界 500 强及全国文化企业 30 强等知名文化企业，采取"一事一议"方式支持其落户赣州发展；对在赣州市设立、具有独立法人资格、注册资本在 1 亿元以上的文化企业，根据其投资强度和预期贡献，最高可由受益财政给予 50 万元的一次性奖励。有效整合文化产业、版权产业内部的专业服务力量。赣州市实施"互联网+"工程，开发全国领先的版权公共服务平台，并于 2015 年 4 月 18 日正式上线试运行，著作权人足不出户即可办理版权登记业务，彻底摆脱了以往现场申请的烦琐程序，办理期限由国家规定的一个月缩短为即时即办；精心打造"江西版权保护宣讲会"品牌，已先后走进泰豪动漫学院、省文联等几十家单位开展宣讲，受众人数近万人，发放宣传品几万件。在全国首推"版权宣传进影院"活动；2017 年联合省团委开展"全省版权知识高校巡回宣讲"活动，先后走进 7 所高校，发展 500 余名大学生版权服务志愿者，为高校师生办理了 3000 多件版权登记；为了调动各设区市积极性，主动将版权登记、版权维权等版权公共服务权力下放，不仅不收取任何费用，而且主动向各设区市免费发放宣传资料、业务学习资料，免费提供业务培训。通过一系列宣传工作，江西省民众的版权认知度逐步上升，全社会保护版权的法律意识不断提高，使作品登记数量不断攀升。

第二，优化文化产业人才供给服务体系。建立文化创意产业人才激励机制。在职称评定、参与培训、申报项目等方面对文化创意产业人才给予优惠待遇。鼓励文化创意企业对有突出贡献的高层次人才以知识产权、股权、期权等方式参与分配，并在落户、住房保障、补助资金等方面享受优惠政策。对海外高层次留学人才和留学人员创业团队以自有专利、专业技术、科研成果进行转化、创办文化企业的，给予创业资助。对在国外取得的学历、学位，经国家教育部门承认的优秀文化人才，可根据本人实际专业技术水平和能力，申报评审或报考相应专业技术职务任职资格。对引进的高层次人才，同等条件下可优先申请租住或申购人才用房，非本市户籍人才子女就学享受本市户籍学生同等待遇。

第三，不断优化文化产业治理方式。一是营造良好的文化产业发展外部环境，赣州市增加财政投入，在各县（市、区）设立文化产业发展专项资金，采取奖励、补助和贴息等方式，支持全市文化产业发展；重点扶持文化产业龙头企业、重点文化产业园区（基地）、重点文化产业项目、具有示范性导向性的文化产品生产和文化服务项目、具有市场开发前景和竞争力的原创文化产品项目等。此外，凡属本市预算管理的机关、事业单位和社会团体，采购文化创意产品和服务时，鼓励在同等条件下优先采购赣州市自主创新产品和服务。二是对重点企业给予政策倾斜，加大扶持和引导有潜力的中小文化企业，对经认定的重点原创文化创意项目，采取贷款贴息、无偿资助、配套资助等方式，给予适当资助。对新入选"全国文化企业 30 强""江西文化企业 10 强"的赣州市文化企业，以及文化产品年销售收入首超亿元的文化企业，给予适当奖励；经认定的中小文化创意企业入驻政府投资建设的文化产业用房或入驻经认定的文化产业园区的给予房租补贴，前 3 年给予 500 平方米以下部分免房租、500～1000 平方米部分房租减半资助；鼓励条件成熟的中小文化创意企业组建集团；对赣州市创意设计制作的产品或服务广告在中国国际广告节、戛纳国际广告节等有关国家级或国际上获奖的企业和优秀创意设计师给予一次性奖励。鼓励赣州市文化企业在与科技、金融、旅游、体育、信息、物流等产业融合中创新发展。支持文化企业申请专利，对每项授权发明专利，给予适当补助。创新文化市场管理体制机制，推进文化市场综合执法改革。

三、推动文化和旅游融合发展

人民是历史的创造者，文化来源于人民，文化的传承发展离不开人民。文旅融合发展，为人民与文化搭建了一扇对话的窗口、一个互动的平台，以文促旅，以旅强文，人们沉浸其中，感动、感受、感知，见贤思齐，崇德向善。文化借助旅游发展契机贴近群众，从而更具活力与魅力。

（一）推进文旅融合，整合资源强化实力

近年来，赣州市乘着《国务院关于支持赣南等原中央苏区振兴发展的若干意见》出台实施的东风，将旅游业列为现代服务业攻坚战的重中之重，加快宋城文化旅游核心区、红色旅游区、客家文化旅游区、生态休闲度假旅游区"一核三区"的旅游发展战略布局，树立全域旅游理念，加大基础设施投入，加强旅游景区提升，推动旅游品牌创建，创新宣传营销手段，打响红色故都、江南宋城、客家摇篮、绿色家园、两江源头等旅游品牌，建设全国著名的红色旅游目的地、区域性文化旅游中心城市和东南沿海地区休闲度假后花园。截至 2020 年，赣州市连续三年高规格召开全市旅游产业发展大会，提出"像抓工业一样抓旅游"，高位推动各片区旅游发展，形成步调一致、上下联动的强大合力，掀起全域旅游发展高潮。

2017 年《赣州市发展全域旅游行动方案（2017—2019 年）》明确了发展全域旅游的目标任务，以项目清单的形式将 116 个全域旅游重点项目分解至各县（市、区），层层压实责任，累计完成投资超 800 亿元，旅游要素配套不断完善。赣州结合资源禀赋优势、区位优势、政策经济环境优势和后发优势，围绕市委"六大攻坚战"的决策部署和做旺文化旅游业的工作目标，着力打造"一核三区"的旅游发展战略布局，出台了《赣州市发展全域旅游发展三年行动方案》《赣州市建设区域性文化旅游中心实施方案》《赣州市推进全域旅游奖励办法》，全域旅游发展在全市高质量发展考评考核的分值比重增加到原分值的 6 倍。全域旅游"破茧成蝶"，文旅品牌持续打响。

着眼于把厚重的文化内化于心、外化于行，赣州市聚焦发展文化特色旅游，全面提升旅游的可进入性、可驻足性、可消费性和可回头性，将全域旅游重点项目进行串联组合，形成了宋城文化之旅、红色文化之旅、客家文化之旅等两日游、三日游、五日游共计 50 条全域旅游精品游线。推进瑞金、石城、龙南国家全域旅游示范区建设，与北京东方园林环境股份有限公司签订了全域旅游战略合作框架协议，共同推动全市旅游业全景、全时、全业发展。推动全市旅游业从"景点旅游"向"全域旅游"发展模式转变，同时也让全域旅游的每一个细节都浸透着"文化的汁液"。

在此基础上，大力发展乡村游，创新研学游、工业体验游、农业休闲游等文化旅游新业态，推出了系列特色旅游线路。大余丫山小镇、龙南虔心小镇、宁都小布休闲小镇、上犹陡水漫生活小镇等多个旅游特色小镇进展顺利，其中全南南迳镇、宁都小布镇列为国家特色小镇创建单位。集中打造了特色乡村旅游品牌，大余丫山荣获全国乡村旅游创客基地。开启研学旅行新模式，2018 年赣州市各县（市、区）共评选出研学旅行县级基地 67 个，研学旅行线路 51 条，通过研学旅行，丰富教学形式，以旅行为载体，以体验为方式，以安全为底线，赣州市将"三色"（红色、绿色、古色）资源转为教育资源。

（二）抢抓发展机遇，推进设施增强活力

文化旅游产业要实现大发展，离不开基础设施的支撑。结合本地旅游资源丰富的实际，以《中华人民共和国旅游法》出台为契机，赣州市克服旅游功能基础薄弱的困难，对现有的城市基础设施和旅游服务功能进行整合利用，将旅游资源优势转化为旅游产品优势。不仅如此，为完善旅游服务功能，满足游客"一站式"旅游需求，赣州还打造了集生产研发、产品销售、旅游服务于一体的全产业链条，赣州市充分发挥旅游项目带动效应，深入挖掘民俗文化、民间工艺等资源，开发特色旅游商品，形成了以文化丰富旅游内涵、以旅游促进文化消费的产业格局。

着眼于提升旅游品位，全市还集中开展了城乡环境整治行动，持续推进旅游"厕所革命"，寻乌县晨光镇为进一步提升游客对景区的满意度，将景区公厕日常管护作为一项重要工作，充实保洁队伍、健全管理制度、完善基础设施，让公厕成为景区新亮点，主要从强化人员管理、建立工作台账、制定清洁标准、完善配套设施四方面入手对旅游公厕进行管护，确保公厕管护达到净、美、新。在旅游高峰期，一日五次对公厕内进行全方位消毒，确保防疫控疫不留死角。寻乌县"厕所革命"三年攻坚行动以来，全县新建公厕 112 座，改建 42 座。其中城区公厕完成新建 22 座，改建 12 座；乡镇公厕完成新建 5 座，改建 11 座；乡村公厕完成新建 67 座，改建 12 座；旅游公厕完成新建 18 座，改建 1 座；加油站公厕完成改建 6 座。旅游景区、乡村旅游点有相应等级的旅游公厕；1000 人以上的村庄和乡镇政府所在地至少有 1 座公厕，全县农村无害化卫生户厕普及率达到 92%以上。[①] 上犹县抢抓发展生态休闲游的机遇，大力发展生态休闲度假"百里长廊"，通过充分挖掘农业的生态、休闲、旅游潜能，以"三清洁、四整治"为抓手，上犹县大力开展城乡环境整治行动，垃圾有专人定时清运，自觉分类或生态净化。赣州市深入推进智慧旅游建设，在全市涉外服务窗口投放了一批赣州智慧旅游触摸双屏一体机，进一步强化了"旅游咨询一览无余、旅游交易一键敲定"的服务功能。

完善和提升"食、购"旅游要素。赣州市不断完善旅游餐饮要素，积极建设客家美食旗舰店，开发赣州特色旅游食品手札；在市内外推广赣南客家菜系，在各县（市、区）规划建设旅游餐饮特色（客家美食）街区，通过三年努力实现每个县（市、区）有一条美食街、一桌特色菜，让美食为赣州旅游发展注入更持久的经济活力、人文魅力。赣州市制订《培育赣南客家菜餐饮文化品牌工作方案》，发挥《支持赣南客家菜"走出去"专项补助资金管理办法》的政策效益，鼓励赣南客家特色餐饮企业"走出去"开拓市外、省外市场。不仅如此，赣州市还出台了"赣州礼物"旅游商品和赣州客家美食旅游旗舰店奖励办法，开展了"赣州礼物"旅游商品创意设计大赛，融入红色古都、客家摇篮、稀土王国、世界橙乡、江南宋城、世界钨都等赣南特色文化，通过旅游商品的传载、

---

① 资料来源：寻乌："厕所革命"让"方便"更方便［EB/OL］. 大江网，2021 - 07 - 05. https：//jxgz. jxnews. com. cn/sytem/2021/07/05/019327682. shtml.

旅游产业的带动，把赣南的农特产品、饰品、手工艺品、非物质文化、出版刊物等以"赣州礼物"为平台，推广赣州礼物和客家美食。

（三）加大宣传推介，广拓客源展魅力

"文化+旅游"开启了赣州全域旅游的"加速模式"，全市上下凝心聚智、不遗余力地通过不同渠道传递着赣州文化旅游新形象。"北上南下"取得实效，赣州市积极招大引强、引资引智。赣州市编印了《旅游招商手册》，以重点推介、省级层面推介、网络推介等方式，推介了一批前期工作扎实、具备落地条件、达到"可谈、可建"要求的项目。积极北上争资争项争政策，借国家发改委召开支持赣南等原中央苏区振兴发展部际联席会的契机，到新疆维吾尔自治区学习考察旅游援疆相关工作情况，形成了"北上"争取支持的重大政策和重大事项，并到国家文化和旅游部对接汇报。

时光赣州（七里古镇）建设项目、园村旅游特色小镇项目、宁都县小布镇旅游小城镇建设项目、大余县梅山红色旅游区等 7 个项目列入 2017 全国优选旅游项目名录，争取长征出发地红色旅游风景区等 8 个项目列入全省旅游业融资需求项目库，获得金融机构的信贷支持。

赣州市赴深圳、广州、河源、惠州、郴州、厦门、龙岩等客源地市场开展合作对接，就共建联合机制、共拓客源市场、加强营销互动等达成了共识，签订了《赣州泉州旅游线路产品推广合作协议》《赣—粤港澳自驾游 2017 年度合作协议》等合作协议，开通了深圳、厦门旅游专列和南昌旅游包机。在厦门开设了十家"厦旅国际·宝中旅游赣州旅游形象店"，为厦门市民量身定制了万人游赣州、脐橙采摘之旅等赣州特色旅游产品。

同时，着力打造全国著名的红色旅游目的地、区域性文化旅游中心城市和东南沿海地区休闲度假后花园，持续不断创新旅游宣传营销手段，充分整合资源，紧盯目标市场、瞄准高效媒体、开展旅行商合作，通过"点对点"主攻珠三角、闽三角、长三角等主客源市场，投入千万元实施"引客入赣"工程，推动了团队游市场火热、线路产品打造，带动了自驾游、散客游市场的井喷。依托特色文化旅游资源，将景区游览和节会消费有机结合，带动文化旅游产业快速发展。

四、推动中华优秀传统文化创造性转化、创新性发展

党的十九大报告指出，"文化自信是一个国家、一个民族发展中更基本、更深沉、更持久的力量"。可以说，文化自信是习近平同志治国理政的关键词，也是近几年来被大家反复提及、使用频率极高的热门词。赣州作为一座富有深厚历史文化底蕴的城市，孕育着客家文化、宋城文化、阳明文化和红色文化等诸多璀璨的历史文化瑰宝，需要充分运用其特有的厚重多元的文化，讲好赣州故事、突出赣州符号、展示赣州美丽。

（一）讲好赣州优秀传统文化

优秀传统文化是中华民族的"根"和"魂"，是推动文化强国建设、提升文化软实力的重要源泉。以习近平同志为核心的党中央把传承弘扬优秀传统文化上升到民族复兴的高度，鲜明提出"创造性转化、创新性发展"的基本方针。贯彻"两创"方针，就是要根据社会主义市场经济、民主政治、先进文化、社会治理等的发展需要，积极推动中华优秀传统文化与之相协调、相适应，实现其当代价值。

把赣州优秀传统文化"讲生动"重点在于要创新传承优秀传统文化的模式与方法，要着力打造属于赣州自己的传统文化品牌。打造属于赣州自己的传统文化品牌的重要前提是准确地定位，要具有地方典型性、稀缺性和代表性，还应该带有可开发价值、可持续发展。2019年，赣州市人民政府出台的《赣州市建设区域性文化旅游中心实施方案》，将打造四大文化旅游产品体系，"红色故都""江南宋城""客家摇篮""阳明文化"这四张文化旅游特色品牌就是推动中华优秀传统文化创造性转化和创新性发展的一种新的打开方式。

赣州是一座国家历史文化名城。赣州有"客家摇篮"的美称，是世界上最大的客家文化分布区，拥有丰富的客家文化遗产；还是全国著名的革命老区，瑞金、兴国、于都等有着丰富的革命文物保护遗址，被称为中华人民共和国的摇篮；有着包括八境台、郁孤台、建春门古浮桥以及宋代六街完整的街道格局的宋代遗址，是名副其实的"宋城博物馆"；王阳明立德、立功、立言的重要实践地也是在赣州，是阳明心学的主要形成地。赣州市下辖18个县（市、区），每个地方都有着特有的文化特色，如2006年被列入国家首批非物质文化遗产保护名录的兴国山歌和安远采茶戏、入选第二批国家级非物质文化遗产名录的于都唢呐"公婆吹"和石城灯会。除此之外，还有崇义竹乐、赣县东河戏、上犹寺下周屋车马灯、会昌藤器制作、信丰小河锡壶等众多地域特色明显的传统文化。

当今世界已经进入一个多元文化并存的格局，要推动中华优秀传统文化创造性转化、创新性发展，就必须注重融合发展。

（二）适应新媒体发展趋势

随着互联网的不断发展、技术的不断革新，新媒介逐渐产生并得到了蓬勃发展。赣州人文荟萃，红色旅游资源丰富，为推动赣州旅游产业实现跨越式发展，

2016 年，由赣州本土 100 多家新媒体联合发起的赣州新媒体联盟正式成立，同时，"前端"新闻客户端也正式上线。赣州新媒体联盟旨在加强协作与互动，整合全市新媒体资源，建设新型主流舆论阵地，全面提升赣州新媒体影响力和公信力；"前端"新闻客户端旨在打造的"新闻+服务"移动新媒体，围绕立体报道权威新闻、互动传播主流舆论、提供生活服务，设置了新闻资讯、网络问政、生活服务、移动商城、互动报料五大功能。

赣州市思想战线持续发力，推动媒体融合向纵深发展。其中《人民日报》头版头条（单条）2 条，取得历史性突破；《经济日报》连续 5 年刊播头版头条（单条）；《光明日报》推出赣州多个整版报道；在中央广电总台《新闻联播》等主要新闻栏目发稿量均居全省前列。赣州市扎实推进县级融媒体中心建设，7 个县级融媒体中心进入全省县级融媒体中心验收工作前 20 名，是各设区市最多。"学习强国"赣州学习平台正式上线；"客家新闻网"成为全省首个设区市学习强国号。

赣州市智能产业创新研究院依托"红色旅游云平台"保护红色数字遗产，用数字记录革命历史，用"5G+VR"等技术整合赣州全市范围的红色旅游资源，进一步拓宽学习红色文化的路径，让红色旅游成为人们接受爱国主义教育和革命传统教育的新课堂。同时，新媒介逐渐产生并得到了蓬勃发展，各大视频平台进一步细分内容产品类型，并对其进行专业化生产和运营，行业的娱乐内容生态逐渐形成，赣州市抓住契机，利用新媒体发出赣州声音，以赣州特有的风俗习惯为切入点，将传统文化融入日常生活中，创作出接地气、沾泥土、老百姓看得懂也愿意看的短视频和直播。《赣南日报》抖音位列全国 377 家党报抖音传播力第 12 位。据不完全统计，2020 年全市破千万的爆款抖音产品 30 多条，10 万+的新媒体稿件 400 多条，单条最高点击量 2.89 亿，创下了江西省融媒体产品单条历史纪录。2019 年，在赣州市文化广电新闻出版旅游局、赣州市智能产业创新研究院的指导下，赣州举办了"保护红色文化遗产"短视频大赛，大赛旨在唤醒全民红色文化保护意识，鼓励全民以拍摄短视频的形式广泛传播红色故事，从而进一步弘扬红色文化，传承红色精神，加强红色旅游资源的保护与传承，展示赣州红色文化的独特魅力。2020 年，在农业农村部农村社会事业促进司的指导下，《中国农村杂志社》主办的全国美丽宜居村庄短视频擂台赛中，《全南县美丽乡村掠影》《崇义县上堡乡》斩获全国美丽宜居村庄短视频擂台赛优秀作品奖。

（三）加强文化交流与合作

文明因交流而多彩，文明因互鉴而丰富，文化的交流和合作会带来创造性的思维和可持续发展。拓宽渠道，加强政府交流与民间交流，鼓励人民团体、个体加强对外文化交流，加强与周边省市的联合互动，积极开展跨区域、跨省协作发展，实现资源共享、信息共用、市场共建。

"2018 年春雨工程"文化志愿者边疆行"江西赣州客家文化"走进内蒙古自治区巴彦淖尔，来自赣州的 40 余名文化志愿者给当地带去了"共和国摇篮"美术展和赣南采茶歌舞等极具赣南风情的文艺节目。丰富多样的艺术表现形式，吸引了数万名巴彦淖尔市民参与、观看此次活动，加深了内蒙古自治区群众对赣南客家和红色人文风情的了解。"江西赣州客家文化"走进内蒙古自治区巴彦淖尔系列活动旨在通过"春雨工程"平台，给当地群众带来更为丰富的文化生活，加强两地交流，共同促进公共文化服务水平的提升。据悉，志愿活动期间，赣州市与巴彦淖尔市文化部门签订了双方公共文化交流与合作协议，为促进两地在政治经济和社会文化发展等领域进行更深层次交流与合作、推动两地共同发展繁荣奠定基础。

中国和日本同属东亚文化圈，阳明文化在儒学文化中拥有重要地位，对日本有着深远影响。2019 年，"知行合一——王阳明在赣州"阳明文化对外交流活动在东京多元文化会馆顺利召开。此次交流活动以阳明文化为载体，促进文化交流，进一步提升了赣州文化发展的国际知名度、美誉度。赣州十分重视阳明文化的传承弘扬，推崇阳明心学文化内涵发掘，光大"知行合一"的时代价值，大力开展阳明文化遗址遗迹保护修复、完善阳明文化传承发展规划、组织开展学术研究研讨、系统挖掘其时代精神和时代内涵，新建有阳明书院、阳明博物馆、良知楼、阳明公园、阳明湖、阳明山和阳明中学等，努力打造中国阳明心学研究高地，让阳明文化薪火相传。

（四）挖掘本土内涵，注入文化符号

苏区振兴，不仅要"塑形"更要"铸魂"，文化作为一种更基本、更深沉、更持久的力量，为苏区振兴提供了精神支持和道德滋养。目前，本土文化作为特定区域民族文化的载体，受到外来文化的冲击，本土文化面临逐渐弱化的危险。在此情况下，赣州市鼓励结合各地的特色，传承创新，强化亮点，做精做活本土文化，为本土文化注入文化符号。

2020 年，兴国县人民政府启动了中国长征 IP 项目——《长征总动员》，兴国县人民政府联合中国十大动漫公司之一的功夫动漫公司，以兴国籍开国上将萧华等英雄人物为原型，构建长征途中一支优秀的特战分队"兴国之剑"，集中展现红军战士不怕牺牲、排除万难争取胜利的革命精神和信念，提炼长征文化符号，打造长征 IP 动画作品。同时启动了以长征文化 IP 为核心的红色产业联盟，并现场签署了中国长征 IP 战略合作协议。通过功夫动漫城市 IP 运营平台的全渠道推广和多角度立体式开发，长征 IP 依托于长征的影响力与生命力，发挥线上线下巨大的引流效益，帮助兴国融合长征文化基因形成城市符号，推动文化创意产业的发展。

除此之外，大余县牡丹亭是明代大戏剧家汤显祖名著《牡丹亭》故事的发祥地。随着"红三角"经济发展座谈会在大余召开，"牡丹亭"作为一枚重要的棋子列入了该县旅游发展战略的布局。从 20 世纪 90 年代开始，大余县"依书造景"兴建了牡丹亭，重建的"牡丹亭十景"艺术地再现了《牡丹亭》剧中所描写的剧情、人物和景观，使古老名园光彩重放。通过先后几次深度开发，如今牡丹亭建设规划面积 3 平方千米，项目总投资 5000 万元，每年门票收入达到 50 万元以上，同时兴建县城水上乐园和东山森林公园，推出以牡丹亭命名的星级宾馆、旅游食品、文学刊物等，构筑牡丹亭—梅岭古驿道—丫山古色游线路。大余县还在省市旅游专家的充分论证及广泛征询社会各界意见的基础上，对外精心塑造"牡丹亭之旅"形象品牌，突出以牡丹亭文化为主题，辅以梅国文化、丫山山水宗教文化、金边瑞香花卉文化和西华山钨都文化。大余县利用每年三个旅游黄金周，由县主要领导带队，在赣、粤、湘主要客源地举行大型"旅游推介会"；以节庆促旅游，通过举办"旅游恳谈会""红三角诗歌会"等大型节庆活动，吸引了众多海外游客前来观光旅游；投入资金 100 多万元，加强宣传力度，摄制了电视宣传片《旅游胜地——大余》，编制出版了《大余名胜古迹》《梅香古驿道、芳留牡丹亭》等 10 余套旅游宣传书籍和画册。

第四章　赣南老区文化建设高质量发展重点领域（工程）分析

　　赣州是一座历史悠久的文化名城，在几千年的发展历程中，一代又一代赣州人奋发图强，积淀了厚重而独具特色的宋城文化、客家文化、红色文化和生态文化。然而，由于地域广、贫困人口多、历史欠账多，长期以来，出现基层公共文化服务保障乏力、文化发展不平衡的尴尬局面。2012年，《国务院关于支持赣南等原中央苏区振兴发展的若干意见》出台实施。随着国家系列扶持政策的出台，赣州这片写满传奇的红色土地经历了翻天覆地的变化。踩着改革开放的激越鼓点，乘着振兴发展的温暖春风，文化建设高质量快速发展。赣州广大文化工作者积极参与和服务六大攻坚战，厚植红色故土，彰显文化自信，通过不懈努力壮大主阵地、唱响主旋律，让优秀传统文化得到广泛传承弘扬，文艺精品和群众文化活动好戏连台，公共文化服务遍地开花，赣州文化进入了发展最快、城乡面貌变化最大、百姓享受实惠最多的时期，群众的文化获得感、幸福感明显增强。

　　标准化农村综合文化服务中心建到百姓家门口，国家公共文化服务体系示范区建设工作全面深化，客家文化生态保护上升为国家战略。《八子参军》《永远的歌谣》《客家儿郎》等文艺精品受到广泛关注和认可，以赣州市为主体的赣南等原中央苏区革命遗址修缮工程成为全国样板，一个又一个"国字号"文化惠民工程落户赣州，一批又一批传统文化在国家平台大放异彩，赣南老区文化建设成了献礼建党100周年的重要成果。

第一节　赣南老区文化事业建设

中华人民共和国成立以来，尤其是党的十八大以来，赣南这方文化沃土大力推进文化大发展大繁荣，全面推进文化建设与发展，实施文化强市战略，出台并落实了《中共赣州市委赣州市人民政府关于加快文化强市建设的实施意见》，群众文化生活丰富多彩，公共文化服务趋于完善，艺术创作活力充分显现，文化产业蓬勃发展，文化产业竞争力不断提升，为赣州高质量发展提供了强大的精神动力和文化支撑。

2013 年 11 月 6 日，赣州市被原文化部、财政部正式命名为国家公共文化服务体系示范区，成为全国首批、全省首个公共文化服务建设示范城市，这是赣州市多年来推进文化建设取得的重要成效。以此为起点，赣州市不断深化公共文化示范区建设，将其作为一项常态化工作抓实抓紧，赢得了文化建设花开满园，全方位满足百姓日益增长的文化需求。赣州市文化广电新闻出版局局长赖俊贤说："赣州市被命名为国家公共文化服务体系示范区，这不是终点，而是一个更高的起点。2013 年以来，赣州市深入推进示范区建设，文化事业建设交出了漂亮的成绩单。"

一、构建公共文化服务体系，深入实施文化惠民工程

近年来，赣州深入开展丰富多彩的文化惠民活动，通过增加文化供给，最大限度地满足群众日益增长的多层次、多样化公共文化需求。

赣州是全国首批、全省首个国家公共文化服务体系建设示范区。近年来，赣州启动公共文化服务标准化、均等化建设试点工作，率先将公共文化建设纳入赣州市重点民生实事进行考核调度，率先开展公益性文化事业单位法人治理结构改革。在全国率先开展贫困地区农村综合文化服务中心"六个一"建设试点，获中共中央宣传部充分肯定并总结为"七个一"标准在全国贫困地区推广；在全国率先开展"农家书屋（文化）+电商"工作，得到中央、省、市领导高度称赞，省委宣传部组织在赣州市召开全省"农家书屋（文化）+电商"现场会；在全省率先启动公共文化服务标准化试点工作，率先开展公益性文化事业单位法人治理改革，率先开展公共文化绩效年活动……一系列先行先试的探索和尝试，让

赣州市公共文化事业建设取得了突出成效，百姓文化获得感明显提升。2015 年以来，赣州市连续多年在全省文化工作综合考评中名列第一。

（一）完善网络普惠民众

赣州深入开展丰富多彩的文化惠民活动，通过增加文化供给，最大限度地满足群众日益增长的多层次、多样化公共文化需求。

赣州市在全省率先启动公共文化服务标准化、均等化建设，目前已基本建成覆盖市、县、乡、村四级的公共文化服务设施网络，让百姓在家门口就能享受优质的公共文化服务。许多年前，每当秋意渐浓，夜幕降临，许多农村街道便冷冷清清，了无生机。如今，一大批文化广场建设起来，街道灯火通明，活动热火朝天，表演好戏连台，现在在农村生活，已经有了城市的感觉。一个文体广场、一间多功能文化活动室、一个简易戏台、一个宣传栏、一套文化器材、一套应急广播系统、一套体育设施器材——按"七个一"标准建设的寻乌县农村文化服务中心，不仅为百姓提供了丰富多彩的业余文化娱乐活动平台，更为推进农村公共文化服务标准化、均等化提供了宝贵的经验。2016 年，该项标准得到了中共中央宣传部的充分认可，作为统一模式在全国贫困地区推广。这是赣州市推进公共文化标准化、均等化的一项重要成果，以此为契机，赣州市初步探索总结了贫困地区公共文化建设的"寻乌样本"，通过向上争资争项、引导民间资本投入等方式，逐步破解了资金、人员紧缺等难题，整合利用宣传文化、党员教育、科学普及、体育健身等场地、设施和资源，形成 260 个标准化示范单位，704 个村级综合文化服务中心示范点。

2019 年，位于章贡区建国路的 24 小时自助城市书屋，作为赣州市首家 24 小时自助公共图书借阅室，一经向社会开放，便广受青睐。这里设有儿童阅读、电子阅读和纸质阅读等区域，拥有纸质藏书 6000 余册、电子藏书 30 万册。市民凭身份证便可进入书屋阅读，或办理借书手续。截至 2019 年 10 月 9 日，章贡区已建成 38 家城市书屋，共接待读者 80 万人次。城市书屋、社区书屋、公共图书馆已共同搭建起了章贡区"十五分钟阅读圈"，全民阅读渐成风尚。

2019 年 10 月，赣州市 283 个乡镇建有综合文化站，80% 以上的行政村和社区建有文化活动室（中心），基本建成覆盖市、县、乡、村四级的公共文化服务设施网络。走在赣南城乡，无论是在街心公园、城市广场、艺术剧院，还是在乡镇综合文化站、村级文化活动室，总能看到文化之花竞相绽放。

（二）建立文化交流平台

赣州市积极探索实施文化馆联盟、县级文化馆图书馆总分馆制等机制创新，成为赣州市深化国家公共文化服务体系示范区建设，构建具有赣州特色、适合欠发达地区的现代公共文化服务体系的创新举措，有力促进文化惠民。2016 年 4月，全省首个文化馆联盟成立，该联盟以市文化馆为龙头，第一批成员包括信丰、大余等县（市、区）文化馆共 10 个成员单位。该文化馆联盟将全市文化馆的力量紧密结合在一起，实现了人才、技术等资源的上下联动和共建共享，有效破解了文化人才少、品牌少、文化服务供给单一等难题，打造了全市文化馆交流合作的新平台。2017 年，大余、上犹、会昌被确定为县级图书馆总分馆制建设省级试点县，按照"五个统一"标准，完成了 18 个图书馆分馆、26 个村（社区）服务点建设；2017 年 7 月，会昌、寻乌被列为文化馆总分馆制省级试点县。截至 2018 年 12 月，市图书馆已建图书分馆 31 个。此外，公共文化服务数字化网络化进一步完善，推进数字文化馆建设，市文化馆初步建立了统一信息平台；进一步提升数字图书馆工程，市图书馆建立客家主题图书馆并试运行开放。2016年 12 月，赣州市还超额完成直播卫星"户户通"工程任务，有效解决 40.8 万户农户看电视难的问题。截至 2018 年 8 月，全市共设有乡镇综合文化站 283 个，农家书屋 3515 个；建有公共图书馆 20 个、文化馆 20 个、博物馆（纪念馆）18个，建立了全国首家青年创业图书馆。截至 2018 年 11 月中旬，全市共建成村级综合文化服务中心 3162 个。①

（三）推进基层文化建设

赣州市着力推进基层文化建设，让城乡群众共享文化精品。深入挖掘丰厚文化资源，以"文化惠民　精品共享"为主题，连续多年举办"文化惠民周"活动，民俗展演、通俗歌曲演唱会、广场舞大赛、社区艺术展演、京剧票友会等文化活动，精品荟萃，上百万群众在家门口享受了"文化盛宴"。与此同时，组织赣州市国有和民营院团、2000 多支基层文化宣传队和上百个农民业余演出团体常年送戏下乡、巡演，让基层群众共享文化美餐。群众演戏、演群众戏、让群众看戏，成了赣州文化惠民的一大特色。赣州市每年为城乡群众提供送戏下乡 1100多场、放映电影 5.4 万多场次，指导帮助农村乡镇每年自办文体活动 500 多场次，让广大群众共享收听广播、观看电视、读书看报的基本权益。

不仅如此，各县（市、区）积极开展文化互动，打造群众文化活动品牌。于都县组织群众合唱团——长征源合唱团，创排《长征组歌》，近年来在全国巡

---

① 资料来源：赣州深化国家公共文化服务体系示范区建设工作［EB/OL］.赣州文明网，2018-12-05. http://jxgz. wenming. cn/wmhc/201812/t20181207_ 5587831. shtml.

演 300 余场，获得高度评价，该团荣获"全国文化工作先进单位"称号，获国家艺术基金资助；章贡区开展章贡区戏曲周文化惠民演出，近 3000 名市民走进剧场，享受视听新感受；石城县在打造"百姓大舞台"的基础上，将全省一年一度的"放歌赣江源"声乐大赛引入该县，极大提升了"百姓大舞台"的品位。

（四）文化改革激发活力

近年来，赣州市深入推进文化体制改革，不断推出创新举措，进一步催生内生动力，激发文化活力。2016 年 4 月，赣州市组建了全省首个文化馆联盟，以市群艺馆为龙头，第一批吸收 10 个县级馆加盟。通过联盟，有效实现了文化资源整合、上下联动、共建共享、文化惠民。2017 年 5 月 12 日晚，赣州市文化馆联盟成员单位"树乡风文明"群众文艺演出在赣州市图书馆学术报告厅精彩上演，舞蹈、独唱、器乐演奏、情景诗歌朗诵、歌伴舞等 15 个地方特色节目让观众大呼过瘾。

文艺院团体制改革迈出新步。赣州市 19 个国有文艺院团全部转企改制并挂牌成立了演艺公司，大型赣南采茶歌舞剧《八子参军》获国内 16 家剧院联盟单位签约全国巡演推广，走出了演出市场化坚实的一步。

公益性文化事业单位法人治理改革全面推开。在全省率先开展法人治理改革试点，市级"四馆"成立了理事会。公益性文化事业单位借助社会力量改进服务，社会力量通过法人治理结构参与公共文化事业建设，实现了互利共赢。目前，这项工作正在赣州市全面推开。

公共图书馆总分馆制建设深入推进。选取了大余县等 3 个县作为首批省级试点单位，选取安远县等 5 个县同步开展市级试点工作。目前赣州市图书馆与中心城区内公共图书馆（章贡区、南康区、赣县区）及于都、会昌已实现图书借阅通城通借通还。县级文化馆总分馆制试点工作正在按要求推进。

二、顺应新时代，推进赣南文化传承创新

（一）着力锻造艺术精品

赣州客家文化、红色文化底蕴深厚，为文艺精品创作提供丰富的文化资源，《山歌情》《长长的红背带》《快乐标兵》等优秀剧目曾唱响大江南北。"站在高原望高峰"，党的十八大以来，赣州市文艺创作生产迎来高峰：赣南采茶歌舞剧《八子参军》获"文华优秀剧目"奖和"五个一工程"奖，在全国 21 个省区市巡演；赣南采茶歌舞剧《永远的歌谣》被誉为"革命精神的艺术颂歌"，入选第十四届精神文明建设"五个一工程"奖公示名单，青年演员杨俊获"梅花奖"；

大型赣南民俗音画《客家儿郎》正完善提升，准备冲击国家级大奖。赣州各地也精心创排了一批文艺精品，如兴国县山歌剧《老镜子》、会昌县采茶小戏《畲山情歌》、南康区采茶小戏《富民桥》、安远县采茶小戏《圆梦九龙山》等，获国家级或省级奖项。2017 年 5 月 25 日，总投资超 1600 万元的大型赣南民俗音画《客家儿郎》首次公演。该剧从剧本编排到首次亮相，历时 1 年 3 个月，一经亮相便引起社会各界热烈反响。

以赣南采茶戏为例，赣州市委、市政府深入贯彻落实中央《关于实施中华优秀传统文化传承发展工程的意见》，把保护传承赣南采茶戏作为弘扬地方戏曲文化的重要抓手，激活了赣南地方戏一池春水。从政策层面推动地方采茶戏发展，出台《赣南采茶戏振兴工程实施意见》，在设施设备、活动经费、人员配备等方面给予扶持；出台《赣州市定向培养赣南采茶戏表演专业学生实施办法》，从 2017 年起，连续五年每年定向培养 40 名到 60 名赣南采茶戏的表演人才，让赣南采茶戏人才形成梯队、形成规模。统筹资金鼓励地方采茶戏发展，各地统筹农村文化事业、产业发展等专项资金，用于奖励补贴优秀采茶戏剧目。完善文化基础设施建设促进地方采茶戏发展，建成采茶戏大剧院、主题公园、专题博物馆、乡村大舞台、非遗传习所等设施，打造采茶戏交流推广平台。创建文化品牌助力地方采茶戏发展，积极开展采茶戏进机关、进学校、进农村、进社区、进企业、进家庭的"五进"活动，举办"周末剧场""寻梦赣南采茶戏——我来演采茶"电视大赛等主题文化品牌活动，创编采茶戏健身操和广场舞，激发了全民学、看、演采茶戏的热情。

（二）传承弘扬优秀文化

赣州有"客家摇篮""江南宋城""红色故都"的美誉，文化遗存丰富。近年来，赣州市积极发掘地方优秀传统文化，取得显著成效。2013 年 1 月，原文化部批准在赣州设立国家级"客家文化（赣南）生态保护实验区"，赣州客家文化保护上升到国家层面；赣南客家围屋入选《中国世界文化遗产预备名单》。国家文物局审定通过《赣南苏区革命遗址保护规划》。这些政策、规划的出台实施，为赣州传承优秀传统文化描绘了蓝图。

以革命旧址旧居和赣南客家围屋保护利用为重点。《国务院关于支持赣南等原中央苏区振兴发展的若干意见》出台实施后，赣州市共争取国家专项补助资金 3 亿多元，237 处革命旧址得以修缮。以赣州市为主体的赣南等原中央苏区革命遗址修缮工程成为全国样板。同时，赣州市积极筹措资金用于赣南客家围屋保护修缮。2017 年，赣州市政府出台《赣南客家围屋抢救性维修保护实施方案》，计划投入近 5 亿元，用 3 年时间分批抢修赣州市 113 处围屋。

以建设国家级客家文化（赣南）生态保护实验区为抓手，努力建设赣州人民共有的精神家园。组织编制《客家文化（赣南）生态保护实验区总体规划》，于 2016 年 9 月获原文化部批准。目前，赣州客家文化保护工作正由以项目、局部、个体为主，向整体、全面、全民为主的方式转变，保护成果惠及更多的人民群众。

第二节　赣南老区文化产业体系建设

一、供需两端发力，文化产业应提档升级

（一）文化创意产业园区推动产业转型升级

赣州市致力于通过文化创意产业打造城市新名片。曾经名不见经传的小街巷渔湾里，变身为网红美食打卡地；结合城市历史和工业遗存，原赣南纺织厂老旧厂区已经升级改造成为赣坊 1969 文化创意产业园；依托厚重的文化积淀，将郁孤台历史文化街区打造成为集文化创意、旅游体验、商业休闲功能互融的文旅商综合体。文化创新，让一个个文创产业重新焕发出勃勃生机。

大力发展文化创意产业，通过设立文化产业发展专项资金，鼓励和引导社会资本参与发展文化创意产业；加快工业厂区"退城进园"步伐，将城区原有工业厂区改建成新兴文化创意产业园区，为创客文化、互联网文化、多媒体文化、艺术设计等新兴文化业态发展提供良好环境。赣州文化事业与文化产业融合发展，迸发出强劲的动力。

"宋城壹号"文化创意产业园整体格调今非昔比，墙壁上的大幅涂鸦，大剧院、读书交流会等众创项目，旧厂房改造成的小庭院等，让现代和古朴的氛围在这里交汇融合。2017 年，渔湾里美食街还是一个又脏又乱的城中村，这一区域被纳入章贡区背街小巷综合提升改造工程后，通过拆违章、腾空间、添景观整合周边资源、完善设施配套，突出商业特色、文化特色，打造成为一个"宜业、宜游、宜居"的美食文化街区。漫步在整装一新的渔湾里美食街，主街两侧店招熠熠生辉，外

立面整齐美观。

（二）文化产业融合助力群众富脑袋又富口袋

为顺应人民群众新期盼，有效发挥农家书屋、文化信息资源共享工程等文化惠民载体的作用，2015 年 7 月以来，赣州在全省首创"文化信息资源共享、农家书屋、文化活动室+电商"（简称"文化+电商"）试点，将"文化+电商"建设作为构建农村现代公共文化服务体系，探索基层公共文化服务新模式的一项重要工作来抓。2016 年 5 月，赣州市委、市政府印发《赣州市推进"农家书屋+电商"建设工作方案》，在安远、寻乌两个试点县召开现场经验交流会，在赣州市全面推开此项工作。乡村"文化+电商"服务站按"六个一"标准建立，三年内实现全覆盖。通过推行"文化+电商"，彰显了文化功能，打通了农特产品进城、工业产品下乡的"最后一公里"，破解了制约农村电子商务发展的瓶颈，实现了从文化资源到发展资源、从文化惠民到文化富民的有效转化。

经过两年多的实践，"文化+电商"这个文化惠民、富民升级版，活力越发彰显。2017 年 9 月 30 日，赣州市共有"文化+电商"服务点 1640 个，这些服务点正成为群众增收致富的"新渠道"和群众精神文化生活的"新家园"，公共文化设施用起来、活起来、好起来，"文化+电商"显现出独特的"赣州效应"。国家公共文化服务体系建设专家称"文化+电商"在全国具有超前意识，找到了新时期农村公共文化建设的新路径。2017 年 8 月 23 日，江西省"农家书屋+电商"经验交流会在安远召开，在全省推广"农家书屋+电商"的"赣州经验"。

二、讲好红色故事，做强红色文旅产业链

2019 年 5 月 20 日，习近平同志曾在于都河畔驻足，为中央红军长征出发纪念碑敬献花篮，参观中央红军长征出发纪念馆，他动情地说："我来这里也是想让全国人民都知道，中国共产党不忘初心，全中国人民也要不忘初心，不忘我们的革命宗旨、革命理想，不忘我们的革命前辈、革命先烈，不要忘了我们苏区的父老乡亲们。"

红土赣州，红色文化代代传承，初心印记历历在目。牢记嘱托，赣南苏区要把红色资源利用好、把红色传统发扬好、把红色基因传承好。近年来，赣州以发展红色旅游为载体，深挖红色资源，讲好初心故事，加强红色教育，深化区域合作，努力建设红色文化传承创新区和全国著名的红色旅游目的地，让八方游客为红色文化"代言"。铭记革命历史，触摸初心烙印，如果要开启一段追寻初心的红色之旅，那么目的地就是赣州。

（一）红色资源为红色旅游赋能

牢记习近平同志的殷殷嘱托，赣南苏区大力弘扬红色文化，传承红色传统，发展红色旅游，吸引越来越多的游客来到中央红军长征集结出发地，体验红军当年长征出发情境，重温革命历史，鼓舞自己走好新时代的新长征。

红色资源丰富、红色文化底蕴深厚，这是革命历史为赣州留下的宝贵财富，也为赣州红色旅游发展赋能。近年来，赣州加强政策引领，提升红色资源整合利用率，围绕"一核三区"战略定位，着力构建以瑞金为龙头，兴国、于都为重点，宁都、会昌、寻乌、石城、大余、信丰为支撑的"1+2+N"红色旅游协同发展格局。赣州出台了《关于进一步发展红色旅游的实施意见》《赣州市全域旅游总体规划》《红色旅游区专项规划》等全局性的政策和规划，以及《于都县红色旅游专项规划》《会昌县红色旅游发展规划》等县域红色旅游发展规划，对红色旅游资源开发利用进行科学布局。同时，出台了《赣州市革命遗址保护条例》，加强对革命遗址的保护、传承和利用，通过整理修缮，让故居、实物、文物尽可能保持原汁原味，让旅客身临其境，受教育得启发。走进长征国家文化公园（于都段）项目建设现场，只见新长征广场、生态停车场、景观绿化、周边房屋立面提升、环境整治等已基本完成，游客服务中心、旅游厕所、观景平台正在装修。长征国家文化公园的建设对标国家 AAAAA 级景区标准，让原有的中央红军长征出发地纪念园面貌整体提升、焕然一新，景区还新增了智慧旅游和导视系统，加强游客的引导和服务。

以红色资源为基石，以科学规划为引领，赣州做大做强红色旅游。2020 年 5 月 17 日全市已创建红色旅游 A 级景区 7 处，纳入全国红色旅游经典景区 2 处，纳入全国红色旅游精品线路 1 条及江西省红色旅游精品线路 3 条。

（二）红色文化为红色旅游发声

在努力建设红色文化传承创新区和全国著名的红色旅游目的地的进程中，赣州始终紧扣红色文化内核，让红色文化为红色旅游发声。全市谋划并推进了方特东方欲晓主题乐园、瑞金共和国摇篮景区提升、大型实景演艺项目《浴血瑞京》、于都中央红军长征出发地纪念园提升改造、兴国"苏区干部好作风""军工文化"红色文旅项目等一批重大项目建设，在红色旅游景区景点的打造和升级中凸显红色文化脉络，以红色文化提升红色景区吸引力，为推动红色旅游提档升级提供了内生动力。

传承红色基因，是历史赋予红土地的时代责任。近年来，赣州市加强对红色故事的收集和整理。这些红色故事，不仅是一笔珍贵的精神财富，也激发了更多人对革命圣地、红土赣州的向往。2019年6月，"学习强国"学习平台"党史故事"板块连续刊载了由赣州市委党史办提供的《永恒的初心——赣南苏区红色故事》《回望峥嵘读初心——发生在赣州红土地上的经典革命故事》原创内容。两本刊物集纳200余个发生在赣南苏区的真实故事，引起广大读者的强烈反响和一致好评。《赣南日报》也先后推出了"总书记深情牵挂引出的红色家事""饮水思源寻根追梦·赣南开国将军故事""红土地上的初心故事"等栏目，铭记初心、致敬英雄。

"我在于都县买到了制作精良的红军帽红军服。"2020年"五一"假期，一位来自广东的游客自驾游于都，满载而归。他告诉记者："我爷爷也干过革命，他年纪大了不能亲自来看看长征渡口，这次我带一套红军服回去给爷爷作纪念。"

在新时代讲好红色故事、传承红色基因，赣州做活做大红色文化与旅游产业深度融合文章，陆续推出了"小红军""雩嘟嘟""寻乌印象"等系列红色文创产品，深受市场欢迎。瑞金的《十七棵松》、兴国的《老镜子》、寻乌的《寻路》等一批红色题材演艺节目相继创排推出；电影《八子》在全国公映……红色文化唱响红土地的好声音，人们从更多渠道了解赣州，从更多角度了解红色历史。

（三）红色旅游促红色文化传承

探寻根基，铭记初心。牢记"三个来之不易""四个不要忘记"，成为赣州发展红色旅游的重要内涵，让游客踏上寻根之旅、接受红色教育。近年来，赣州加快红色旅游与红色教育、红色培训的融合，鼓励各地建设红色教育培训基地。截至2021年5月25日，瑞金市已形成以瑞金干部学院、瑞金市委党校为龙头，62家红色教育培训机构共同发展的培训机构体系；兴国县投资7000余万元建成了可同时容纳400余名学员的国防教育基地；于都县挂牌成立了"雩都长征学院"。瑞金市还策划了中华人民共和国成立70周年"万里峥嵘路，瑞金勇先行""传承红色基因，争做时代新人"等红色研学培训线路产品。以瑞金为例，2019年，瑞金市接待全国各地的红培学员5080批次、44.5万人次，其中80%以上的团队表示将建立到瑞金开展红色培训的长效机制。红色研学，让众多学员成为红色文化的"代言人"，乐当红土地的"回头客"。

"很多课程都在参观红色旧址时进行，听红色故事、学红色历史的地点不是在教室而是在事件的发生地，培训过程中还有唱红歌、观看红舞台表演等团体活动，在瑞金培训一周，感觉受益匪浅，我们团队的精神面貌和凝聚力确实不一样了。以后公司会把在瑞金参加培训作为新员工到岗前的必修课。"来自福建的私营企业主龚俊华带领员工到瑞金开展红色培训后这样说。

同时，赣州擦亮"共和国摇篮""长征集结出发地"等旅游品牌，以红色历史、红色文化为纽带，加强区域合作，积极"引客入赣"。不断深化与遵义、延安、桂林、龙岩等地的旅游区域合作，在人民大会堂召开了赣州遵义延安长征文化旅游（北京）推介暨新闻发布会，策划推出长征文化旅游线路；出台了《赣州红色旅游包机、专列奖励政策》；举办了 2019 年红色旅游博览会暨红色旅游推广联盟年会和长征沿线红色旅游城市联盟第二届年会等。赣州红色旅游宣传在中央广电总台主要频道黄金时段全面推出。区域合作进一步提升了赣州红色旅游在全国的知名度，为赣州谋划红色旅游差异性发展提供了重要参考，对红色文化传承起到积极作用。

挖掘红色资源、传承红色文化、推进红色教育，红色旅游因此兴旺；加强区域合作、擦亮红色品牌、做强红色旅游，红色文化因此得到进一步弘扬。借助红色文化与红色旅游相互促进的良性循环，赣州迈开了建设红色文化传承创新区和全国著名的红色旅游目的地的坚实步伐。

文化是一座城市悠久历史、丰富内涵、精神气质、风格品位的生动体现，更是一座城市自豪感、自信心、凝聚力的源泉。

三、加强文物保护，凸显文物资源优势

江西是中国革命的摇篮，红土地上记载了共和国缔造者们血染的风采，孕育了伟大的苏区精神，也留下了许多弥足珍贵的实物史料和纪念建筑，成为江西最可珍视的历史遗产和深感骄傲的精神财富。在国家文物局的大力指导下，赣州市委、市政府高度重视并扎实推进革命文物工作，革命文物保护利用工作呈现良好发展态势。江西为中国革命做出了巨大的贡献，付出了巨大的牺牲，不少地方在中国革命斗争史上占有举足轻重的地位，许多人物与事件具有强烈震撼力。

（一）革命遗址保护利用工程经验成为全国示范

2018 年 7 月，国家出台《关于实施革命文物保护利用工程（2018—2022 年）的意见》，而在赣州，这一工作已经率先迈出。2012~2017 年，赣南苏区革命遗址群修缮利用等多项工程获国家文物局立项，争取补助资金近 4 亿元，保护维修项目 240 个，所涉项目和资金均创历史新高。

事实上，由于革命遗址点多面广、地方财力有限，很长一段时间，赣州革命文物保护的重心是各级文保单位。南方气候潮湿、遗址又多为土木结构，使得不

少遗址损毁严重，有的甚至面临消失的危机。2012 年，赣南等原中央苏区振兴发展上升为国家战略。抢抓这一机遇，赣州对全市革命旧址旧居深入摸查，遴选出 353 处具有保护利用价值，又便于呈现、集中连片的革命旧居旧址，及时参与编制完成具有全国首创意义的《赣南等原中央苏区革命遗址（旧址旧居）保护规划》。规划为赣州革命文物保护提供了总体原则、路径措施等方面的指导，也给予了经费上的支持。全市各地的大批革命文物得到抢救性保护，重要文物险情基本排除。

于都县 357 个村普查、挖掘红色标语 1000 多条，采取就地保护和揭取保存相结合的方式，全面进行登记、挂牌保护。瑞金，认护文物在全社会蔚然成风，全国首倡的"认护文物"和"寻根问祖"活动，既提高了保护共识，又开辟了保护资金筹措新路。本着修旧如旧和可持续发展的理念，赣南等原中央苏区革命遗址保护工程取得明显成效，经受住了几场特大暴雨的袭击和严重洪灾的考验。革命文物得到充分利用，独特优势得到充分发挥，革命文物保护在理想信念教育、发展红色旅游、振兴乡村、惠及民生等方面发挥了积极作用。2016 年 7 月，国家文物局组织对赣南等原中央苏区革命遗址保护工程进行专项检查，高度赞许和表扬江西省革命遗址保护利用的做法。2018 年，"推广赣南等原中央苏区革命旧址整体保护经验"写入《国家文物事业发展"十三五"规划》，2018 年 7 月 30 日，在国务院新闻办举行的《关于实施革命文物保护利用工程（2018—2022 年）的意见》新闻发布会上，国家文物局局长刘玉珠高度评价了赣南等原中央苏区革命文物整体保护利用的做法。2018 年 11 月 30 日，国家文物局文化遗产公开课《革命旧址的保护利用——以赣南等原中央苏区革命旧址为例》在江西吉安开讲。2019 年，国家文物局主编出版《创新与启示——赣南等原中央苏区革命文物保护利用实践》。江西省多人受邀在全国多个论坛、研修班或网站上作发言，多家中央媒体报道江西省革命文物保护行动，多省来赣学习交流。

（二）红色主题社教活动丰富多彩

素有"红色故都"美誉的江西赣州，是原中央苏区的核心区域，万里长征从这里起步，共和国从这里走来，苏区精神从这里诞生。赣南大地在长期的革命实践中保存和遗留了丰富的革命文物资源。紧抓赣南等原中央苏区振兴发展的机遇，赣州全面推进革命文物保护利用工作，从整体规划连片保护，到红色文化传承创新，再到与特色小镇建设的联动推进，赣州积累了不少经验做法。

面对存量丰富的革命文物，赣州不仅着眼于简单的保护，还将其看作独特的文化资源来对待，着力发挥其在弘扬社会主义核心价值观等方面的重要作用。

瑞金干部学院平均每周有近 600 名全国各地学员前来培训。学院坐落于中共中央政治局、中央军委、中直工委、统战部等旧址群中，选址的初衷就是要充分利用好革命文物资源，提升教学实效。2018 年 9 月中旬，全国人大机关 2018 年新录用工作人员初任培训班在瑞金干部学院举办。"二苏大"前重温入党誓词、红井边上饮水思源、信念树下听红军故事……学员们收获了宝贵的精神财富。

以革命遗址为背景、革命历史人文和事件为题材，赣州精心推出一批富有苏区特色的文化精品，通过书籍、舞台、荧屏及文化活动对外推介。

既要"走出去"，也要"引进来"。2018 年 10 月 7 日，来自北京、河北、江西等地的名家采风学习团齐聚兴国县官田中央兵工厂旧址群，在此建立 6 个创作研究基地，并举办"革命文物保护利用与红色基因传承"论坛。"从最初只有一把斧头、一把铁锤的修械小组，发展成为我党第一家大型综合性兵工厂，其发展历程蕴含着丰厚的红色文化积淀，是一座供学者、作家、艺术家研究和创作挖掘的宝藏。"国家一级作家孙晶岩说，她要把对红军的敬佩、对老区人民的热爱、对革命文物的感受用笔写出来，把"红色故都"的荣光展现、传播出去。

（三）红色场馆成为爱国主义重要教育阵地

以革命遗址为依托，赣州建立了 105 个市级以上爱国主义教育示范基地。通过深挖文化内涵、提升布展水平，这些基地成为党员干部教育培训的重要阵地、培育时代新人的生动课堂。在红色文化熏陶中成长的赣南儿女，文化自觉和党性意识不断强化。

"当年陈毅同志就住在阁楼上面，我们住楼下。敌人来搜查，母亲就想办法给他报信……"大余县池江镇陈毅同志旧居内，83 岁的老党员刘士华颤巍巍地比画着，把红色往事讲给前来参观的游客听。因母亲临终前的一句交代，刘士华退休后 23 年如一日地清扫、守护着旧居，义务讲解红色故事。在他的带动下，越来越多的干部、村民、志愿者加入他的行列。

截至 2018 年 11 月，赣州已有 341 处革命旧居旧址被开辟为红色旅游景点，成为全国十二大重点红色旅游区之一。红色经典体验之旅、共和国摇篮之旅等精品旅游线路将众多革命遗址串珠成链，吸引全国各地游客前来体验。以革命文物为创意元素，赣州大力推动旅游文创产品的开发，一批原创产品走向市场。

第三节　赣南老区文化建设成效分析

赣州市坚持以习近平新时代中国特色社会主义思想为指导，认真学习贯彻习近平同志关于文化建设的重要论述以及视察江西和赣州时的重要讲话精神，聚焦"举旗帜、聚民心、育新人、兴文化、展形象"的使命任务，着力推动文化高质量发展，增强赣南文化软实力。近年来，赣州市文化建设蹄疾步稳，各项工作焕发新气象、取得新成效。

一、根植本土，文艺创作精品迭出

"重温百年党史传承红色基因——庆祝中国共产党成立100周年优秀舞台艺术作品巡演"首场演出在江西艺术中心举行，赣南采茶戏《一个人的长征》作为开场大戏闪亮登场，震撼四座。这份殊荣不仅属于赣南采茶戏，还折射出赣南文艺创作根植本土、精品迭出的繁盛与丰硕。赣州大力挖掘红色、古色、绿色资源和赣州改革开放创新故事，实施文艺精品创作生产质量提升工程，建立文艺创作重点项目库和人才库，近年来集中资源组织创作了一大批有筋骨、有品位、有温度的红色文艺精品。其中，《一个人的长征》《八子参军》《新长征再出发》入选文化和旅游部"庆祝中国共产党成立100周年舞台艺术精品创作工程"重点扶持作品名单，占江西省的3/5；《一个人的长征》入选中共中央宣传部、文化和旅游部、中国文学艺术界联合会庆祝中国共产党成立100周年优秀舞台艺术作品展演剧目，在赣州、南昌展演；《永远的歌谣》《抵达昨日之河》获第三届江西省文学艺术奖；大型实景演出《浴血瑞京》在江西省旅游产业发展大会精彩上演；大型理论文献纪录片《从瑞金出发》、红色动漫《长征先锋》等精品创作扎实推进；《决不让一个老区群众掉队——脱贫攻坚"赣州答卷"》《新长征再出发》出版发行；《红游记》被广电总局评为2017年国产优秀动画片；组织创作抗疫作品2200余部，歌曲《爱是桥梁》等在"学习强国"等平台刊播，用文艺讲述赣南战疫故事。

二、服务大众，文化惠民好戏连台

把文化的种子向群众播撒，把专业的舞台向基层延伸。赣州以丰富多彩的文艺实践扎实推进国家公共文化服务体系示范区和客家文化（赣南）生态保护实验区建设，在全省率先启动公共文化服务标准化建设试点。

连续 5 年举办文化惠民周活动，每周举办 1 场赣南采茶戏惠民演出，各级文明单位每周轮流举办 1 场文艺汇演，做到月月有活动、周周有戏看，进一步打响了赣州文化品牌。

2021 年 4 月 30 日，赣州市综合文化艺术中心项目赣州大剧院启用，并顺势开启为期 2 个月的首演季，东方歌舞团、中国歌剧院、国乐大师方锦龙、古筝名家王中山……名家名团纷至沓来，赣州高雅艺术展演开启了新的篇章。

赣州完善公共文化设施网络，提高基层综合文化服务中心建设实效，加快市图书馆、博物馆、美术馆、文化馆提档升级，推动图书馆、文化馆分馆建设。推进 24 小时自助城市书屋、社区书吧、校园书吧及社区阅报栏、电子阅报屏建设，"书香赣州"全民阅读活动如火如荼。

2017 年 2 月 6 日，赣州市 283 个乡镇设有综合文化站，80% 以上的行政村和社区建有文化活动室，建有农家书屋 3515 个，基本建成覆盖市、县、乡、村四级的公共文化服务设施网络，创新实施的"农家书屋+电商"工程，让农民的文化生活与经济生活融为一体。同时，在全市范围内扶持和培育了 2000 多支基层文化宣传队和超百个农民业余演出团体，常年送戏下乡、巡演各地。每年根据群众实际需求，采取政府购买服务等方式，为城乡群众提供送戏下乡 1124 场、放映电影 5.4 万多场次，指导帮助乡村每年自办文体活动 500 多场次。

三、赓续血脉，文化传承推陈出新

烽烟散尽，山河百年。赣州这片土地的红色血脉，绵延不绝，生生不息。近年来，赣州传承红色基因，先后举办长征精神、"人民共和国从这里走来——庆祝中华人民共和国成立 70 周年""第六次苏区精神暨 2019 年苏区干部好作风""纪念毛泽东寻乌调查 90 周年"等系列理论研讨会，编辑出版《永恒的初心——赣南苏区红色故事》《中国苏区简史》等一批理论研究成果，发起举办"红军长征论坛"，推动红色文化在新时代绽放更加璀璨的光芒。

弘扬红色文化，赓续红色基因，这是新的长征、新的使命。赣州在中心城区常态化开展"红色歌曲大家唱"群众文化活动，18 支文艺爱好者组建的"榕树下的红歌队"活跃在社区一线，成为红色文化传承的生力军。举办全市红色故事诵读和讲解大赛、红色家书朗诵大赛等，推动红色课堂剧、红色乡土教材、红色歌曲走进课堂。同时，组织开展"全民诵读红色故事"活动，每年组织红色文艺轻骑兵开展送戏下乡演出 1100 余场。

在保护中发展，在发展中保护。近年来，赣州红色遗址保护取得实效。《赣州市革命遗址保护条例》正式实施，赣州创新革命故事传播方式，革命遗址整体保护利用成为全国革命文物保护利用的样板。

客家文化是赣南另一张重要的文化名片，在新时代传承发展，吐故纳新，更加芬芳四溢。大型赣南民俗音画《客家儿郎》在国家大剧院连演两场，并入选第十四届中国（深圳）文博会艺术节优秀舞台剧（节）目展演；《客韵流芳》亮相中央广电总台春晚；赣南采茶戏《补皮鞋》《睄妹子》先后赴希腊、韩国、日本展演……客家文化艺术走出山野，走向世界，绽放出更加夺目的灼灼光华。

奔小康的路上，文化自信留住了"老手艺"，编织着"新乡愁"。赣州对客家文化的传承与保护不遗余力：《赣州市客家围屋保护条例》出台实施；龙南市乌石围被列为全国重点文物保护单位；深入实施赣南采茶戏振兴工程，积极开展赣南采茶戏进校园、定向生培养等活动，连续五年举办"寻梦赣南采茶戏——我来演采茶"电视大赛，推动赣南采茶戏演起来、传下去。

四、赋能产业，文旅融合开辟新天地

扑面而来的文化新风，搅活了文化产业的一池春水。赣州出台系列政策性文件，构建文化产业政策体系，为脱贫致富打开新思路，为新时代提供新能量。

2021年5月28日，赣州方特东方欲晓主题公园开园，标志着国内首座红色文化高科技主题公园正式迎客，为游客带来与众不同的"红色旅游新体验"。开园首日，接待游客近万人。人气爆棚的背后，是赣州文化产业风生水起、方兴未艾的强劲势头。文化，已然成为赣州新的创业风口。

围绕赣州文化特色品牌，赣州加快落实全域旅游发展三年行动计划，打造赣州文化总体风貌景观。截至2020年底，赣州规上文化企业达212家，规上文化企业营业收入246亿元，增速比全国、全省分别高13.24%和1.74%，总体形势向上向好发展。[①]

扛起新使命，展现新气象。今日赣州，头顶"国家历史文化名城""全国文明城市"的闪耀光环，坐拥红色文化、客家文化、宋城文化、阳明文化等文化名片，正不断提升文化的创造力、传播力、影响力和综合竞争力，为打造新时代中国特色社会主义红色样板提供强大的思想保证、精神动力和文化支撑。

---

① 资料来源：深耕赣南本土　繁荣文化事业——"百年征程　奋进赣州"系列综述之三·文化建设篇［EB/OL］．客家新闻网，2021－07－01．http：//www.newskj.com/news/system/2021/07/01/030310769.shtml．

第五章 赣南老区文化建设高质量发展的典型案例分析

第一节 赣南老区文化惠民工程建设典型案例

一、新时代文明实践中心建设

赣州市坚决贯彻习近平同志关于建设新时代文明实践中心的重要指示精神和中央、省委部署要求，在江西省委宣传部、省文明办的关心指导下，坚持党建引领、加强顶层设计，整合各类资源、完善阵地布局，推动新时代文明实践中心建设取得阶段性成效。

近年来，赣州市设立市新时代文明实践促进中心，将文明实践列入基层党建"三化"建设内容，构建起市、县、乡、村四级书记共抓的工作格局。同时，大力推行"1+N+N""一站多点多基地"模式，将闲置学校、老旧村部、祠堂等场所规范化打造成综合体。通过教育广大党员干部守初心、担使命，实现以基层创造力激发文明实践生命力。此外，赣州市各地实践站打破壁垒，合理设置功能分区，推动基层组织、宣传、统战、综治、工青妇等各条块资源高效流通互动，打造了一批"党群服务+文明实践"综合体。其中，寻乌县实现阵地、队伍、活动和志愿服务管理一体化，被列为全国新时代文明实践中心建设试点县。

赣州市将文明实践作为巩固脱贫攻坚成果、助推乡村振兴、加快推进社会治理现代化的重要抓手，指导基层阵地开展活动。党的十九届五中全会召开后，各地实践站开展"课堂式、文艺式、谈话式"等宣讲活动6200余场。赣州市成立服务巡回指导组和15支志愿服务队伍，推动市级优质资源下沉，发动社会力量参与文明实践。在站点选址、功能设置、菜单制定等全过程坚持"三问于民"，面向老年人、留守儿童、残疾人、生活困难群众、妇女、返乡务工人员等群体，开展"全人群、全时段、全方位"服务，深受群众欢迎。为了更好地让新时代文明实践活动走进群众心中，赣州市围绕群众的身边事，以及一些社会难点、痛点，积极探索联系群众、组织群众、动员群众、服务群众的新思路、新方法，广泛凝聚人心，培育时代新人，弘扬时代新风。

截至2021年1月初，赣州市建成10个县级实践中心、453个实践所、1715个实践站。同时推动文明实践向高校和企业延伸，全市6所市直（驻市）高校已挂牌实践中心，38家企业成立了实践站。

（一）寻乌县："12366"模式，聚焦实践中心工作

2018年，寻乌县在江西省率先推进新时代基层宣传文化阵地的探索建设工作，并被列为江西省建设新时代文明实践中心试点县；2019年寻乌县被列为全国第二批新时代文明中心建设试点县；2020年，寻乌县被列为全国十个新时代文明实践中心建设工作重点联系县之一。2018～2020年，寻乌县围绕中央"14536"工作总要求，着力探索出一条适合革命老区、贫困地区，低成本、可持续的新时代文明实践中心建设路子，初步形成了"12366"的工作模式。"1"是紧扣一个目标，即"传播新思想，引领新风尚"；"2"是围绕两大理念，即党建引领和文明实践相融合；"3"是坚持"三问"工作方法，即问需于民、问计于民、问效于民；第一个"6"是坚持"六有"工作标准；第二个"6"是抓实六项任务。

1. 相关做法

（1）聚焦资源整合，推动阵地"体系化"。寻乌县以党的基层阵地资源整合为抓手，着力推动场地、资源、功能融合，建设"党群服务+文明实践+社会治理"综合体，实现了县、乡（镇）、村（社区）三级阵地全覆盖，打通服务基层、宣传教育和组织动员群众的"最后一公里"。留车镇雁洋村把原来的党群服务中心整合打造为"党群服务+文明实践+社会治理"综合体，重构场地功能，将村干部办公室、综治办公室等办公场所改造成群众活动场所，村干部在一楼集中开放式办公，让群众在这里既可办事又能开展活动。

2021年9月6日，寻乌有县级新时代文明实践中心1个，乡（镇）及县直单位新时代文明实践所249个，村（社区）新时代文明实践站点785个。这些所站因地制宜设置理论讲堂、志愿者之家、"四点半"课堂等功能室，通过统一标

牌予以固化，实现了阵地建设规范化。

在抓好线下阵地的同时，寻乌县还积极推动文明实践"上"线，在寻乌融媒 APP 开设文明实践专题专栏，开拓具备理论宣传、志愿服务、便民服务等功能的线上阵地。开设文明寻乌微信公众号、抖音号等，并与寻乌融媒 APP、微信群等联动，实现文明实践"线上线下"融合传播。

（2）聚焦力量配置，推动队伍"组织化"。寻乌县以人员、力量整合为抓手，着力构建职责清晰、体系完善、运转高效的队伍架构，实现新时代文明实践队伍组织化。

寻乌县成立了由县委书记担任中心主任和总指挥的新时代文明实践中心建设领导小组，设立了新时代文明实践促进中心，做到文明实践工作有专门机构负责、有专门人员推进；乡镇宣传委员分管新时代文明实践工作并配备 1~2 名专职人员；聘用 186 名党建宣传员，专职负责所在村（社区）阵地运行管理和活动组织开展。

积极动员党员干部、乡贤、退役军人和先进典型等带头注册成为志愿者，进一步带动群众广泛参与，形成以行政力量志愿队伍、社会志愿队伍、农村党员志愿队伍、群众志愿队伍为主体的四类志愿服务队伍。全县共成立各级各类志愿服务队 733 支，注册志愿者 4.6 万余人。寻乌县通过新时代文明实践中心指挥平台，对各级党建宣传员和志愿队伍进行实时管理和考核。

文明实践最终要落实到群众参与上。寻乌县以前发动群众，抓村级事务时，主要通过理事会管理的方式，成立了村民议事会、红白理事会、禁毒禁赌理事会等，起到了一定的规范作用。如今将这些群众性组织整合成一个新时代文明实践理事会，群众不仅成为文明实践的参与者，同时也是文明实践最直接的组织者、推动者、践行者，人人都是主人翁，没有一个旁观者，这大大调动了百姓的积极性。

（3）聚焦群众需求，推动活动"常态化"。寻乌县以活动项目为抓手，着力推进高频度、各层级、全方位、多形式的活动覆盖，实现新时代文明实践活动常态化。

寻乌县通过推行每日一播报、每周一升旗、每月一清单、每节一策划，实现文明实践的仪式化、制度化和日程化。如每日一播报活动，通过融媒体中心双语录制习近平新时代中国特色社会主义思想，并将录音于每天早、中、晚在党建宣传员微信群发布，党建宣传员通过大喇叭让党的好声音"飞入"千家万户。

除了上级下沉的文明实践活动，寻乌力求县、乡、村三级都有各自的文明实践活动，县级有主题活动，如火红八月志愿服务进万家活动、七夕集体婚礼活动等；乡级有特色活动，如项山乡美食节、菖蒲乡百香果节等活动；村级有自选活动，如南桥镇古坑村农民运动会等，活动丰富多彩，受到广大群众的一致好评。

各层级的文明实践活动覆盖老人、儿童、妇女、青年等各个群体，如面向老人开展了"银发关爱"唱山歌活动，面向儿童开展了"四点半"课堂活动，有效对接了不同群体的需求。这些文明实践活动既有听的、看的，又有说的、品的，如开展"听"红色故事、"看"文艺活动、"话"家乡变化、"品"客家美食等，这些活动已渐渐融入百姓生活中。

（4）聚焦制度建设，推动机制"长效化"。寻乌县以建章立制为抓手，着力建立组织有力、运行顺畅、务实管用的制度体系，以实现新时代文明实践机制长效化。

寻乌县把新时代文明实践中心建设列入书记工程，成立县工作领导小组，县、乡、村三级书记带头抓文明实践工作；切实发挥党员模范带头作用，突出党员"六带头"，即带头参与志愿服务、带头开展环境整治、带头脱贫致富、带头传承家风家训、带头传承红色基因、带头移风易俗。

同时，寻乌县大力弘扬唯实求真的寻乌调查精神，将问需于民、问计于民、问效于民的"三问制度"贯彻始终，阵地建在哪里、队伍怎么组建、开展什么活动？都是通过三问的方式推进落实，确保了文明实践紧贴基层、紧贴群众、紧贴实际。

寻乌县把文明实践工作纳入全县高质量发展考核内容，每月召开现场观摩会，县委书记、县长及四套班子、乡镇党委书记及相关单位主要负责人参加，高位推动新时代文明实践工作。干部以志愿者身份挂户联系群众参与文明实践，做到群众有"红白喜事、急事难事、矛盾纠纷、意愿诉求、返贫致贫、传统节庆"六必访，通过帮助群众解决生活中的实际困难和问题，进一步密切了干群关系，推动新时代文明实践工作落细落实。

2. 主要成效

经过三年多的试点工作，新时代文明实践活动已很好地融入惠民服务、生产生活，是在服务群众中教育引导群众的基层治理新方式，切实起到了聚合人气、凝聚人心的作用，使乡村治理平台得到拓展，社会治理效能显著提升，有力助推了乡镇各项中心工作的落实，初步形成了覆盖全域的阵地体系、高效运转的队伍体系、内涵丰富的活动体系、长效顺畅的保障体系。

群众参与文明实践的积极性空前高涨，谱写了一曲以人民为中心，阵地、队伍、活动齐奏和鸣的生动乐章，推动新时代文明实践在寻乌大地蔚然成风。

（二）瑞金市：七套组合拳，闯出农村志愿服务新天地

1. 相关做法

（1）选优配强、示范引领，解决农村志愿服务队伍活力不够的问题。明确村级志愿服务组织的志愿服务队队长均需由热心公益、责任心强、有威望、群众认可度高的非村两委人员，带领村民积极开展志愿服动活动，改变以往由村镇干部担任队长缺乏活力的问题。创新开展民间志愿服务组织帮建村级志愿服务组织工作，利用民间志愿服务组织灵活机动、经验丰富等优势，在人员组织、制度规范、活动开展等方面带动村级志愿服务组织发展壮大。扩大志愿者覆盖面，积极吸纳党员、退休干部、乡贤、教师、原籍干部等参与到志愿服务队伍中来，壮大志愿服务力量，引导形成邻里守望、互帮互助的浓厚氛围。

（2）完善制度、规范标准，解决农村志愿服务标准化欠缺的问题。瑞金出台了《瑞金市星级志愿者评定与礼遇帮扶实施办法（试行）》，评为星级志愿者，可享受购书券、免费体检、免费旅游等崇高礼遇措施。2014年起，每年表彰一批优秀志愿者、志愿服务先进工作者、志愿服务组织等，形成好人好报的价值导向，营造崇德向善的社会风尚。充分利用乡村闲置场所，为志愿服务站提供场所保障，打造志愿者之家，规范各村级志愿服务队队旗、志愿者服装和上墙的制度资料标准。

（3）定期组织、丰富活动，解决农村志愿服务活动开展不正常的问题。建立志愿服务年度、季度和月度工作计划，结合春节、端午节、重阳节、中秋节等传统节日，结合农村实际，因地制宜开展文化辅导、爱心助学、乡风文明宣传、孝心暖夕阳、文艺表演、爱心义诊、关爱残障人士等为主题的志愿服务活动，让村级志愿服务接地气，可推广，易开展，不断扩大影响力，进而让更多村民自愿参与志愿服务活动，引导形成醇厚的乡风民风。

（4）应急管理、统筹调度，解决农村志愿服务在突发事件中调度不力的问题。组建由瑞金市文明办牵头的志愿服务应急管理机制，在遇到重大突发事件时，第一时间协调联系各民间志愿服务组织做好应急救援、后勤保障、爱心慰问等志愿服务工作，切实做好科学、精准志愿服务工作。例如，在2019年"7·14"洪涝灾害中，第一时间发动各志愿服务组织投入抗洪抢险和灾后重建，迅速建立与受灾乡镇沟通联系渠道，做到信息、人员、爱心物资、爱心资金等共通共享，为高效做好民间志愿服务组织参与抗洪抢险志愿服务活动提供了坚实的保障。在此次洪涝灾害中，共协调各志愿服务组织募集爱心物资、资金近100万

元，转移救援群众 5000 余人，5000 余名志愿者走进受灾乡镇参与应急救援、卫生清洁、物资捐赠等志愿服务活动。

（5）以城带乡、城乡联动，解决农村志愿服务优质资源薄弱的问题。全市各挂点帮扶单位定期在村（居）开展扶贫济困、环境卫生整治、爱心慰问等文明实践志愿服务活动。针对专业性、技术性含量较高的志愿服务领域，市级层面组建政策理论宣讲、红色基因传承等 10 支专业志愿服务队，定期组织队伍下沉到新时代文明实践站开展志愿服务活动，市直涉农部门整合各类资源资金向新时代文明实践站倾斜，为组织开展新时代文明实践志愿服务提供物资、资金和人员保障，这些都为乡村振兴发展输送了源源不断的活力。

（6）以学促建、强化交流，解决农村志愿服务学习培训不足的问题。召开全市性的村级志愿服务流动现场观摩会，推介成功的村级志愿服务工作模式相互借鉴学习，不断探索总结我市文明实践志愿服务工作新方法、新经验。培育一批拥有专业技能的志愿者作为培训讲师，定期对新入农村志愿者在思想理念、志愿服务宗旨和志愿服务技能等方面进行培训。

（7）政府搭台、群众唱戏，解决农村志愿服务群众参与不强的问题。瑞金市在推进新时代文明实践志愿服务工作中，始终注重政府搭台、群众唱戏，让群众积极融入志愿服务，组织开展了一大批接地气、可推广、易开展的志愿服务活动。例如，因地制宜高标准建设新时代文明实践站，为群众开展志愿服务活动提供平台，利用文化小舞台，培育一批广场舞健身志愿者，深入村（居）开展广场舞培训志愿服务活动。组织退役军人志愿者开展退役军人心理疏导志愿服务活动，通过现身说法带动他们一起参加志愿服务活动。在脱贫攻坚中，许多贫困户反哺社会，自觉加入志愿服务队伍中来帮助他人。广泛开展农村文明实践志愿服务活动，已经成为推动村民自治工作的良好抓手。

志愿者是开展新时代文明实践活动的主力军。瑞金市通过选优配强队伍、完善制度标准、定期开展活动、全市统筹调度、城乡一体联动、加强学习交流、搭建活动平台"七套组合拳"，农村新时代文明实践志愿服务活动蓬勃开展，农村志愿服务工作规范化、项目化、品牌化不断加强，文明实践焕发出强大的生机与活力。

2. 主要成效

自志愿服务项目开展以来，得到了各级领导的高度重视和肯定，被评为江西省示范性重点志愿服务项目，入选中宣部举办的全国新时代文明实践志愿服务展示交流项目，其中"红色文化进校园"志愿宣讲活动，被中国关工委评为全国未成年人思想教育品牌，其通过传播红色文化对未成年人开展德育教育工作的模式被誉为"瑞金模式"。各级媒体也对项目进行了广泛报道，光明日报"百家经验"栏目、中央电视台"朝闻天下"栏目进行了专题报道，新华网、中广网、《中国教育报》、《中国文物报》、《江西日报》、江西电视台、《赣南日报》等主流媒体多次红色文化"五进"志愿服务项目进行了"聚焦"，产生了深厚的社会影响，社会各界给予了一致好评。

（三）兴国县：开设"亲情聊天吧"

建设新时代文明实践中心，是党的群众工作落地落实、打通"最后一公里"的重要探索。面对赣南农村大量青壮年外出务工、农村留守儿童较多、父母与孩子沟通交流较欠缺的现状，兴国县依托新时代文明实践站平台开设"亲情聊天吧"，在关爱农村留守儿童方面进行了"三个一"的有益探索，努力实现"群众在哪里，文明实践就延伸到哪里"。

1. 相关做法

（1）专设一个亲情功能区。各实践站在室内功能布局上动脑筋，在实践站现有条件下，选择相对独立的空间建设"亲情聊天吧"，根据各村实际使用人数配置电脑、安装网络、配装耳机和摄像头，并在每台电脑间安装隔板保护村民的聊天隐私。同时对聊天吧营造温馨的交流氛围，让儿童与父母能轻松地进行交流。同时，"亲情聊天吧"与实践站内的娱乐活动室、农家书屋、"四点半课堂"形成学习、交流的融合互动，让留守儿童在实践站自由活动。

（2）组建一支志愿者队伍。各实践站成立爱心志愿服务队，由驻村扶贫工作队、村干部、文明实践理事会成员、"五老"人员、"巾帼"志愿者、教师、乡村医生等人员组成，针对群众需求，根据不同的聊天对象派遣不同的服务人员，提供贴心服务。志愿者通过调查摸底，摸清留守儿童的数量和需求，摸清父母在外务工情况和收入情况，建立工作台账，为留守儿童提供精准服务。

（3）建立一套工作机制。建立日常开放机制，"亲情聊天吧"日常上午8：00至下午17：00免费开放，有需要的村民登记后自行使用电脑，其余时间则通过向管理员预约使用，建立了日常运行机制。建立三方联动机制，实践站、学校、志愿者三方互动，及时掌握沟通留守儿童情况。扩大村民知晓度，各实践站还通过村村通广播、村务公开群、帮扶干部上户走访宣传和开展各类文明实践活动宣传等方式，让广大群众了解、知晓"亲情聊天吧"的功能及作用，使更多有需求的群众第一时间享受"亲情聊天吧"的服务。

2. 主要成效

各实践站开设"亲情聊天吧"以来，受到群众的热烈欢迎和点赞，取得良好效果。

"亲情聊天吧"有效缓解了留守人员的亲情缺失。孩子们随时可以在屏幕前看到外出务工的父母，心灵得到极大慰藉，父母则可以随时了解孩子的学习、生活、心理状态。许多老人不会使用智能手机，看到远在天边的子女出现在眼前的屏幕上，往往高兴得合不拢嘴，连声称赞设立"亲情聊天吧"的做法。

"亲情聊天吧"有效解决了留守人员的实际问题。如学校老师一旦发现某些留守儿童出现思想波动、情绪低落等现象，就会及时利用课余时间到"亲情聊天吧"联系家长进行三方视频聊天，找到孩子思想波动的根源，激发孩子积极向上的动力。如村卫生室乡村医生一旦发现留守老人为省钱不愿就医等情况，也会及时安排其与外出务工子女视频聊天，做通老人思想工作。

"亲情聊天吧"有效促进了社会和谐稳定。针对群众提出的诉求或要求解决的纠纷，需同在外务工一方或多方协商解决的，通过视频聊天进行纠纷调解，将矛盾和纠纷解决在萌芽状态，促进社会和谐稳定。"亲情聊天吧"还有效延伸了文明实践志愿服务。寒暑假在文明实践站开展文明实践活动的老师和学生，因实践活动时间有限，活动结束后通过远程聊天可以让孩子继续和学校的师生进行交流，让文明实践不因师生放假而"掉线"。

兴国县针对农村留守儿童多，大多数由老人和亲戚代养，生活中无法享受父母的陪伴和关爱，心理上存在孤独感和缺失感，甚至出现一些心理健康问题的现象，依托新时代文明实践站开设"亲情聊天吧"，组织志愿服务队，提供贴心服务，定期为留守儿童和父母搭建网上爱心桥，让留守儿童和远在外地务工的亲人距离更近、感情更好、家庭更和睦，为留守儿童家庭送去了党的温暖，打通了"宣传群众、关心群众、教育群众、服务群众"的"最后一公里"。"亲情聊天吧"从群众需求出发，做了一件有温度、得民心的实事，体现了文明实践服务群众的初心和使命。

（四）章贡区：深入开展"名系列"文明实践活动

1. 相关做法

（1）组建"名艺术家"队伍，开展"名艺术家讲文艺"文明实践活动。重点围绕群众对文艺文化活动内容的诉求，由章贡区文化广电新闻出版旅游局整合区级文艺文化专业师资队伍，组建区"名艺术家"队伍，常态化定点深入各所（站）开展歌唱、舞蹈、书法、摄影等现场授课活动。

（2）组建"名医"队伍，开展"名医讲健康"文明实践活动。重点围绕群众对健康养生知识的诉求，着眼提升群众健康理念，由区卫健委在区内获得"国字号"等荣誉的医师中，组建"名医"队伍，定点为各新时代文明实践站居民提供健康养生、生活急救等授课服务。

（3）组建"名校长"队伍，开展"名校长讲家教"文明实践活动。着眼培养好担当民族复兴大任的时代新人，由区教育局在辖区内重点中小学校校长（书记）中，组建区"名校长"专家队伍，利用寒暑假时期，组织名校长（书记）走进新时代文明实践站，提供以"幼升小、小升初"学生的环境适应、心理成长、生理健康、习惯养成等为重点内容的授课服务，帮助未成年人更快地适应新的学习环境，更好地融入新的学习生活。

（4）组建"名嘴"队伍，开展"名嘴讲时事"文明实践活动。围绕群众对民生时事、国家大事的关注，由区委宣传部门从区"草根明星"宣讲队中选取部分优秀宣讲员成立区"名嘴"宣讲团，依托各所（站）孝老食堂、村（社区）综合文化服务中心、新时代文明实践小广场等复合型、功能性场所，常态化定点开展民生时事和中心工作宣讲等课程授课服务。

（5）组建"名律师"队伍，开展"名律师讲法律"文明实践活动。在全区律师事务所中挑选优秀律师成立"名律师"队伍，组织名律师到各实践站开展法律援助、以案释法、法治推演等法律服务活动，回应群众对法律知识的诉求。

（6）组建"消费达人"队伍，开展"消费达人讲消费"文明实践活动。围绕群众对消费维权知识的诉求，由区市场监管局在市场监管专业力量中挑选专家，组建"消费达人"队伍，通过到新时代文明实践站与消费者面对面地开展消费知识宣讲，使广大消费者逐步了解消费维权方面的政策、法律、法规，提高消费者的消费维权意识和技能。

章贡区充分发挥区新时代文明实践中心枢纽统筹作用，针对群众实际需求，组建"名艺术家""名医""名律师"等"名家"专业文明实践志愿服务队伍，深入各所（站）开展文明实践活动，有效提升了文明实践活动的质量和"黏性"。同时将各所（站）开展"名系列"活动情况纳入各镇（街道）、各责任单位年终精神文明建设绩效考核范畴，根据群众对活动的反馈进行排名，确保活动取得实效。

2. 主要成效

章贡区结合"问需于民、问计于民、问效于民"活动，开展走访调研，梳理出群众活动需求清单，再组织"名家"根据"需求清单"，结合自身专长，以案例推演、讲座、现场演示、互动游戏等方式，开展"名嘴讲时事、名医讲健康、名校长讲家教、名律师讲法律、名消费达人讲消费安全"等"名系列"文明实践活动，满足群众需要，让基层文明实践所（站）成为群众性活动的主阵地。

（五）上犹县：孝老食堂建设的"石溪模式"

自赣州市、上犹县部署新时代文明实践试点工作后，上犹县营前镇党委结合石溪村民风淳朴、人口密集、留守老人较多的实际村情，将石溪村确定为试点村，采用"装修代租"的形式，由政府投入资金6万余元，利用闲置民房建设新时代文明实践站。同时，因地制宜整合资源，通过建立"两会三制一榜一话"工作机制，建设了多功能、一体化的新时代文明实践站和深受群众欢迎、高效运转的"孝老食堂"。

1. 相关做法

（1）成立实践站理事会和监事会。根据石溪村的实际村情民情，文明实践站孝老食堂建设之初，在充分讨论酝酿的基础上，村"两委"先后召开党员、群众代表会议，选取了深受群众信任、热心公益事业的老党员、老干部和乡村医师、公益性岗位人员等，组建了文明实践理事会和监事会，并明确了实践站理事会和监事会成员的职责分工。成员全程参与了站点的建设工作，与村干部一同选定站点地址，并上户达成协议、讨论装修方案和功能分区设置、募集资金等。同时，深入村组调查研究，及时掌握民情，与村"两委"共同讨论制定了一系列切实可行的管理制度，并在实际运行中日渐完善。

（2）制定三项制度。一是工作例会制度。实践站理事会和监事会成员定期召开例会，民主讨论决定日常管理中的问题，同时重大事项需报村委会批准方可实施。在实际工作中，通过例会先后确定了用餐预约、推广公筷、注重营养搭配、根据老年人特点购菜等具体做法。结合石溪村人口众多、70岁以上的老人也较多的村情，确定了70岁以上老人每餐2元、60~70岁老人每餐4元的收费标准。同时，建立了工作微信群，方便交流讨论。二是财务管理制度。指定专人担任财务、出纳，分别记账。食堂采购票据需经厨师签字确认并专账登记。日常用餐由专人记账。每周对一次账目，由监事会监督；每月审核一次，经监事会长签字、村委会确认后张榜长期公示，透明管理。三是值班制度。每天安排一名村干部和一名理事会成员共同值班，理事会值班人员负责日常工作，值班村干部负责巡视监督，并为群众宣传讲解政策、组织观看"学习强国"学习内容等。

（3）公布捐赠光荣榜。在政府"抛砖引玉"式的投资建设后，石溪村"两委"和实践站理事会、监事会主动作为，通过村务微信群、用好重阳节等重要时间节点、积极联系本土乡贤等灵活高效的宣传方法，动员和争取社会各界力量参与支持孝老食堂建设。同时，该村实践站迅速设置"孝老食堂"捐赠光荣榜，通过门口张榜、村务微信群公布等形式向社会公开捐赠情况，并公布账务信息，公开捐赠款物去向，为公众知情和参与监督敞开大门，加大社会爱心人士对孝老食堂建设的支持力度。孝老食堂启动当天，上犹县商务局、营前商会等单位和各界人士捐款达15000余元。通过实践站理事会和监事会成员、爱心人士和村内老人的口碑，不断扩大宣传效果，部分长期在外务工的村民也主动联系，要求通过微信和网购等形式进行捐赠，为孝老食堂的建设和高效运行提供了强有力的资金保障。

（4）开展乡间午话。石溪村孝老食堂每天可吸引40余名老人前来，村民们除了可以一起用餐，还可以一起谈心聊天，开展积极向上的休闲娱乐活动。该村通过建好用好新时代文明实践站和"孝老食堂"，聚集乡村人气的同时，村镇和实践站理事会、监事会负责人定期在实践站孝老食堂开展"乡间午话"活动，宣讲党的理论政策，倾听群众诉求，讨论解决生产发展难题，收集村民意见建议，群众积极建言献策，在轻松自由的氛围中接受党的教育、感受党的温暖，一些原有的矛盾纠纷和不满情绪也迎刃而解、烟消云散。新时代文明实践站孝老食堂建设，有效培育了团结互助、平等友爱、和谐融洽的农村社会氛围，广大群众的思想觉悟、道德水准和文明素养明显提高。

上犹县营前镇石溪村在孝老食堂建设中，通过组建文明实践理事会和监事会，充分调动了村民自我管理的积极性，同时同步建立工作例会制度、财务管理制度、值班制度，定期公布捐赠光荣榜，在不断取信于民的同时，又得到全体村民的积极参与，形成了一种良性的循环和互动。石溪村新时代文明实践站适时将"乡间午话"活动搬进孝老食堂，听民声、解民情、顺民意，孝老食堂还成了联结村镇党组织和群众的桥梁纽带，探索出了接地气、聚人气的"石溪模式"，深受群众欢迎。

2. 主要成效

上犹县把传承孝道文化、弘扬孝德传统与新时代文明实践中心建设有机结合，开办"孝老食堂"，通过在村级提供低价优质的用餐服务和组织积极健康的娱乐活动，把党和政府的关怀与社会的温暖送到群众的心坎里，既解决农村老人用餐生活问题，又弘扬新时代文明新风尚。截至2021年12月，全县14个乡镇已建设运营"孝老食堂"28个，吸引用餐老人2万余人次。如今，小小"孝老食堂"不仅成了人气最旺的活动场所，还成了村情民意收集所。全县通过"孝老食堂"收集群众意见建议 310 余条，解决民生实事 160 多件。

（六）安远县："新时代文明实践站+副业车间"探索文明实践新路子

1. 相关做法

（1）内联外引建"车间"。积极动员乡镇新时代文明实践站，通过重点引进当地环保可信度高、就业门槛低、适合实践站老年群众的劳动密集型企业在实践站设立车间，并充分发挥农民工返乡创业的政策优势，建立返乡人员信息库，鼓励并扶持有资金、有技术、有渠道的在外务工人员回乡创办企业的同时，到当地或附近的实践站设立"副业车间"，方便上了年纪的群众就近"搞副业"。

（2）因地制宜稳就业。根据各乡镇自身情况，因地制宜引导建立服装加工、玩具加工、手工艺品制作、电子产品加工等行业手工操作型新时代文明实践站"副业车间"，村里妇女、老人在闲暇之时一边参与新时代文明实践站"学习强国"线下学习，一边制作手工艺品、纳千层底鞋、编织花艺、绣花、串彩灯，还可以为家庭创收挣些零花钱。同时，农村上年纪的富余劳动力得到有效转移，村里游手好闲、赌博打牌的不良风气得到净化，促进了村庄的和谐稳定。

（3）技术培训"富脑袋"。实践站针对农村劳动技能水平不高的问题，组织开展手工艺品制作、针织品加工等就业技能培训，邀请企业志愿者、手工能人师傅志愿者授课，面对面讲、手把手教，不断提高村民的劳动技能。

安远县在新时代文明实践中心建设试点工作中，积极与乡村振兴、基层社会治理等中心工作相衔接，探索建立"新时代文明实践站+副业车间"模式，把企业车间建到村里，既帮助企业缓解了用工压力，又让农村富余劳动力有了"用武之处"，农村群众在实践站学习娱乐之余，增加收入补贴家用，同时融洽了邻里关系，提升了群众获得感、幸福感。

2. 主要成效

安远县对有就业能力和就业愿望的贫困劳动力开发合适就业岗位。利用春节、国庆等节假日返乡人流高峰期，定期组织召开大型招聘会、乡镇巡回招聘会等，鼓励动员外出人员返乡在家门口就业。同时，大力实施就业岗位补贴、务工交通补贴、培训补贴、求职补贴"四项入园就业补贴"政策，切实做到把企业车间建在家门口、就业岗位送到村里头。

（七）全南县：创立道德"红黑榜"，引领文明新风尚

1. 相关做法

全南县创新举措，凝聚合力，积极探索村民自治新方法，在赣州市率先制度

化、规范化、常态化开展道德"红黑榜"评议发布活动，主动"亮剑"劣规陋习，积极弘扬平凡善举。各村（居）严格按照宣传发动、推荐评议、劝导教育、张榜公布四个步骤，每个季度开展一次评议发布活动。活动开展以来，全县各村（居）共发布 11 期道德"红黑榜"，其中"红榜"1424 人（次），"黑榜"719人（次）。该做法在中央广电总台、中国文明网、大江网、《赣南日报》、客家新闻网、《江西省农村"推动移风易俗促进乡风文明"行动专报（第 39 期）》等各级媒体宣传报道，同时全南县创作的音乐快板《说说咱们的道德"红黑榜"》荣获赣州市乡风文明优秀剧目遴选大赛"二等奖"。

根据工作安排，2020 年道德"红黑榜"评议发布活动改为道德"先锋榜"评议发布活动，评选办法及工作流程与原先一致，主要围绕"孝亲敬老、邻里和睦、庭院整洁、勤劳致富、带头移风易俗"五个标准，每个季度通过召集村民代表、村小组长等评议出本村道德"先锋榜"人物 3~5 人。

（1）全面推动，构筑"道德看台"。全南县道德"红黑榜"以"红榜"扬善举、"黑榜"亮陋习的形式，讲好身边事、展示真善美、鞭挞假丑恶，建立起正向激励和反向约束机制，构筑起道德"大看台"，为实施乡村振兴提供强大的道德力量和精神滋养。

全南县出台《关于开展道德"红黑榜"评议发布活动的通知》《关于进一步规范道德"红黑榜"评议发布活动的通知》等系列文件，在全县 9 个乡（镇）95 个村（居）均成立了由村"两委"班子成员、红白理事会成员、村（居）小组长、村民代表等组成的道德"红黑榜"评议会，每季度开展 1 次评议发布活动，确保活动开展常态化、长效化。

道德"红黑榜"活动明确规定了评选标准。对孝亲敬老、邻里和睦、庭院整洁、勤劳致富、带头移风易俗的先进典型用"红榜"进行表彰宣传；对不孝行为、庭院环境脏乱差、赌博败家、大操大办、好吃懒做、"坐等靠"政府救济的反面典型用"黑榜"进行曝光批评。各村（居）严格按照宣传发动、推荐评议、劝导教育、张榜公布四个步骤开展道德"红黑榜"评议发布活动，将正面典型和反面案例同步呈现，使群众心中有了明确的文明行为"风向标"。

（2）部门联动，落实"奖惩并举"。全南县道德"红黑榜"评议发布活动制定了详细的奖惩措施，通过多部门联动落实好"奖惩并举"制度，推动农村形成崇德向善之风、勤俭节约之风、勤劳致富之风、文明健康之风。

入选"红榜"的村民，可获得洗衣粉、肥皂、电风扇等小奖品，同等条件下，优先享受计生、民政、医保、就学、扶贫、参军、入党、公益性岗位等方面的优惠政策；入选"黑榜"的村民，则取消其评选文明家庭、"身边好人"等评优评先资格；对不赡养老人，特别是虐待、遗弃老年人构成犯罪的，移交司法机关处理；对好吃懒做、"坐等靠"民政救济，以享受低保、贫困户政策为荣，入"黑榜"后多次教育仍无动于衷的，按程序取消扶贫帮扶待遇。

道德"红黑榜"评议发布活动坚持公平、公正、公开原则，实行动态管理机制，不搞终身制。各村道德"红黑榜"档案定期进行评议更新，对列入"黑榜"后能知错就改的，适时移出"黑榜"；对进步比较大的"黑榜"户，设立"道德进步榜"予以表扬鼓励。

（3）宣传发动，释放"典型效应"。树立文明新风，重在宣传引导。全南县在开展道德"红黑榜"评议发布活动中，创新宣传形式，扩大宣传范围，让典型示范如和风细雨，丝丝渗入群众心田，不断推动乡村文明风尚向善向好。

全南县充分利用电视台、手机报、《桃江源》报、微新闻等县内媒体开设专题专栏，县、乡官方微信公众号新媒体平台发布道德"红黑榜"专刊30余期。依托新时代文明实践中心等平台载体，潜移默化影响群众行为，引导群众自觉规范行为举止，养成良好习惯。同时，全南县充分用活用好"众说舞台"理论微宣讲平台，把道德"红黑榜"事迹内容巧妙融入采茶戏、车马灯、三句半等群众喜闻乐见的文艺表演形式，迄今已开展集中式、分散式理论微宣讲500余场（次）。

道德"红黑榜"一经推出，便在全南县引起了强烈反响。"红榜"村民成为人人点赞学习的正面榜样，"黑榜"村民则成为警示教育的反面事例。在活动开展过程中，多位村民上"黑榜"后立即到村委会写下保证，表明会马上改正不良行为，起到了典型带动、教育惩戒的良好效果，涌现出了李益军、李祝平等一大批见义勇为、助人为乐的典型人物，形成了崇德向善、见贤思齐的良好氛围。

全南县在新时代文明实践试点工作中，制度化、规范化、常态化发布"道德红黑榜"，以"榜"立规矩、以"榜"塑人心、以"榜"扶正气、以"榜"聚人气，为助推脱贫攻坚、乡村振兴、农村人居环境整治、乡风文明等工作注入了精神力量和道德滋养。

2. 主要成效

各村（居）根据道德红黑榜评选标准，围绕社会主义核心价值观、社会公德、家庭美德、个人品德等方面开展评议。通过张贴标语、宣传栏公示、微信公众号发布等形式，对孝亲敬老、邻里和睦、庭院整洁、勤劳致富、带头移风易俗的先进典型和好人好事晒出红榜进行表彰宣传，对不孝行为、庭院环境脏乱差、赌博败家、"坐等靠"政府救济的贴出黑榜进行曝光批评，有效提升了广大群众文明素质，推动移风易俗进乡村，逐步形成"讲文明、做好事、树新风、促和谐"的良好道德风尚。

（八）龙南市："三个一"模式激发新时代文明实践活力

1. 相关做法

（1）每月一批活动清单，"建单"订计划。龙南市根据政策形势、时令节点以及各项中心工作，每月初制定下发文明实践活动指导清单，各实践站所参考指导清单，结合本地实际，综合线上平台群众"点单"情况，制定自己的活动清单。按"单"落实，既上通"天线"，又下接"地气"，让各实践站所谋有方向、做有要求，每月都能保质保量开展活动。

2019年，龙南市指导清单聚焦便民利民、居家养老、爱心助困、邻里互助四类便民服务，学理论、学政策、学法律、学文化、学技能、学健康生活"六学"教育活动，公民道德实践、乡风文明实践、感恩奋进实践、美丽家园四类实践活动，这些活动均得到细化落实，桃江乡"四点半课堂"、临塘乡免费为老人拍摄婚纱照活动、南亨乡志愿服务大集市、杨村镇免费体检和义务理发活动等，各具特色，达到了"清单落地、群众满意"的良好效果。

2020年初，新冠肺炎疫情发生后，面对全民"蜗居"、实践站不便开门的情况，龙南市充分发挥线上平台作用，根据群众需求，推出发布了流动宣传、物资代购、上门义剪、就业招聘、心理疏导等便民服务项目，群众可直接在线上下单，实践中心根据群众点单情况进行派单，各志愿服务队执单服务，实现了实践站关门不停步、服务开门不断档，受到了群众的点赞与好评。

（2）每月一次积分考核，"核单"激活力。龙南市建立文明实践活动积分认定机制，以指导清单为基准，根据难易程度、影响面等，为每项文明实践活动设置相应分值，每月对各实践站所开展活动情况进行积分考核，借考核和竞争来提升各实践站所活动开展的实效。

在考核和竞争机制的激励下，各实践站所比学赶超，更多地思考如何将活动办好、让群众参与度和满意度提高。原来理论学习活动大多利用"学习强国"平台各自学习，现在一些实践站所利用投影设备，线上线下互动，组织党员群众集体学习、集体观看红色电影；积极开展公共场所大扫除、文明卫生户评选等，形式越来越活、参与度越来越高，真正让实践活动有了更大影响力和号召力。

（3）每月一次活动盘点，"晒单"促提升。为加大文明实践宣传力度，引导更多群众参与，同时为了总结工作，学习交流，龙南市要求市本级每周、各乡镇每月对活动开展情况进行梳理盘点，通过微信公众号、线上平台，以图文并茂的方式，进行"晒单"。

每次"晒单"都吸引群众围观比较，扩大了宣传面，形成了各实践站所之间互相学习借鉴的良好机制。关西镇通过公众号文章了解到汶龙镇建立"行为银行"激励制度的做法，根据自身实际进行借鉴提升，取得了良好的效果。

龙南市新时代文明实践"每月一批活动清单、每月一次积分考核、每月一次活动盘点"的模式，精准对接群众需求，建立积分考核机制，定期盘点活动，在全市形成了"比学赶超"的浓厚氛围，激发了新时代文明实践生机与活力。

2. 主要成效

从组织"学习强国"线下学习，到技能培训、文体活动，再到关爱留守孩、开展新妇女运动等主题活动，2019年以来，临塘乡新时代文明实践所根据自身条件和群众需要，精准策划活动，积极开展服务，累计开展各类活动252次、近万人次参与，为群众打造了一个新的精神家园。"人人共享""老少皆宜"，点出了新时代文明实践所建设的题中之义，真正让其绽放活力、发挥作用，成为服务群众、凝心聚力的阵地堡垒。

二、赣州市文化馆建设

近年来，赣州市高度重视文化馆建设，着重在改善硬件设施、提升服务水平、加大业务人员培养力度、加强群众文艺创作和辅导等方面下功夫，取得显著成效，实现了市、县（区）文化馆全部上等级。在此次评估定级工作的基础上，市群艺馆将不断完善服务机制，提升服务水平，积极进取，以开创特色文化为起点，以提高全民文化素质为目的，不断推动群众文化的普及、推广和发展。

全国文化馆评估定级是衡量文化馆建设和管理水平的一项重要工作机制。第四次全国文化馆评估定级，全国共有上等级文化馆2546个，其中一级馆1151个、二级馆670个、三级馆725个。赣州市9个获评一级文化馆的分别是市群艺馆，以及章贡区、赣县区、信丰县、大余县、上犹县、安远县、会昌县、瑞金市文化馆；6个获评二级文化馆的分别是龙南市、全南县、于都县、兴国县、寻乌县、石城县文化馆；4个获评三级文化馆的分别是：崇义县、定南县、宁都县、南康区文化馆。

（一）瑞金市文化馆

在赣州市委、市政府的领导下，瑞金市文化馆以提升公共文化服务效能为目标，深入开展群众性文化活动，加强文化遗产的保护利用，探索推进文化旅游产业的发展，积极探索创新举措，不断深化体制改革。

1. 公共文化服务效能增效提速

提升数字文化服务水平。文化馆结合实际需求，加大线上数字化服务能力，通过微信公众号、抖音号等自建媒体平台，为群众提供文化信息、文化展示等，每月推送相关服务信息 10 条以上，新增数字化音视频服务资源 50 小时以上，服务人群覆盖 21 万次以上。2020 年投入 115 万元对数字化服务进行提档升级。

打通基层文化服务"最后一公里"。一是共享文化资源。结合瑞金下辖 17 个乡镇的实际情况，充分依托乡镇中心文化站以及社区（小区）的公共职能资源，设立文化馆分馆。围绕文化活动、艺术演出、创作辅导、非遗展演等基本公共文化服务，及时"支援"，累计开展各类文化活动 100 余场次。二是夯实基层队伍。充分发挥群团优势，成立了以文化文艺为专长的专业志愿服务队伍，现有服务小分队 25 支，注册志愿者 400 余名。志愿服务工作以新时代文明实践站、边远山区、社区作为重点服务区域，围绕老弱病残等重点群体，不定期开展帮扶济困等形式多样的志愿服务活动，累计开展百余场次公益活动。

2. 群众文化生活丰富多彩

文化馆充分发挥自身优势，采取"请进来、走出去"的多种形式，举办参加各级各类文化活动 30 余场次以上，创作抗疫主题等各类艺术作品 120 多篇（件），在各级各类媒体刊载报道 20 多篇（条），先后获得省级奖项 10 余个，市级奖项 20 多个。2020 年赣州市举办的部分文化活动获奖信息如表 5-1 所示。2020 年瑞金市文化馆部分活动如表 5-2 所示。

表 5-1　2020 年赣州市举办的部分文化活动获奖信息

序号	奖项	获奖单位	获奖个人	颁奖部门	备注
1	2020 年江西省旅游产业发展大会先进个人	—	邵玲芳	瑞金市委、市政府	先进个人
2	赣州市扫黑除恶专项斗争原创小戏小品大赛编导奖	—	杨丽	赣州市文化广电新闻出版旅游局	编导奖
3	2020 年度"百姓大舞台大家一起来"先进个人	—	邵玲芳	江西省文化广电新闻出版旅游局	先进个人
4	"决胜脱贫攻坚，歌颂美好生活"赣州市第 17 届青少年曲艺故事艺术大赛指导老师奖	—	刘燕玲	赣州市文化广电新闻出版旅游局	指导老师奖

续表

序号	奖项	获奖单位	获奖个人	颁奖部门	备注
5	赣州市扫黑除恶专项斗争原创小戏小品大赛《报应》获优秀组织奖	瑞金市文化馆	—	赣州市文化广电新闻出版旅游局	优秀组织奖
6	2020江西省文化旅游创意产品大赛创意设计《战斗行李箱》获得银奖	瑞金市文化馆	—	江西省文化广电新闻出版旅游局	
7	2020年度"百姓大舞台大家一起来"优秀组织奖	瑞金市文化馆	—	江西省文化广电新闻出版旅游局	
8	"脱贫攻坚沐党恩，小康路上跟党走"赣州市喜迎国庆，中秋红色歌曲广场舞展演活动组织奖	瑞金市文化馆	—	赣州市文化广电新闻出版旅游局	组织奖
9	广场舞大赛优秀组织奖	瑞金市文化馆	—	赣州市文化广电新闻出版旅游局	优秀组织奖
10	广场舞大赛《映山红》获三等奖	瑞金市红樱艺术团	—	赣州市文化广电新闻出版旅游局	三等奖
11	赣州市第十七届青少年曲艺（故事）艺术大赛优秀组织奖	瑞金市文化馆	—	赣州市文化广电新闻出版旅游局	优秀组织奖
12	赣州市第十七届青少年曲艺（故事）艺术大赛《邱少云的枪》获小学一等奖	—	丁心语	赣州市文化广电新闻出版旅游局	一等奖
13	赣州市第十七届青少年曲艺（故事）艺术大赛《邱少云的枪》获小学组辅导老师奖	—	钟燕萍	赣州市文化广电新闻出版旅游局	小学组辅导老师奖
14	赣州市第十七届青少年曲艺（故事）艺术大赛《火娣的故事》获小学组辅导老师奖	—	刘燕玲	赣州市文化广电新闻出版旅游局	小学组辅导老师奖

表5-2　2020年瑞金市文化馆部分活动

序号	活动时间	活动名称	活动地点	活动效果
1	5月30日	"感恩奋进　文化惠民"进基层巡回演出	象湖镇河背街社区	瑞金市文化文艺志愿服务队文化馆分队开展此次活动，开启新时代文明实践系列文化活动的序幕

续表

序号	活动时间	活动名称	活动地点	活动效果
2	6月13日	"非遗代代传，健康常相伴"——瑞金市2020年文化和自然遗产日传统灯彩展演活动	4A级旅游景区——浴血瑞京景区	恰逢"文化和自然遗产日"，来自全市20多支约900人的客家灯彩队参加了此次活动，充分展示了瑞金丰富多彩、文化底蕴深厚的客家民俗灯彩艺术
3	6月29日	纪念建党99周年暨"火焰蓝杯"第37届谷雨诗歌朗诵会	瑞金市消防救援大队	来自赣州市、瑞金市、宁都县等地的诗朋文友同消防队员共计80余人参加了诗歌朗诵会，为纪念建党99周年，歌颂党的光辉历程，抒发对党的热爱和敬仰之情
4	7月4日	"纪念建党99周年"主题党日活动暨新时代文明实践进基层巡回演出活动	象湖镇洪瑞苑小区	瑞金市文化文艺专业志愿服务队文化馆分队前往纪念建党99周年，有力推进新时代文明实践工作
5	7月18日	"反对邪教，关爱家庭，珍惜生命"	象湖镇锦绣花园小区	瑞金市文化文艺专业志愿服务队文化馆分队此活动得到了小区群众的广泛喜爱
6	7月24日	"决胜脱贫攻坚，歌颂美好生活"赣州市第十七届青少年曲艺（故事）艺术大赛（瑞金分赛区）	文化馆二楼多功能厅	此次活动全面贯彻落实习近平新时代中国特色社会主义思想，大力弘扬社会主义核心价值观。聚焦"决胜脱贫攻坚，歌颂美好生活"主基调，展现少儿幸福成长的美好生活和感恩奋进的精神风貌，促进曲艺新人培养，振兴曲艺艺术，不断推动少儿曲艺事业的发展
7	10月23日	重阳节"敬老爱老、感恩奋进"新时代文明实践志愿巡回演出	叶坪乡敬老院	文化文艺专业志愿服务队瑞金市文化馆分队党和政府的关怀送到他们身边，让老人切实感受节日的温暖、弘扬孝老敬亲的中华传统美德，同时引导广大群众在感受民俗节日文化中更好地传承中华民族的优秀传统美德
8	10月28日	"留住文化根脉，托起民族未来——瑞金市2020年非遗进校园"	象湖镇井冈山小学	此次活动弘扬和传承中华优秀传统文化，深入推进非物质文化遗产传承与保护，进一步推动了"非遗进校园"工作。活动为孩子们带来了瑞金传统竹编工艺技艺、瑞金民歌以及链枪舞等非遗文化。活动中孩子们踊跃参与、寓教于乐，感受中华民族优秀传统文化的魅力

续表

序号	活动时间	活动名称	活动地点	活动效果
9	11月8日	第三届羊台山全国实景山歌大赛总决赛暨闭幕式颁奖晚会	深圳羊台山	瑞金歌手刘果林、杨小平等20组决赛选手现场互飙山歌，激烈角逐最高奖项"山歌王"；瑞金客家联谊会和瑞金客家山歌协会组团参赛，斩获银奖、铜奖、优秀奖三个奖项。其中刘果林《眼界一打过别窝》荣获银奖，杨小平、郭俊英、刘春红、范彩霞、刘琴、朱玉敏、罗颖七人女声小组唱《嘟绑歌》荣获铜奖，展现了红都儿女的风采
10	12月8~11日	2020年度瑞金市基层文化工作者非物质文化遗产培训班	瑞金红源记忆教育培训基地	全市各乡镇文化工作者、社会团体代表、非遗文化传承人代表等60余人参加此次培训；培训的主要内容为我国非物质文化遗产保护工作田野普查、非遗项目及传承人申报以及非遗项目瑞金民歌的发展和传承等。培训内容丰富，既有理论指导，又有业务知识，具有很强的理论性和可操作性，对加强瑞金市非遗保护工作队伍业务能力建设、提升非遗保护工作水平，以及为第二次非遗普查工作起到积极的推动作用
11	12月18~20日	瑞金市非遗传承	瑞金市	瑞金市非遗传承人带着瑞金传统竹编工艺、瑞墨制作技艺、瑞金玉雕工艺、瑞金客家咸鸭蛋腌制技艺和瑞金酸菜制作技艺参展，他们精心设立摊位，现场宣传和展示瑞金非物质文化遗产的魅力，吸引了大量的游客围观、品尝。传统竹编工艺作品《孔雀》参加第六届全国非遗博览会传统工艺云竞技活动，成功列入编织类全国十强
12	2020年12月31日至2021年1月6日	"万人提灯，点亮瑞京"中华苏维埃提灯大会	沙洲坝镇红井街思源广场	大会期间，现场有实景演艺提灯巡游活动、红色主题灯组、特色美食区、创意市集等，以唤醒瑞金特有的"城市记忆"，让前来的游客全方位地感受瑞金的红色文化

3. 文化遗产保护成果丰硕

2018年，按照"保护为主、抢救第一、合理利用、传承发展"的方针，一是注重非遗普查和申报，确定了第五批国家级非物质文化遗产代表性名录申报以"瑞金民歌"和"客家祠堂营造技艺"两个项目为重点，继续进行资料采集，优化申报文本及申报录像。二是对赣州市优秀非物质文化遗产项目进行全方位的推广宣传。组织专业人员，将传统竹编工艺、手工钢膜雕刻、砖雕和传统泥塑等产品进行二次创作，融入瑞金本土元素特别是红色元素，并在外观上结合动漫元素，开发了一批符合现代审美的文创产品，丰富传统技艺类产品的种类。积极组织和推荐赣州市优秀非遗产品参加国内各大展会，提高赣州市非遗产品的知名度，不断拓展赣州市非遗类产品的市场。2018 年 1 月，先后组织传统竹编工艺、瑞金牛肉汤、瑞金黄元米果、传统砖雕技艺、传统泥塑技艺、手工钢膜雕刻技艺等文创产品，并参加了"文化和自然遗产日"之江西非物质文化遗产展、江西省首届灯彩调演、江西省首届文昌里非物质文化遗产展演展示、赣州市非物质文化遗产展演活动等众多全国各类展览展会。2018 年 5 月，组织传统竹编工艺等文艺创品参展。2018 年 9 月 26 日，瑞金市文化馆组织"茶灯闹春"节目参加江西省首届灯彩调演，获得三等奖等荣誉。2018 年 9 月 27 日至 30 日，瑞金市文化馆组织传统竹编工艺参加江西省首届文昌里非物质文化遗产展演展示。2018 年 11 月 23 日，瑞金市文化馆组织"茶灯闹春"灯彩节目参加赣州市非物质文化遗产展演活动。三是扩大对外宣传。结合传统节目与赣州市非遗文化，打造端午特色文化活动得到中央广电总台的青睐，在端午节之际，在中央广电总台科教频道推出了展示赣州市非遗文化的主题节目《我们的节目 2018 端午——武阳端午系列主题活动》。四是为更好地展示赣州市优秀非物质文化遗产，在红井景区入口选址，建立瑞金市非遗展示馆。

通过搭建平台，创新模式，以传承发展为核心，将文化、技艺和科技相融合。瑞金非遗获得国际级奖项 1 个、国家级 3 个、省级获奖 6 个。组织、策划的传统竹编工艺作品《孔雀》参加第六届全国非遗博览会传统工艺云竞技活动，成功列入编织类全国十强。以"廖奶奶""华嬷嬷"为代表的"网红"非遗扶贫工坊成功入选国家脱贫攻坚项目库，实现了"华丽蝶变"。瑞金市文化馆干部创作的《战斗行李箱》创意行李箱设计在 2020 江西省文化旅游创意产品大赛中荣获创意设计银奖。

（二）上犹县文化馆

上犹县文化馆肩负着弘扬传承文化的使命，朝着前方的梦想，继续前行。上犹县文化馆满载丰收的喜悦，向全县人民交出了一份满意的答卷。

1. 艺术精品创作屡创佳绩

每年打造文化艺术精品是上犹推动文化普及的执着坚守。从呈现上犹手工榨油习俗的民俗舞蹈《打油佬》，到以上犹黄元米果制作为主题的非遗舞蹈《黄元飘香》；从展现上犹客家生产生活风俗的民间舞蹈《斫柴妹子》，到围绕上犹客家山歌创作的客家舞蹈《山歌唱出客家情》；从编排表达上犹人民美好生活向往的采茶广场舞《踏青》，到体现上犹地方特色的本土广场舞《你来了》；从推广展示上犹群众喜悦幸福生活的公益广场舞《我和我的祖国》，再到改编创作反映上犹山水人文风情的艺术广场舞《你犹在我心上》……上犹的舞台艺术精品创作不断开花结果，艺术精品的推广普及也提升了上犹百姓对美的感受、对艺术的体验、对生活的感悟。

艺术是共享的文化，在交流与分享、欣赏与对话中，文化工作者与文艺爱好者之间的距离更近了。人们走进作品展览现场，在书法作品《客家门匾习俗》或洒脱或俊逸或娟秀或豪放或敦厚的字体中感受绵长久远的客家门匾文化；在美术作品《九狮拜象迎春》壮阔的场面中听鼓乐齐奏的喜庆，看麒麟狮象翻转腾跃的恢宏气势；在摄影作品《温氏花灯习俗》喜庆热闹的场景中体味意蕴丰富的独特客家风俗和代代传承的客家传统精神。上犹县在文化艺术创作的丰沃土壤中不断开出艺术精品之花，为上犹的文化艺术乐园增添了一缕芬芳。

舞蹈《斫柴妹子》荣获江西省第三届"赣鄱群星奖"，代表江西参加全国第十八届"群星奖"大赛，作品被带到第十二届中国艺术节演艺与文创产品博览会江西舞台艺术发展成果展现场；广场舞《你犹在我心上》在江西省委宣传部、省文化和旅游厅主办的"庆祝新中国成立70周年"江西省广场舞展演活动中荣获二等奖；摄影作品《送文化进城》《美丽草山》在江西省庆祝改革开放40周年手机摄影大赛、《一纸"万年红"》在第二届江西省非物质文化遗产摄影大赛中均荣获优秀奖；文学作品《坚守闹市中的一方宁静——传统手工打锡工艺的希望与困境》在江西省群众艺术馆《赣鄱文化》刊登。

上犹县文化馆坚持文化艺术精品"走出去"，走向更广阔的平台，搭建起文艺精品与广大百姓之间的桥梁，将文艺精品分享到更多群众中间，也向更多群众展现深远厚重的上犹客家人文品质和文化形象。

2. 文化惠民活动异彩纷呈

每年一届的文化惠民周活动承载着上犹百姓满满的期待。从全市文化惠民延续到本县文化惠民活动，从坐在台下观看节目到走上舞台表演，从请老师指导到自导自创自编，从活动中"要我演"到主动喊出"我要演"，上犹文化惠民周的平台经历了从"文化服务群众"到"群众参与文化"的转变，经历了由"政府搭台，群众看戏"到"百姓舞台，群众参与"的转变，上犹公共文化服务也真正开始实现从文化艺术普及到文化艺术惠民的转型。

艺术作品呈现在舞台，一个个演员是来自我们身边的文艺爱好者，他们有教书育人的老师、享受知识浇灌的学生、辛勤耕耘劳作的农民、外出务工的青年、照顾孩子的妈妈、颐养天年的老人；义务写春联的队伍走进广大基层，挥毫泼墨的书写者是来自我们身边的书法志愿者，他们有书法大师，有书法艺术爱好者，也有怀着深厚文化情怀的各领域业余书法志愿者；龙狮表演在街头巷尾欢腾，为群众送去节日的喜庆和新春的祝愿，他们是来自我们身边一个个普通平凡的工人、农民、民警和社区志愿者。

每年的民间春节联欢晚会"老表春晚"是上犹群众实现艺术梦想的百姓大舞台；每年的"迎新春·送祝福"义务书写春联活动是上犹群众最喜爱的选"春联年货"环节；每年的"龙腾狮舞贺新春"大型活动是上犹县城最热闹的庆新春活动；每年的灿烂少儿艺术节和青少年曲艺故事艺术大赛是上犹孩子满心期待的日子；每年的"文化扶贫·春联送福"写春联活动是上犹各乡镇人民感受文化关怀的喜庆时刻；每年的"文化和自然遗产日"是上犹百姓欢聚一堂回味客家文化风俗的庆典……

上犹县文化馆坚持将文化惠民周活动打造成老百姓自己的舞台，让社会各界群众参与基层文化活动，在文化的天地绽放自己的光彩，感受全面建成小康社会、实现中国梦的征程中，来自文化精神生活的富足，感受新时代的文化新生活。

3. 公共文化服务成果丰硕

上犹县坚持把文化民生工程化作一个个公共文化服务的实际行动。从文化艺术中心一间仅 200 平方米的非遗展示厅，到阳明湖旅游景区一栋 2000 多平方米的非遗展示馆；从本土文化人士定期定点开展文化讲座、培训，到邀请文化传承者主动深入社区、乡镇、学校开展文化传播弘扬；从举办本县的文化艺术展览展演活动，到积极参加省市乃至全国的文化艺术展演大赛；从公共文化艺术场馆的免费开放服务，到文化艺术场馆与艺术资源的数字化网络公共服务探索……上犹县的公共文化服务设施不断完善，文化服务场所不断健全，文化服务资源不断整合，更加系统完备的公共文化网络体系正在逐渐形成，公共文化资源服务群众的渠道正在不断扩展。

上犹县文化历史源远流长，滋养了深厚广博的上犹文化资源，播撒在犹江大地的文化种子，在上犹文化工作者、民间传承者、乡土热心人士的共同努力下，结成公共文化服务网络体系中的累累果实。走进村落，文化艺术广场和广场舞台上的本土节目活跃了乡村群众的业余文化生活;来到景区,非物质文化遗产场馆和场馆内的非遗项目提升了游客群众对地方文化的认同;踏入社区,文艺宣传设施和展示的艺术作品丰富了社区群众的精神文化生活;来到校园,传承实践场所和讲座培训活动激发了青年群众的文化传承热情。

上犹九狮拜象传承基地被评为 2019~2021 年度江西省非物质文化遗产传承基地;上犹非遗展示馆、上犹"赏石文化习俗"传承实践基地在 2019 年中东部地区国家级文化生态保护区建设经验交流活动中赢得关注和肯定;上犹园村客家门匾习俗传承基地、绿茶制作技艺生产性保护示范基地在 2019 年"全国融媒体看江西"走进上犹活动中反响热烈,并得到广泛宣传报道;上犹九狮拜象活动在中国(赣州)第六届家具产业博览会中精彩亮相;上犹客家门匾习俗、文化产品等文化资源在"壮丽 70 年·奋斗新时代——红色旅游再出发"2019 年红色旅游博览会展出,获得好评;上犹非物质文化遗产专项读物《百里犹江·九十九曲》的出版得到众多文化界人士的喜爱和称赞。

上犹县文化馆坚持汇聚公共文化服务资源,文化场馆日益完善,文化活动不断创新,文化培训日渐丰富,文化人才更加多样,文化产品逐步凸显。朝着切实惠及广大群众文化生活的方向,上犹公共文化服务正在不断探索前行。

上犹县文化馆紧紧围绕县委、县政府纵深推进"同城发展、绿色赶超"主战略和上级文化部门部署安排,携手并肩,相伴同行,开展了一系列文化交流活动,不断绽放出最朴素的艺术之花,将文化艺术之美传播给广大群众。上犹县文化馆部分活动如表 5-3 所示。

表 5-3 上犹县文化馆部分活动

序号	活动时间	活动名称	活动成效
1	2021 年 4 月 26 日	"学党史、唱经典、颂党恩、迎百年"演出	本场演出以耳熟能详的音乐《唱支山歌给党听》开始,演员们根据安排逐一登台,先后表演了采茶戏、京剧、小品等 12 个群众喜闻乐见的节目,以生动形象、通俗易懂的形式向观众传达了知党爱党、知史爱国的浓厚情感,升华了"学党史、颂党恩、跟党走"主题。同时,将党史学习教育融入群众的日常生活,进一步激发了广大群众对新时代美好生活的追求和向往。演出以歌舞《我和我的祖国》结尾,整个演出在欢快、祥和的气氛中展开。此次演出活动吸引了 1500 余人观看,现场气氛热烈,并得到了观众的赞扬和好评

续表

序号	活动时间	活动名称	活动成效
2	2020 年 9 月 22 日	"中国农民丰收节"	上犹民俗表演节目"九狮拜象"在民间寓意"九州同庆、万象更新",同时也寄寓了民间祈盼风调雨顺、五谷丰登的美好愿景。"九狮拜象"走进开幕式,为 2020 年"中国农民丰收节"江西活动送上了上犹人民的祝福,为全面脱贫奔小康,感恩奋进再出发的新长征送上了美好的祝愿
3	2020 年 1 月 12 日	"文化扶贫·春联送福"义务书写春联活动	活动深入黄埠镇丰岗村、寺下镇杨梅村、社溪镇石崇村、横市高速服务区、县城犹江社区等乡镇、社区和企业,为广大群众,尤其是贫困群众义务书写赠送春联,也将新春的美好祝愿和吉祥祝福送到了全县农村群众、社区群众和企业群众手中。虽然 2019 年上犹县已顺利退出国家贫困县名单,但上犹的文化工作者们依然坚持开展送春联活动,坚持通过扶志、扶智等文化扶贫活动,帮助贫困群众既富口袋,又富脑袋,共享全面建成小康社会路上的丰硕成果
4	2017 年 6 月 10 日	"文化和自然遗产日"非物质文化遗产宣传展示系列活动	活动以"非遗保护——传承发展的生动实践"为主题,包括开展包米果制作大赛、颁发非遗项目传习所铜牌、举办非遗摄影展、悬挂非遗宣传横幅、发放非遗相关法律宣传单等系列子活动,吸引了全县 2000 余名群众参与。上犹县文化馆在主体活动中创新开展了"舌尖上的美味——上犹县包米果制作大赛",通过厨艺比拼的形式,提升上犹包米果的知名度和美誉度,大力宣传和推广上犹县非物质文化遗产"包米果制作技艺",营造传承发展非遗的浓厚氛围。比赛设置了现场免费品尝环节,让群众零距离参与非遗活动,推动了非物质文化遗产融入百姓生活,受到广大群众普遍赞誉
5	2017 年 1 月 22 日	上犹县第二届文化惠民周	在春节前后一个月的时间,系列文化活动陆续开展。上犹县文化馆认真组织举办各项活动,包括第十届"迎新春·送祝福"义务书写春联活动、第四届民间春节联欢会"老表春晚"、大年初七"九狮拜象"拜年活动、"梦里水乡、美丽上犹"春节文艺汇演、弘扬"一流工匠精神"县内艺术团送戏下乡进社区入园区演出活动、"犹江春早"文艺晚会等。文化馆充分利用广播电视、报纸报刊、网站微信等多种途径扩大宣传,营造浓厚舆论氛围,每场活动都有近千名观众驻足观赏,共享原汁原味的乡土文化大餐,极大地提升了活动影响力,宣传展示了上犹风格独具的地方文化魅力

（三）大余县文化馆

近年来，大余县文化馆在县委、县政府的正确领导下，在县文化广电新闻出版旅游局和上级业务部门的指导下，不忘初心、牢记使命，认真贯彻落实县委"五个名县"的决策部署，紧紧围绕"文化名县"建设和文化主管部门下达的目标任务，主动作为、开拓创新，发挥主阵地作用，基层文化日益红火，取得了较好的社会效益，大余县文化馆的社会地位显著提高。

1. 坚持多渠道推进群众文化，以艺宣讲更加丰富多彩

利用"文化惠民""我们的节日"等群众文化活动平台，为城市披上节日的文化盛装，与老百姓共享文化民生。2019 年元旦期间，在丫山生态酒店举办了新年钢琴音乐会，1 月联合老年大学在明悦山庄为老人开展了专场演出，2019 年春节前后在牡丹亭文化园举办了文化惠民活动，开展了义务写春联、送拍全家福、惠民演出、旗袍走秀、元宵灯谜、采茶游园会等 9 场活动，有近 3 万人参加；2019 年 5 月举办了 2019 年中国好声音全国海选大余赛区总决赛、"传承中华经典 争做美德少年"大余百人诵经典活动；2019 年 6 月举办了"我是追梦好少年"少儿曲艺大赛。特别是 6 月举办的 2019 年第二届嘉福杯大余少儿才艺大赛决赛、"我们的节日"系列活动之"非遗进景区 端午美食展"活动，现场不仅展示了大余客家传统美食制作技艺，还举办了客家山歌、采茶小戏展演，把乡村生态、文化、民俗原汁原味地展现在游客面前，让游客们既饱口福又饱眼福，这也是大余县打造文旅融合模式的一次成功尝试，取得了非常好的社会效益。

2. 坚持大力度抓好主题活动，以文润心更加明理悟践

提高政治站位，突出文化工作的政治导向作用，把大余县文化馆工作融入工作大局，下大力气组织人员、节目，抓好庆祝中华人民共和国成立 70 周年系列文艺活动。其中，2019 年 4 月在梅岭三章纪念馆举办了以"红色梅岭 永恒记忆"为主题的谷雨诗会，共 120 多位朗读、文学爱好者参加；2019 年 6 月举办了主题为"盛世华诞 祝福祖国"广场舞大赛，18 支来自各个乡镇的广场舞队伍脱颖而出，共评选出一等奖 1 名、二等奖 2 名、三等奖 3 名、人气王 3 名；2019 年 8 月推选了大余珍友健身队《采茶乐》采茶广场舞参加庆祝中华人民共和国成立 70 周年赣州市"我和我的祖国"展演活动；2019 年 9 月在牡丹亭文化园举办了中国·大余爱情文化旅游节，现场举行了《牡丹亭》百家墨宝登记图册交接、《千秋永赞牡丹亭》专辑出版启动与受赠仪式、新人集体婚礼婚庆仪式、文化旅游节闭幕晚会和"梅岭三章 永放光芒"隆重庆祝中华人民共和国成立 70 周年大型红色经典朗诵音诗画文艺晚会。

3. 坚持新思路满足群众需求，以文惠民更加有力有效

（1）基层辅导出新招。不是拘泥于传统模式，按部就班地完成"规定动作"，而是深入基层，了解群众文化需求，根据群众需求，年初将书目清单、晚会节目、电影名单、五大艺术门类的辅导老师及授课科目等项目以表格的形式发到文化服务中心，大余县文化馆根据订单精准配送服务，采取"文化预约配送服务卡"，提供"量身定制"的公共文化服务，变"配"为"订"，就是把过去从上到下配送文化产品，变成从下到上定制群众需要的文化产品。2019年共培训书法、美术、舞蹈、器乐等文艺骨干2600余名。

（2）特色教学进课堂。大余县文化馆与我县教育局联合举办采茶戏特色教学培训班，组织骨干老师集中学习舞蹈及赣南采茶戏表演艺术的基础知识，指导师生排练、演出采茶戏节目；另外还与青少年活动中心一起开办采茶戏精品培训班，尤其是举办暑期免费培训班，培训课程包括声乐、舞蹈、语言口才等9门课程。

（3）精品创作硕果多。大余县原创音乐类作品《凤凰飞》代表江西省参加在上海举办的第十二届中国艺术节展演；原创广场舞蹈《采茶乐》参加"我和我的祖国"——文化新生活江西省广场舞集中展演活动，获得二等奖荣誉，并代表江西省参加"我和我的祖国"——文化新生活全国广场舞蹈线上展演。努力克服专业人才匮乏、艺术行当不齐等短处，广泛团结书法家协会、美术家协会、电影家协会、作家协会等社会文艺团队，开展书法、美术、摄影、文学创作等艺术创作。

4. 坚持公共服务体系建设，以文筑阵更加扎实有力

（1）变"建"为"创"。配合抓好中央专项巡视整改，出台乡镇综合文化站、村级文化服务中心两级文化场所的红黄绿创评预警机制，变被动为主动，变独唱为合唱，提高乡（镇）村作为管理主体的积极性，多次开展对各乡镇综合文化站、村级文化服务中心的走访督查。建立问题实名制销号整改机制，对所列问题逐一进行实名制调度、实名制销号，形成常态化动态管理，建立长效管理机制。

（2）变"废"为"宝"。坚持问题导向，针对无法发挥功能的文化服务中心，找准问题症结，对症下药，从根源上解决文化阵地利用率不高的难题。顺利完成了119个村级文化活动室的整改验收工作，并以村（社区、居委会）为单位整理出了含活动室标牌、全貌、功能区、设施设备、借阅登记、群众文化活动掠影等内容的完整电子台账，整改完成率达到了100%。

5. 坚持全方位抓非遗保护，以文传承更加深入全面

（1）非遗抢救有成效。积极抢救、传承和保护非物质文化遗产，截至 2020 年 1 月大余县有省级非遗项目 5 个，市级非遗项目 1 个，其中省级非遗《旁牌阵》正在向国家申报，争取列入国家级非遗名录，实现大余县在该项目上零的突破。

（2）非遗展示有魅力。省级非遗项目《核微雕》代表赣州参加在南昌举办的"文化的力量——2019 年江西文化发展巡礼"，展出的《征宇号》《红船》等作品，获得观众赞美。2019 年 6 月，为庆祝"文化和自然遗产日"主题活动，结合丫山传统客家美食展，展示了包粽子、采茶戏曲表演、山歌民俗活动，让游客群众切身感受中华传统文化的独特魅力。

（3）非遗进校园零距离。积极抓好大余县非遗传习所和校园非遗传承基地建设，已基本完成《南安罗汉舞》南安中学和《旁牌舞》2 个校园非遗传承基地；完成了《南安板鸭》南安板鸭厂传习所、吉村康屋《旁牌舞》传习所、吉村右源山歌传习所、内良民俗非遗展馆、元龙畲族民俗文化传习所（展馆）5 个传习所。同时，还与南昌师范学院合作设立非遗保护项目传统舞蹈《大余旁牌阵》传承基地，不断扩大非遗影响力。2019 年 12 月 31 日，位于大余县旅游集散中心的大余县非物质文化遗产馆正式开馆，并成为大余县非遗传承的一个良好平台，展馆通过 3D 情景再现、视频与实物展示，以图文并茂的形式向游客介绍大余千年客家传统文化。

（四）赣州市文化馆

2020 年在赣州市文化广电新闻出版旅游局的正确领导与江西省文化馆的关心指导下，赣州市文化馆强化精品、品牌、大局、服务等意识，齐心协力抓好各项工作，稳步推进公共文化服务工作提档升级。

1. 党建引领，促进发展

以"三化"建设工作为抓手，全面提升党建工作水平，促进业务提升。全年召开支委会 13 次，党员大会 6 次，开展主题党日活动 13 次，开展学习日活动 13 次，给党员上党课 5 次，其中书记上党课 2 次，邀请联系点领导来馆讲党课 1 次。抓好党风廉政建设、意识形态、统战工作责任制落实，决战"新冠肺炎疫情"防控，加强党建与业务工作深度融合等，促进业务发展。

2. 群文活动，精彩纷呈

紧紧围绕国家、省、市大局，开展了"脱贫攻坚沐党恩 小康路上跟党走"全市喜迎国庆、中秋红色歌曲广场舞展演、赣州市第十七届青少年曲艺（故事）

艺术大赛等各类文化活动。主要活动如下：一是文化惠民周活动。在"文化惠民　感恩奋进"2020 年赣州第五届文化惠民周活动中，全面展示了赣州文化建设和文明创建成果，为群众提供更多更好的"文化年货"。二是江西省旅游产业发展大会活动。策划导演了赣县客家文化城的民俗展演及"状元宴"伴宴演出，共有来自赣县区、石城县、上犹县、崇义县、全南县、兴国县、龙南市近 600 名演职人员参与。创作了赣州旅游宣传推广歌曲《等你来》和《最美的相遇》。三是"红色歌曲大家唱"活动。在黄金广场、营角上浮桥文化广场、赣州公园等示范点，开展红色歌曲传唱活动 200 场，惠及群众达 10 万人次。四是文化志愿服务活动。组织广大文化志愿者深入社区、乡村、广场、公园、景点、老年公寓，开展了多门类、多形式的公共文化志愿服务活动。

3. 文艺创作，硕果累累

赣州市文化馆工作人员积极行动，自觉担当，用文字、声音和画笔，创作出了一批鼓舞士气、提振精神的战疫主题文艺作品。如《在赣州静候曙光》，舞蹈作品《新长征再出发》（采茶健身操），音乐作品《爱是桥梁》《春天里的一面旗》《两地情书》《黎明时刻》《久别重逢》《奋不顾身》《白色的大褂真好看》等音频及视频创作。其中，歌曲《黎明时刻》的演唱者们还在赣州机场为返赣的抗疫英雄们献唱。在江西省抗疫作品评选中，赣州市文化馆有 5 个作品入选。创作、编排扫黑除恶专项斗争小品《如此扫码》，荣获全市扫黑除恶专项斗争原创小戏小品大赛一等奖，并选送至省里参赛。音乐作品《新长征　再出发》入选"庆祝中国共产党成立 100 周年舞台艺术精品创作工程"100 部"百年百项"小型作品创作计划重点扶持作品。在江西省第二届职工网上艺术节上，《黎明时刻》等 3 个作品获奖。在江西省第三届少数民族文化艺术节中，由赣州市文化馆选拔和组织辅导的《我来唱歌表嫂听》《过山溜》分别荣获"区域山歌"一、二等奖，并荣获"组织奖"。

紧跟数字化发展步伐，与国家、省公共文化平台实现互联互通，服务类型涵盖网络直播、信息发布、艺术欣赏、网上培训、在线预约、艺术慕课、资源检索以及地方特色库等，配备朗读亭、录音棚等数字化体验设施设备。在赣州市文化馆微信公众号、网站、文化云平台推出系列栏目《群文战"疫"——赣州市群众文化工作者抗击疫情公益作品展示》，共推送 35 期。举办 2020 年"三区"文化人才支持计划线上直播等 6 场。数字文化服务的受益人次为 103.3 万。

4. 培训人才，建设队伍

赣州市文化馆按季度召开"三区"文化人才支持计划培训班，优秀的县

（市、区）文化馆做典型发言、晒家底，将培训与实地察看、调研相结合。结合地方的文化资源特色，开展赣南采茶戏、客家山歌等非遗的活态传承；结合大环境（新冠肺炎疫情），开展线上培训；结合中心工作（文化扶贫、送文化下乡、新时代文明实践中心建设等），开展形式多样的文艺演出和活动培训。积极参加江西省文化馆组织的"赣鄱文艺大家谈"各类业务培训班9期，文化和旅游部线上培训班5期，逐步建立起一支特别能战斗、会奋斗的群文队伍。

5. 评估定级，提档升级

将第五次全国文化馆评估定级工作列入2020年文化工作的重大事项，明确专人负责，以评估工作为契机，赣州市文化馆新馆建设快速推进，补短板，强弱项，以评促建，以评促管，以评促用，扎实做好评估定级及服务提升工作，经过对标对表，自评达到国家一级文化馆。具体如下：馆舍面积有9416平方米，财政拨款总额786.19万元，人均财政投入0.90元，业务门类配备有10个，音视频资源总时长达到200小时，数字文化服务类型有8种，举办赣州市文化馆站人员辅导班6期/年，专业技术人员占职工总数达85%，服务满意度达到95%。认真贯彻执行党的方针政策，严格落实意识形态工作责任制各项要求，遵守国家法律法规，无重大安全生产事故。

三、公共文化服务

党的十九大以来，特别是《国务院关于支持赣南等原中央苏区振兴发展的若干意见》实施以来，赣县区认真贯彻落实《中华人民共和国公共文化服务保障法》，促进公共文化服务标准化、均等化，充分发挥公共文化机构的职能作用，从小处入手，从实处做起，加强基层文化阵地建设，为城乡居民提供优质的、均等的公共文化服务。

（一）公共文化服务标准化建设

（1）基本建成覆盖城乡的公共文化服务设施网络。赣县区面积2993平方千米，辖19个乡（镇），276个行政村，26个社区居委会，总人口65.2万人，2020年11月建有符合国家标准的国家一级图书馆1个、国家一级文化馆1个、国家二级博物馆（江西客家博物院）1个、影剧院1家，全区19个乡镇均建有综合文化站，302个行政村（社区）建有综合文化服务中心，达标率达到90%以上，农家书屋276个，村级文体广场252个，实现了村（社区）综合文化服务中心和村级农家书屋全覆盖。行政村广播老化设备设施得到全面更新，全区乡镇和行政村有线电视光缆网络覆盖率均达到100%，网内有线电视总用户20000户，广播电视人口综合覆盖率超过 98%。

（2）提升完善重点公共文化设施。2012 年以来，赣县区财政先后投入近 2 亿元建了江西客家博物院 3 个展厅，完成了将军堂、进士堂、文昌阁、名宦园、乡贤园、宗师园、状元园、孺子园、耕读园、乡熏园、齐家园、功德园的建设；2016 年引进深圳橙天嘉禾电影公司兴建了赣县区橙天欢乐电影城，填补了赣县区没有数字影院的空白，2019 年新引进的第二家数字影院赣县区嘉莱国际影城开业，丰富了城区居民的精神文化生活。

（3）完善基层公共文化设施功能。在完成基层公共文化设施建设的基础上，以推进公共文化服务标准化、均等化建设为抓手，认真开展基层公共文化设施的提档升级、功能拓展。2016 年以来，为全区 302 个村（社区）综合文化服务中心补充了价值 20000 元的文化器材和广播器材等硬件设备/村（社区），新建、扩建了一批村级文体广场，改建、扩建了一批功能不完善的村级综合文化活动室；推进村级综合文化服务中心、农家书屋等基层公共文化设施整合进村级新时代文明实践站的进程，实现村级宣传文化阵地资源共享；投入 25 万元资金，在吉埠镇大溪村试点建设视播一体村级应急广播系统，覆盖了全村 14 个自然村，真正实现了"耳目+喉舌"的创新宣传方式，下一步将在现有农村广播村村响的基础上，加大智能化、自动化、可升级、可扩容的村级应急广播体系建设进度。

（4）加强红色遗址保护利用。赣县区现有革命旧址旧居 27 处，如赣县苏维埃政府旧址，赣县第一、二、三、四次党代会旧址等。2014 年以来，赣县区积极申报苏区项目，共申报国家文物专项保护项目 13 个，共计项目资金 1900 万元，其中 8 个维修项目已竣工通过验收，3 个项目竣工等待验收，维修中严格按照修旧如旧、最小干预的文物保护原则，尽可能恢复历史原貌，不使用现代材料。为了更好地保护革命文物，赣县区已将 3 处革命文物申报为省级文物保护单位，6 处公布为县级文物保护单位。

（二）公共文化服务均等化建设

赣县区深入实施重点文化惠民工程，依托基本覆盖城乡的公共文化服务体系，广泛开展文化下乡、广场文化、假日文化和各类文艺调演比赛等群众文化活动，不断加大公共文化产品的供给力度，将主流文化送到群众身边，让社会主义核心价值观根植于群众心中。

（1）"三馆一站"等公共文化服务场所全部免费开放。一是城区文化馆、图书馆开展各类文化活动。2020 年春节期间，赣县区文化馆开展各类文艺调演、群文活动 13 场，赣县区图书馆开展各类展览和主题活动 5 次。新冠肺炎疫情防控期间，"三馆一站"均按照上级要求，暂停开放了一段时间，重新开放以后，在加强新冠肺炎疫情防控的前提下，专门为盲人开展了"读一本好书"阅读活动，协助赣州市纪检委、赣州市图书馆举办"清风寄语·家书话廉"系列活动，线上开展了"抗'役'之战·与我童行"为主题的庆祝"六一"儿童节小画家绘画比赛，庆祝建党99周年的"探索红色文化"述说共产党人故事图片展。二是依托乡镇综合文化站、村（社区）综合性文化服务中心等基层文化设施开展群众性文化活动。如赣县区文化馆与赣州市文化馆、吉埠镇政府等共同承办了"2020年吉埠镇吉埠村春晚"，王母渡镇大陂村文明实践站开展"脱贫攻坚决战决胜"迎新春文艺演出等基层群文活动。

（2）精心组织群文活动。2020年，参加市级以上群文活动调演8场，全区上半年共举办各类群文活动16场，惠及民众10万多人。一方面，通过政府采购方式组织区电影公司开展送电影下乡，2020年上半年完成1483场，组织区民俗歌舞演艺有限公司开展送戏下乡，2020年上半年完成53场。另一方面，依托乡镇综合文化站、村（社区）综合文化服务中心等基层公共文化设施，组织基层群众开展了中华人民共和国成立70周年庆祝、"决胜全面小康，决战脱贫攻坚"、"不忘初心、牢记使命"主题教育等系列群众文化活动，如吉埠镇综合文化站依托大溪村新时代文明实践站，组织了"壮丽七十载奋进新时代"庆祝中华人民共和国成立70周年文艺晚会暨"党旗引领，五星创评"颁奖典礼；韩坊镇举办了《祖国不会忘记》庆祝中华人民共和国成立70周年赣县区"原乡情"公益演出等自办文体活动。

（3）认真开展精品创作。近年来，赣县区精心开展国家级非遗项目东河戏的保护性传承，东河戏目连剧中折子戏《思凡》在"江西省汤显祖戏剧节·传统经典剧目折子戏"大赛中进入决赛，填补了东河戏多年不曾参加专业比赛的空白。采茶小戏《一盆腊梅》入选了国家艺术基金资助项目，采茶小戏《上栋梁》参加第七届"全国优秀小戏小品展演"和"茶香中国"首届全国采茶戏汇演采茶小戏调演，东河戏《白蛇传·游湖》参加2019年全国高腔优秀剧目展演，东河戏——《抢伞》入选2020年戏曲百戏（昆山）盛典。

（4）大力推进全民阅读。一是组织全民阅读活动，为庆祝中华人民共和国成立70周年，营造"书香赣都"全民阅读暨"读好书"的良好氛围，激发市民的读书热情，充分发挥公共图书馆在推进全民阅读中的作用，区图书馆组织开展了迎新年"读经典、学新知"诗文朗诵会、"爱阅读、爱阅赣版书"新书推介会等馆内全民阅读活动。二是新冠肺炎疫情防控期间创新全民阅读，赣县区图书馆积极响应数字阅读行业战"疫"倡议，满足广大读者在家体验中华文化、学习艺术知识的需求，注册申请使用了读联体·数字共享阅读服务平台，为读者们带来丰富的数字阅读资源，上线了易阅通"抗击新冠病毒"专题库、《CNKI 群艺学堂》等电子阅读资源，在微信公众号上线了"超星读书"读书小程序，开通了《中华优秀传统文化百科知识库》线上学习互动，组织了"书香悦读智赢战疫"红包答题线上活动、以"全民阅读，向抗疫英雄致敬"为主题的优秀抗疫作品朗诵活动，端午期间在赣县区图书馆"博看有声"听书平台上举办了"趣听'声'活悦享每刻"听书有奖答题活动。三是积极开展图书馆总分馆制建设。进一步开展 19 个乡镇的图书馆分馆提档升级，2020 年投入 76 万元，由区图书馆增配图书、器材等，助力乡镇分馆建设。四是建设 24 小时城市书屋，在赣县区行政服务中心建设赣县智慧图书馆。五是在全区 276 个行政村的农家书屋及时更新出版物和推广数字农家书屋，每年按计划更新价值 1400 元的图书和 600 元的报刊/村，组织各农家书屋宣传推广赣州市图书馆建设的数字农家书屋，积极整合利用社会资源，鼓励机关事业单位、企业、爱心人士捐献图书、阅读桌椅等，进一步提高农家书屋的档次等级。六是加强对农家书屋开放的规范性管理和制度化建设，全年开展"铁将军把门"问题整改，截至 2020 年 11 月各农家书屋均能保持每周 20 小时开放时间，同时联合区残联对农家书屋残疾人管理员的岗位履职能力开展督查，对履职不力的 7 名残疾人管理员予以 1 人辞退和 6 人换岗，对保留的农家书屋管理员每年都会定期举办培训班和不定期检查。

（三）公共文化服务保障体系建设

要确保为群众提供均等优质的文化产品，离不开一个多层级、全覆盖的公共文化服务体系。经过努力，赣县区现已基本建成全覆盖、可持续的多层级公共文化服务保障体系。

（1）公共文化发展资金投入情况。中央按照 19 个乡镇综合文化站 3 万元/站/年的标准每年下拨了 57 万元文化站免费开放经费，用于乡镇综合文化站的运行维护；2016 年以来，中央、省、市、区级财政计划补助拨付资金 4151.0215 万元，用于建设村级综合文化服务中心；中央提前下达 2020 年中央补助地方公共文化服务体系建设资金 421.92 万元、提前下达 2020 年贫困地区革命老区行政村基层综合性文化服务中心建设奖补资金 149.69 万元、下拨赣县区 276 个村级农家书屋 2019 年出版物补充更新资金 38.64 万元以及戏曲进乡村专项资金 57 万元；文化馆、图书馆 2020 年度免费开放资金各 20 万元（其中中央 12 万元，区级 8 万元），博物馆 2020 年度免费开放资金 100 万元（其中中央 95 万元，省级 5

万元)。①

（2）实施公共文化人才队伍建设。2014年以来，赣县区结合"三区"人才支持计划，整合辖区优秀文化人才资源，扎根基层开展文化志愿服务工作，区文化馆、区图书馆依托馆内资源，一方面开展区级培训辅导活动，举办公共文化服务体系建设培训班、农家书屋管理员培训班等培训活动；另一方面组织"三区"文化志愿服务者和文化文艺志愿服务队，深入基层开展舞蹈、声乐、器乐等培训活动，每年按计划培训100名农村文化骨干人才，系统性、全面性、针对性、持续性地提升基层文艺团队的骨干力量，以此带动基层群众文化活动的开展。2020年5月组织全区147名乡镇综合文化站站长、村（社区）综合文化服务中心管理员参加了全省贫困县基层综合性文化服务中心负责人农村电商实务线上培训，提升了基层文化管理员的电商能力。

（3）实施公共文化服务品牌建设。一是打造移动阅读新平台。赣县区图书馆采购了多台歌德电子借阅机、少儿学习一体机、3D立体平板，提供海量图书、视频等优质阅读资源，保障读者手机端随时随地免费阅读分享。围绕新书推介、阅读交流分享活动的新模式，利用微信公众号进行线上推广全民阅读，着力在读者体验上下功夫，实现全民阅读优秀文化零门槛、零距离的共享。二是创新公共文化体制机制、服务方式和手段，打造了中国（赣州）客家生态文化旅游节这一文化品牌。中国（赣州）客家生态文化旅游节活动贯穿全年，包括樱花节、储潭油菜花节、湖江桃花节、宝莲山杜鹃花节、吉埠杨梅节等。在春节、中秋节、国庆节等节日以及赣县客家生态文化旅游节等节庆日开展了一系列内容丰富、形式多样的节庆文化活动，2020年江西省旅游产业发展大会开幕式上的民俗演艺节目有《新长征再出发》、《云灯》、《媒婆嬉闹》、麒麟狮象灯、威风锣鼓等，受到嘉宾的欢迎，提升了赣县区的文化影响力和知名度。

（4）实施公共文化服务志愿服务体系建设。牵头组建了文化文艺志愿服务队，按照每月至少深入新时代文明实践站开展3次活动的标准，组织文化文艺志愿服务者下到村（社区），广泛开展群众乐于参与、便于参与的"我们的节日"等主题群众文化活动，协调乡镇配合办好"乡村春晚"、全民阅读推广、送戏下乡活动等，培育形成新的节日习俗。经常性组织开展"中国梦歌曲大家唱"、乡村广场舞、赣南采茶戏表演、群众体育比赛、公益电影放映、读书看报、文艺培

---

① 资料来源：赣县区公共文化事业发展和公共文化服务保障工作情况汇报［EB/OL］．赣县区人民政府官网，2020-11-13.

训等活动，丰富群众文化生活。

第二节　赣南老区文化遗产保护传承典型案例

赣州传统文化丰富多彩，但岁月流转、时代变迁，不少传统文化或因年久失修或因隐匿于世或因面临失传渐渐失去了光环。为此，守住赣南优秀传统文化家底刻不容缓，传统文化的护"体"与传"魂"显得尤为重要。

为改变这一局面，赣州市设立非物质文化遗产研究保护中心，致力于非遗保护工作。2014 年以来，全市开展各类非遗调查 500 多次，组织召开座谈会 100 余次，走访非遗传承人 3000 余人（次）。在此基础上系统开展非遗项目的整理，建立普查成果档案，实施分级保护，实行数字化管理。通过持续的普查调查、挖掘整理，赣州市非遗项目名录和传承人体系不断完善。

赣南采茶戏是赣州市最具代表性的非物质文化遗产，也是国家级非物质文化遗产之一。为传承好这朵"中国戏曲百花园中的奇葩"，赣州市非遗研究保护中心与赣州广播电视大学合作开办赣南采茶戏各艺术门类培训，依托赣州高等师范专科学校定向培养赣南采茶戏专门人才。不仅如此，赣南师范大学还将赣南采茶戏纳入大学生人才培养课程体系，招收赣南采茶戏表演方向的研究生。从小学到大学，从兴趣到专业，赣州构建起全方位的采茶戏专业人才传承保护基石。为破解非遗项目传承人年老体弱、人走技失的困局，赣州市每年开展全市非遗管理人员培训班、传承人培训班。大力开展阵地建设，全市统一规划已建、在建非遗项目传习所（点）116 所，非遗综合展示馆 9 个。建有省级非遗研究基地 2 个、传承基地 5 个、传播基地 15 个、生产性保护示范基地 4 个，为非遗传承提供了重要支撑。

在非物质文化遗产的传承和保护上，赣州可谓不遗余力。赣州出台了《赣南客家围屋保护条例》、对区域内的文化遗产实行整体性保护、加强对传承人和传承单位各方面的扶持……一项项工程，将散落在赣南各地的丰富文化珍宝采撷收录，让其在新时代重放光彩。

让非遗文化"活"起来，为人们文化生活增添色彩。近年来，赣州市不断创新理念，巧搭载体，利用传统民俗节庆、文化遗产日、非物质文化遗产月等活动，组织非遗项目进社区展演。各地通过开展文化惠民周系列活动、非遗传承基地传习活动、非遗体验活动等，实现了非遗文化常态化赓续。

赣州市还积极策划优秀非遗项目参加全国及地区性非遗博览会，先后组织非遗项目以及传承人参加 2019 年中央广电总台春晚、深圳文博会、2019 年红色旅游博览会、江西艺术节、家具产业博览会等大型展览活动。同时，赣州还致力于让非遗文化走出国门，到新加坡、马来西亚、希腊、保加利亚、韩国、日本等多个国家开展对外文化交流活动，增强文化认同与社会共识，使赣南优秀传统文化的影响力不断扩大。

一方水土孕育一方文化。细数赣南这片红土地，文化璀璨，赣南采茶戏、兴国山歌、客家古文、石城灯会、于都唢呐公婆吹、宁都中村傩戏、赣县东河戏等非物质文化遗产已渐渐走进现代生活，融入当今百姓日常生活。

一、赣南采茶戏

赣州市委、市政府以"精品、惠民、节俭、可持续"为原则，积极开展文化惠民系列活动。赣南采茶戏一个地方戏种以每隔两年出一部大戏的高产频率，屡获国家级大奖。面对这一不可再生的首批国家级非物质文化遗产代表性项目，如何与时俱进、适应社会发展需求，立足于传承与保护，突破发展瓶颈，提升剧种竞争力，使之不断发展壮大，永葆生命力，赣州闯出了一条新路。

（一）发展现状

赣南采茶戏源远流长，是集客家文化之大成的一种地方剧种，起源于元代，成熟于明末清初，最早出现于赣州市安远县九龙山茶区。作为江西省唯一"县县有剧团"的设区市，2012 年 5 月，赣州市国有剧团全部完成了转企改制。剧团在对人才资源、物力资源进行有效整合的同时，也暴露出一些问题。

第一，地方传统戏曲市场尚未形成。随着互联网等多媒体的迅猛发展，人民群众的文化生活更加丰富多彩，对文化生活的选择呈现多元化趋势。戏剧尤其是地方传统戏的观众呈下降趋势，演出市场逐渐萎缩。赣州市各文艺院团还没有建立市场经济体制下的发展运作机制，开拓演出市场、闯市场的能力还比较弱。

第二，院团自我发展能力较差。当时赣州市除章贡区、会昌、寻乌、兴国、崇义外，其他剧院（团）都没有自己的剧场甚至排练场，排练、演出主要靠租用场地。全市各剧团的经济状况普遍较差，有些剧团是财政差额拨款，难以维持生计。

第三，优秀人才留不住、引不来。各地出现了"骨干退了休，新人接不上"的尴尬局面，专业编导、作曲、舞美、演员人才青黄不接的问题严重，部分表演行当濒临失传。同时，由于地方戏曲剧团辛苦劳累、工作条件差、生活待遇低、人才流失严重，艺术队伍日益萎缩。一些优秀演员和有潜质的青年演员，先后改行另谋生路。赣南采茶戏陷入优秀人才留不住、引不来的两难境地。

（二）相关做法

为走出困局，近年来，赣州市就如何保护传承、振兴发展赣南采茶戏进行了积极探索，就创造性深入贯彻习近平同志系列重要讲话特别是在文艺工作座谈会上的讲话精神进行了大胆尝试。重点在健全赣南采茶戏保护传承工作体系、人才培养体系、创新发展政策支持体系上下功夫，进一步完善赣南采茶戏文艺院团的体制机制，培育有利于赣南采茶戏活起来、传下去、出精品、出名家的良好环境，形成了全社会重视、关心、支持、参与赣南采茶戏发展的良好局面，赣南采茶戏逐步成为在全国具有广泛影响力的地方戏种。现在，在赣州的大街小巷，演采茶戏、跳采茶舞、唱采茶歌的动人情景随处可见，赣南采茶戏随之演起来、活起来、好起来。

2015年3月，赣州市委、市政府在江西省率先制定出台了《赣南采茶戏振兴工程实施意见》，大力推进实施赣南采茶戏传承与创新工程，提出了"利用10年左右的时间，使赣南采茶戏成为在全国具有广泛影响力的戏苑奇葩"的振兴目标。实施意见从加大创作生产扶持力度、加强专业人才队伍建设、创新赣南采茶戏传播形式、开展采茶戏研讨研究、强化组织领导、全面落实保障措施等方面进行全面部署，为赣南采茶戏振兴发展做了整体规划、提供了政策动力，是今后一个时期赣南采茶戏振兴发展的纲领性文件。

2015年，在全市范围内开展赣南采茶（现代）小戏展评活动。全市各专业院团精心组织编剧深入基层、深入群众，围绕"中国梦"和"赣州振兴发展"的主题，创作编排小戏作品，组织专家遴选优秀作品进行展演。2017年，选调第六届江西艺术节的优秀剧目参加了赣州第二届文化惠民周展演。通过集中展演，各地相互借鉴，取长补短，共同提高。搭建资源共享平台。与赣州市文学艺术界联合会联合下发《关于举办赣州市赣南采茶小戏剧本创作征集大赛的通知》，面向全市、全省征集赣南采茶小戏剧本，共征集有效剧本28部，装订成册供全市专业剧团资源共享。2017年继续面向全省、全市征集专业艺术舞台微作品，出版第二本文集，此举受到各地一致好评。与赣州广播电视台联合举办"我来演采茶电视大赛"，每年都能吸引近千名选手参加，参赛选手中年龄最小的只有6岁，最大的已80岁。同时，在客家新闻网开设采茶戏专栏，将采茶戏知识讲座及采茶戏精品上传至网络，供所有爱好者学习。

赣州市委、市政府出台《赣州市定向培养赣南采茶戏表演专业学生实施办法》，从 2007 年起，由政府埋单，在本市大中专院校设立专门的采茶戏表演班，定向培养赣南采茶戏表演专业学生 145 名。从 2017 年起，再次实施连续五年每年定向培养 40~60 名赣南采茶戏表演专业学生。赣州市现有专业采茶歌舞院团 19 个，演员 600 余人，每年演出 3000 场以上，是传承弘扬赣南采茶戏的主力军。通过政府购买服务、自己闯市场等形式，这些专业院团进一步壮大。如赣南采茶歌舞剧院为江西省唯一入选原文化部"全国地方戏创作演出重点院团"，曾两次获"全国文化系统先进集体"称号。赣州市民间采茶剧团达 200 多个，从业人员 6000 余人，每年演出 2 万多场。如宁都县卫东剧团 40 多年来一直坚守农村文化阵地，自创自演 50 余个采茶戏传统剧目，多次受到中共中央宣传部等国家有关部委的表彰。赣州超新时代音像公司收集整理 200 多个赣南采茶戏剧本，拍摄制作赣南采茶戏经典剧目光碟 220 多个，发行 110 多万张。全市赣南采茶戏和采茶曲牌光碟不仅销往周边省市，还远销海内外客家人聚居区。设立院团人才队伍建设专项资金，分批次分类举办采茶戏人才培训班，推荐优秀演艺人才进入国家、省、市级院团深造及外出学习。开展"名师高徒"活动，发挥国家级代表性传承人陈宾茂、国家一级导演张曼君等艺术家的传帮带作用，培养后备人才。

赣州市对赣南采茶戏各类资料进行了全方位的挖掘、整理。截至 2018 年 8 月已收集整理了传统剧目文本 52 个，传统音乐曲牌 400 余首；并收集了部分实物，如赣南采茶戏的传统主奏乐器"勾筒"、演出道具、演出服装等。专门在赣州市群众艺术馆布置了赣南采茶戏"非遗"陈列室，展览展示、利用推广赣南采茶戏资料。注重赣南采茶戏资料电子化、数字化，让保护工作更加科学、规范。参与江西《赣风》栏目组"非遗"拍摄、录音、录像工作；参加《江西省非物质文化遗产宝典》赣南采茶戏音乐部分撰稿工作；参加赣州市非物质文化遗产数字化建设工程（第一期）实施方案；参加《江西文艺志·赣州篇》赣南采茶剧团（1991~2010 年）大事记（编辑资料长篇）的编纂工作。组织专人撰写赣南采茶戏艺术丛书，到 2018 年 8 月已经出版《母亲的戏剧人生》《奇葩隽永》等书籍。即将出版黄玉英、张宇俊、张红英等的赣南采茶戏声腔音乐专辑。

（三）主要成效

据不完全统计，赣南采茶戏共有传统剧目百余出，传统曲牌 400 余首，舞蹈形体动作 500 余个。大部分传统剧目歌颂的是劳动人民勤劳发家、正直勇敢的优秀品质，以及人世间美好的爱情故事，传递的是正能量。近年来，赣州市对这些剧目进行复排提升，在注重传统内容完整性的基础上，融入社会主义核心价值观等现代元素，使经典剧目焕发出时代的气息。在全市赣南采茶小戏展演、调演活动中，该市集中展示了多年来各具特色的采茶戏精品剧目传承保护成果。

大力实施精品战略，以精品创作生产引领赣南采茶戏传承发展。近年来先后创排了一批在全国产生较大影响的精品剧目。如大型赣南采茶戏《山歌情》获"五个一工程"奖、第四届"文华大奖"及5个单项奖、"首届曹禺戏剧文学奖"，并在国家大剧院参加中华人民共和国成立60周年献礼演出；大型现代赣南采茶戏《快乐标兵》获第十一届"五个一工程"奖；大型赣南采茶歌舞剧《八子参军》获第十二届"五个一工程"奖，第十届中国艺术节、第十四届文华奖"文华优秀剧目奖"和5个单项奖，入选"国家舞台艺术精品工程2011~2012年度重点资助剧目"，是这项资助工程实施以来江西省唯一获得资助的剧目，该剧还入选国家艺术基金2014年度传播交流推广资助项目，并被原文化部选调演出，2013年进行全国巡演，开创江西省地方戏曲全国院线巡演的先河；赣南采茶歌舞剧《永远的歌谣》获第十四届精神文明建设"五个一工程"奖，入选国家艺术基金"2015年度舞台艺术创作资助项目"，入选2016年度江西省文艺创作与繁荣工程资助项目，并在第六届"江西艺术节·第十届江西玉茗花戏剧节"上荣获玉茗花大奖，青年演员杨俊更是凭此剧一举拿下"梅花奖"；大型赣南民俗音画《客家儿郎》正完善提升，准备冲击国家级大奖。于都县长征源合唱团的合唱《长征组歌》获国家艺术基金2015年度传播交流推广资助项目。赣州各地也精心创排了一批文艺精品，如兴国县山歌剧《老镜子》、会昌县采茶小戏《畲山情歌》、南康区采茶小戏《富民桥》、安远县采茶小戏《圆梦九龙山》等均获国家级或省级奖项。

目前，赣州市已形成了宣传部门统筹协调、文化广电新闻出版旅游部门具体实施、有关部门密切配合的领导体制和全社会共同参与的工作机制。全市各级政府在设施设备、活动经费、人员配备等方面给予扶持，统筹农村文化事业、文化产业发展等专项资金，用以奖代补、政府购买等形式奖励补贴优秀采茶戏剧目，让一批精品剧目既能"排得起"，又能"走出去"；建成采茶戏大剧院、主题公园、文化博物馆、乡村大舞台、传习所等设施，为采茶戏交流推广打造了良好平台；对于重点剧目领导高度重视，在创作过程中，赣州市委、市政府主要领导亲临现场观摩指导，分管领导坐镇指挥，及时解决问题，并对选准的题材重点投入，如《八子参军》立项后即投入300万元，《永远的歌谣》投入500万元，《客家儿郎》投入1600多万元。安远县投入400万元创排《杜鹃里格红》，寻乌县投入100多万元创排大型采茶歌舞剧《寻路》。

2016 年 7 月，赣州市委、市政府高度重视，将市青少年活动中心学术报告馆剧场移交给赣南艺术创作研究所管理使用，解决了市直院团多年以来没有演出剧场的情况。剧场交接后，相继开展了"文化惠民 精品共享"文化惠民周、惠民周末剧场、"欢乐赣州"、"我们的节日，我们的家乡"、"百姓大舞台，大家一起来"等以赣南采茶戏为主要内容的系列文化品牌活动。所有活动对老百姓敞开大门，免费看戏。主要做法是在全市范围内设立十个有代表性的取票点，通过宣传海报、报纸和微信公众号同时推送演出信息，座位不设座号，先来先坐，公平透明，真正体现了文艺的"二为"方向和文化不设围墙的理念，让老百姓暖心，更让他们实实在在成为了惠民演出的主人。人民群众领票积极性非常高，入场券常常在一两个小时内被抢兑一空，演出场场爆满，老百姓直呼过瘾。很多观众表示"以前总觉得艺术离我们很远，可望而不可即，现在竟然可以不花一分钱就能享受如此高雅的艺术，真是太棒了，为赣州的文艺工作者点赞"。

通过开展采茶戏进机关、进学校、进社区、进农村、进企业的"五进"活动以及在市、县电视台开设采茶戏频道，使赣南采茶戏深入融入百姓的生活。同时，赣州市突出采茶戏进校园活动，将采茶戏编入了中小学辅导教材，将普及赣南采茶戏列为全市中小学校园文化建设和未成年人思想道德建设内容。

组织专业人员将赣南采茶戏的曲调和舞蹈改编，精心创编了群众喜闻乐见的系列采茶戏健身操和广场舞，在全市推广，引导大众参与。近年来，多次组织全市性的采茶健身操大赛，参与群众上百万人，赣南采茶健身操的韵律响遍了赣州城乡的广大社区村落，群众参与程度大大提高。

（四）经验启示

虽然赣州市在传承和保护赣南采茶戏的工作中取得了一定的成果，但是如何在文艺精品生产创作中推陈出新、在人才培养储备中未雨绸缪、在保护传承发展壮大中永葆活力，还有很长的一段路要走。

（1）树立文化自觉，增强责任意识。要把赣南采茶戏的振兴发展转变成为部门行为，甚至政府行为，必须以战略的眼光和全局的视角高度重视。进一步树立文化自觉，增强使命意识，强化责任意识，将赣南采茶戏的传承保护工作纳入经济社会和文化发展的总体规划，纳入"六大攻坚战"目标项目管理，把文化建设成效纳入县（市、区）目标绩效考核体系，切实推动全市文化与金融、文化与科技、文化与旅游的紧密融合、协调发展。

建立健全党委统一领导、党政齐抓共管、宣传部门组织协调、有关部门分工负责、社会力量积极参与的工作格局。加强市县联动，上下配套，共同运作。凡涉及高端题材、重大题材，必须优化组织手段，聚集人才，集中优势，以工程化、项目化的方式推出精品。

（2）切实把好导向，精选创作题材。必须走中国特色社会主义文化发展道路，坚持"二为"方向、"双百"方针和"三贴近"原则，坚持以人民为中心的创作导向，进一步加强对文化精品创作的规划引导。因地制宜，除红色和客家题材外，对展现赣南当代风貌、反映当代普通老百姓生活状态的现代题材多加挖掘，合理规划。积极引导剧作家拓宽剧作题材的表现领域，围绕"中国梦""苏区振兴"等当代主题，创作基调积极向上、充满时代气息、民族特色和健康生活情趣的接地气、接人气的优秀剧目作品。坚持做到"四个精"，即精准定位一批、精心谋划一批、精致创作一批、精细打磨一批，实现精品创作的可持续发展。

（3）强化人才意识，完善培育机制。人才是事业之本，人才的培育是持久性工程。坚持实施"人才兴文"战略，在人才的发现、培育、选调、使用等环节上打破体制禁锢，突破职称、学历等框架，跳出地域限制，把优秀的创作人才引到专业创作队伍中来。"用好用足现有人才、加大培育青年人才、不惜代价引进拔尖人才"，进一步推进不拘一格降人才的运行机制。完善文艺人才的评价激励机制，积极推进奖励制度化建设，逐步建立起奖励制度，定期或不定期开展文化精品评选奖励活动。

（4）加大宣传力度，扩大社会影响。近年来，赣南采茶戏不乏精品力作，但社会影响力远未得到应有发掘；一些优秀作品在对外交流中，也未得到很好的宣传和推广。因此，加大对赣南采茶戏的宣传力度，扩大其社会影响力是当务之急。

实施优秀经典戏曲剧目影视创作计划，重新翻拍、录制名家名角的代表性作品来扩大赣南采茶戏的社会影响力；鼓励媒体开设、制作宣传推广戏曲作品、传播普及戏曲知识的栏目节目，打造在全国有影响力的戏曲专题栏目；举办介绍戏曲知识的专题展览和讲座，提高观众戏曲欣赏水平；充分发挥互联网在戏曲传承发展中的重要作用，鼓励通过新媒体普及和宣传戏曲；推进"互联网+戏曲"等新兴文化传播平台的建设；推动文艺精品对外文化交流，组织赣南采茶戏开展交流、展演，共同举办多方参与的区域性文化活动，增强赣南采茶戏的影响力和参与度。

二、兴国山歌

（一）发展现状

"哎呀嘞——苏区干部好作风，自带干粮去办公；日着草鞋干革命，夜走山路打灯笼。"一曲曲高亢、清亮的"哎呀嘞",在崇山峻岭中回响,在碧野溪流中飘荡。亘古的山歌声,唱遍人间酸甜苦辣,道出生活喜怒哀乐,流淌在兴国客家人奔涌的血脉里,浸润在平川大地博大的胸怀中,滋养了兴国这方客家水土。

兴国山歌历史悠久,"唐时起,宋时兴;代代流传到如今",是兴国劳动人民表达思想感情的一种特定艺术形式,也是客家民歌名录中最为浓情、最为旷达的代表性山歌。在第二次国内革命战争时期,兴国人民用山歌讴歌战斗生活、鼓励扩红支前、赞美苏维埃建设,成为壮丽的革命之歌,《党的女儿》《闪闪的红星》等优秀影片中,屡次出现"哎呀嘞"的动人旋律;20世纪70年代前后,一曲《苏区干部好作风》风靡大江南北,成为历久不衰的经典名曲和红色文化符号;兴国山歌著名歌手刘承达等人,还把山歌唱进了中南海,唱响在人民大会堂。

放眼全国,以地方县名命名的山歌屈指可数。1996年,原文化部将兴国命名为"中国民间艺术山歌之乡";2006年,兴国山歌被列入国家首批非物质文化遗产保护名录,成为兴国的响亮名片、最具特色的软实力;2011年、2014年,兴国县因兴国山歌被原文化部命名为"中国民间文化艺术之乡"。这一切都离不开兴国县对兴国山歌的挖掘、传承和保护。

（二）相关做法

多年来,兴国县把兴国山歌文化作为珍贵的民间文化遗产,采取多种措施进行保护和开发利用。在兴国山歌传承保护工作中,兴国县始终坚持"挖掘是基础、传承是关键、创新是发展"的工作理念,把兴国山歌保护工作立体化、多元化。同时提出了兴国山歌品牌建设的战略,从经济和社会发展的高度,实质性推动了兴国山歌的传承发展。

2019年2月21日,徐盛久兴国山歌传承基地在兴国县长冈乡石燕村揭牌,并举办了基地的首期兴国山歌培训班,学员们轮番登台,一首接着一首向群众献上自编自演的山歌,大家在"你来我往"中切磋唱作技艺,传递兴国山歌带来的乐趣。

随着时代的发展,能否培养和造就一大批爱唱、敢唱、会唱山歌的人才,就成了"山歌之乡"建设成败的关键。为此,兴国县全力开展兴国山歌进校园、进机关、进社区、进企业、进村镇"五进"活动,编印了6000多册《兴国山歌乡土教材》,要求每人至少学唱3~5首兴国山歌。截至2019年3月,兴国县共有5支山歌演唱小分队、1支兴国山歌天使形象队、8支民间艺术团、1个兴国山歌进校园示范传承基地。

兴国县注重兴国山歌人才培养。除了以兴国县文化馆（县非遗中心）作为兴国山歌主阵地之外，还成立了兴国山歌剧目创作室、兴国山歌演艺公司、兴国山歌协会，定期举办兴国山歌培训班。一方面，广泛发动社会文艺力量组织各类形式的山歌团体，着力实施"以师带徒"式的传帮带人才培养模式，加大对他们的津贴补助；另一方面，积极培植专业山歌团体，建设兴国山歌保护中心，并每年选派专业人员到上一级进修，不断充实专业山歌团体的人才力量。

在兴国县各行各业的节庆文艺活动以及各部门、单位的文艺演出和兴国县各乡镇行政村村晚中，兴国县都以兴国山歌为主打节目，形成热潮。通过多年来的兴国山歌普及工作，实现了兴国山歌艺术的群众性和广泛性，这一民间艺术深受群众喜爱。

"哎呀嘞，学习强国蛮重要，做题也要讲技巧。打开主页点积分，积分说明有介绍……"一首由山歌爱好者自编自演的兴国山歌《学习强国掀高潮》广为传唱。简单实用的学习技巧把诙谐幽默的歌词演唱出来，引得现场群众拍手叫好，笑声连连。

如何让基层群众在政策理论宣讲中愿意听、听得进、听得懂？兴国县结合实际，定出"载体要有群众基础，形式必须生动活泼，内容紧贴百姓生活，宣讲力求通俗易懂"的方向和标准，兴国山歌正好切合这些要求。

兴国山歌融说、唱、演于一体，用兴国山歌进行政策理论宣讲，更能让群众在快乐参与中入脑入心。兴国山歌政策理论宣讲队员深入基层一线采风，创作出一批通俗易懂的山歌"歌词库"。多年来，共编创出《"四个全面"谱新章》《山歌唱响中国梦》《精准扶贫动真情》等860多首宣讲山歌，编印了《兴国山歌理论宣讲歌集》《兴国山歌小分队宣讲歌本》等宣讲教材。

在宣讲时间安排上，根据农忙、农闲季节调整演出时间；场所则坚持便民原则，哪里人多小分队就到哪里，田间地头、村头树下等均可作为演出场地。宣讲时，群众可根据自身实际情况进行"点歌"，山歌手用当地群众熟悉的方言演唱，把深刻的政策、理论、知识活灵活现地表现出来，不仅有歌听，还可以学到政策理论，备受群众欢迎。山歌小分队每年为农村基层演出、宣讲700多场，观看人数近30万人次。

2018年10月10日，兴国县成功举办第十一届中国民间艺术节暨第十届兴国山歌艺术节，现场人如潮歌如海，观众达数万之多，引起了全国各界新闻媒体的广泛关注，让兴国山歌的美名响彻大江南北。

兴国县明确提出了兴国山歌品牌立县战略，并全力组织实施，制定了兴国山歌品牌建设规划，成立领导和组织机构。积极探索兴国山歌创新和发展路子，从兴国山歌特有的音乐元素，创作新编原生态兴国山歌；从演唱形式上力争丰富多彩，改变原有的独唱、对唱形式，尝试运用合唱、重唱等演唱形式；积极打造兴国山歌剧，运用现代化手段进行包装，让兴国山歌走向全国。

在品牌打造上，兴国县擦亮"兴国山歌艺术节"这一金字招牌，从1986年首届"兴国县重阳山歌会"至今，经过30多年的发展，品牌建设已制度化、节日化，成为兴国人民喜闻乐见、社会影响深远的地方民俗活动。此外，每月两场的"山歌情韵"广场文化活动，作为山歌艺术节的补充和延伸，迄今延续了十余年，演出达300余场次。年年有"山歌艺术节"、月月有"山歌情韵"文化广场活动、日日有"山歌进村入户"演出，成为最受兴国城乡群众喜爱的"同一首歌"活动。

满园春色关不住，万紫千红总是春。沐浴着时代的春风春雨，"哎呀嘞"的歌声响彻广袤的平川大地，兴国山歌犹如老树逢春发新枝，焕发出勃勃生机，这一古老的艺术瑰宝，在新时代散发出更加夺目的光彩。

（三）主要成效

兴国山歌植根于客家文化的深厚沃土中，涵盖了客家人生活的方方面面，饱含着丰厚的客家文化信息。从某种意义上说，兴国山歌是客家人繁衍生息的一幅历史画卷。保护、研究、解读兴国山歌，发掘其精华，无疑是弘扬优秀民族文化的一项极其重要的举措。近年来，踏着构建和谐社会的激越鼓点，乘着"非物质文化遗产保护"和煦的东风，兴国县宣传文化部门把"弘扬兴国文脉，传承兴国山歌"作为文化建设的头等大事来抓，扎扎实实抓好了兴国山歌的传承保护工作。

采用文字、音像等手段挖掘收集了大量有关兴国山歌的资料，并整理出版了《兴国山歌报》《兴国山歌选编》《兴国山歌选》《苏区兴国山歌》等有关兴国山歌的书籍、报纸、歌碟等，打下了兴国山歌传承保护的物质基础；为解决传承人的问题，一方面做好四级传承人的申报认定，另一方面建立了以师带徒的机制，要求县级以上的传承人必须带有徒弟，同时，将兴国山歌与教育"联姻"，走出了一条非物质文化遗产保护传承的新路子，既拓宽了传承人选择的空间，又为传承人的有效培养找到了落脚点；组建了山歌表演小分队，十多年来，坚持常年活跃在农村乡镇，巡回演出，既宣传了时事政策，又培养了山歌受众，一举两得。尤为值得一提的是，1986年，兴国县举全县之力，创办了"重阳山歌节"（后改称"兴国山歌艺术节"），通过传统山歌表演、擂台赛歌、山歌新唱、山歌理论研讨会等形式，在社会上产生了轰动性效应和广泛影响。

近几年来，兴国县开展了每月两场的"山歌情韵广场文化活动"作为"兴国山歌艺术节"的延伸，对兴国山歌的传承保护也起到了很大的作用。如今，兴国山歌艺术节已成为省内外有名的群众文化品牌，2009 年被中国群众文化学会、《中国文化报》评为"全国首届群文品牌"。

（四）经验启示

（1）传承保护是基础。山歌保护最重要的是要有传承的群众基础。对此，兴国探索出民间传承和学校传承两种模式。

兴国县先后开展了两次大规模的兴国山歌普查，深入各乡村收集散失在民间的传统山歌，历时三年共收集各种类型的传统兴国山歌 6 万余首，200 余万字。在此基础上，按照"保护为主，抢救第一，合理利用，继承发展"的思路，先后整理出版了《兴国山歌选》《兴国山歌选（续集）》《兴国山歌》《苏区兴国山歌》等书籍，还邀请专业院校师生和文艺界人士进行山歌采风，以兴国山歌为素材，创作了大量与时俱进的作品，研究兴国山歌蔚然成风。有了好的作品，兴国县通过聘请传承人、兴国山歌研究专家开展传承教学提炼工作，建立起兴国民间业余艺术团，如长青艺术团等传承队伍，同时鼓励民间文化老艺人进行传承活动，进而全力形成民间社会传承的运转机制，着力实施"以师带徒"式的传帮带人才培养模式，培养了一批年轻的兴国山歌手，活跃在文艺宣传第一线，兴国山歌广为传唱。

为进一步扩大兴国山歌的群众基础，兴国县将传承的重点放在了学校，大力开展"兴国山歌进校园"活动，专门编写了《兴国山歌乡土教材》等教材，在兴国当地中小学校进行教学，开创了一条"山歌进校园、促教学、传文化"的新路子。兴国县实验小学连续开展了十几年的探索，如今建设了"山歌进校园"示范传承基地，培养了大量的小山歌手。

（2）精品创作是"抓手"。兴国县大型山歌剧《女人河》荣获江西省第四届玉茗花戏剧节创作一等奖；大型山歌戏《山歌情》应邀进京演出，一举获得中共中央宣传部"五个一"工程奖，原文化部第四届"文华大奖"和中国文学艺术界联合会首届曹禺戏剧文学奖；由兴国县文化馆原创的兴国山歌《等着你》参加了原文化部群文类政府最高奖第十六届"群星奖"决赛评选……

翻开兴国山歌的"成绩册"，堪称硕果累累。兴国县立足兴国山歌的深厚基础，以精品创作为抓手，让非遗文化与时俱进、历久弥新。近几年来，兴国县运用市场化手段，筹资 200 万元由县委宣传部门和企业共同制作、出版发行兴国山歌专辑《情动哎呀嘞》，光碟包括经典山歌荟萃、兴国山歌知识讲解、兴国山歌名家教唱等内容，市场反响热烈。2011 年至 2018 年，兴国县还连续三届参加了原文化部群星奖大赛，多次组织山歌手参加国家级、省级相关比赛，获得不俗成绩。兴国县还先后投入 700 多万元，精心创排系列精品剧目，其中山歌情景剧《老镜子》，在中国（张家港）戏剧艺术节荣获优秀剧目奖和第十届江西玉茗花戏剧节优秀剧目奖。

作为地方文化的代表，兴国山歌具有先进文化和优势产业的双重属性。兴国县在兴国山歌的传承发展中，始终以保护和传承为立足点，以发展和创新为着眼点，以服务经济和社会发展为最终目标，进而明确提出了兴国山歌品牌立县战略。

兴国县多措并举推进兴国山歌品牌打造，成立了县领导挂帅的组织机构，专门出台品牌打造建设规划；积极探索兴国山歌创新和发展路子，运用现代化手段进行包装，让兴国山歌走向全国；以"兴国山歌艺术节"的举办为契机推进兴国山歌的传承发展；县财政每年预算出专门资金，作为兴国山歌品牌建设的经费；全方位多管齐下发展壮大山歌团体和人才队伍。目前，兴国县通过兴国山歌艺术节的成功举办，将山歌文化、服饰文化、饮食文化、旅游与经贸活动进行了有机融合，丰富多彩的文化艺术活动和广泛的群众参与，不仅极大地丰富了兴国人民的文化生活和节日活动，还带动了旅游及相关产业的快速发展。

2018 年国庆节期间，兴国县举办第十一届中国民间艺术节暨第十四届中国民间文艺山花奖·优秀民间艺术表演（民歌）初评、第十届兴国山歌艺术节、第二届"四星望月"美食旅游节活动。

三、定南瑞狮

（一）发展现状

1932 年，张康承（1880～1959 年）正式接任瑞狮第四代传承人的位置后，不负重托，苦心钻研，对已有 1700 多年发展历程的瑞狮，在前人的基础上进行了提炼，提出了瑞狮"四大类"表演形式与"七项规矩"的思想内涵，使瑞狮表演更通俗化、规范化，且日趋完善与成熟，使其华丽转身，成为客家文化中一朵璀璨的奇葩。"四大类型"与"七项规矩"让瑞狮活动更深入人心。凡有喜庆之事，客家人必请瑞狮前去祝贺，瑞狮完全融入了客家人的日常生活，足迹遍布定南及周边县乡的山山水水。

在千百年的跋涉与积淀中，客家人以独特的智慧创造了瑞狮这永恒的精神家园，塑造了"自信、坚定、睿智、果断、勇气"的瑞狮精神，为星汉灿烂的客家文化书写了一个又一个传奇佳话。

1949年，张康承师傅与定南人民一道迎来了中华人民共和国成立。中华人民共和国的曙光照亮了瑞狮之乡定南的千山万水，翻身得解放的客家儿女犹如沐浴着春风，把对党对祖国的感情化作吉祥的瑞狮来歌唱，唱响了一首首欢乐的建设之歌。

据《定南县志》记载，1949年8月21日，定南解放。1949年9月1日定南解放部队粤赣湘边纵队东江第二支队六团、三南武工队、解放军第四野战军四十八军一四三师四二七团各部队官兵与定南群众3000多人，在定南县城举行会师晚会，砂头、金鸡两村瑞狮队30余人为解放定南会师部队官兵进行了隆重的表演，他们表演的《瑞狮心向解放军》，以精湛的技艺风采，赢得了部队官兵的阵阵喝彩，叹为观止。1949年10月，为庆祝"二五减租""月利减半"活动取得成功以及定南县政府召开第一次农民代表大会，76个乡农协均派瑞狮表演，上演了百头金狮庆解放，农民翻身当主人的盛大舞狮庆贺活动，精彩绝伦、扣人心弦的表演轰动全县，振奋了全县人民对建设新社会的激情和信心，在全县一时传为佳话。之后为建设新家园，鼓舞人心，陆续参加了许多的庆祝表演，瑞狮以其美丽的英姿献上了一份份珍贵的礼仪和祝福。1950年5月，定南县第一次妇女代表大会召开；1951年5月，定南第一次工人代表大会召开；1951~1957年，开通区乡邮路526千米以及汽车站、松香厂、铁具厂、加工米厂、炼铁厂、服装厂、木器厂、砖石厂、五金厂、百货公司、印刷厂、食品公司、雨伞厂、农机厂、造纸厂、大众食堂等相续成立，定南瑞狮近百支队伍纷纷亮相，为家乡的建设事业鼓劲加油、摇旗呐喊，进行了最隆重的庆祝表演，得到了广大群众的广泛赞誉和爱戴。

中华人民共和国第二个五年计划伊始，张经高因在赣南采茶歌舞团工作的有利条件，结合赣南采茶歌舞的艺术特点，对瑞狮进行了继承、发展、创新、提高，把舞蹈动作、武术动作、杂技表演、赣南地方戏、服饰装扮等有关元素融入了瑞狮的表演中，根据狮子在山、岭、岩、谷、溪、涧、水、桥、洞等地方的生活状态，创作出了"双狮戏球""狮子上金山""狮子拜寿""刀尖狮技""狮游梅花桩""狮子过天桥""金狮雄风""狮子迎春""狮乡之夜""百狮啸林"等舞狮节目，让定南瑞狮"高、难、惊、险、奇、美、诙、喜"的生动形象得到了淋漓尽致的表现，使瑞狮成了定南的符号，成了赣南客家文化的标记和象征。

第六代瑞狮传承人了张经耀16岁正式拜师学习瑞狮技艺，20多岁就成了当地瑞狮队的领头人。接手瑞狮传承人位置后，在地方政府的积极传播推广下，"定南瑞狮"逐渐成为定南对外文化交流的一张名片。迄今为止，张经耀的徒弟达五六百人，演出足迹遍布江西、广东、福建等地。2008 年 5 月，定南瑞狮入选"江西省第二批非物质文化遗产项目"，也是该县首个省级非遗项目。2011 年 10月 18 日，《中共中央关于深化文化体制改革推动社会主义文化大发展大繁荣若干重大问题的决定》出台，习近平同志有关《文化自信，建设社会主义强国》一系列重要论述，都把文化传承发展摆在了国家战略的重要位置。定南迎来了文化发展的春天，瑞狮也走进了繁荣发展的岁月。

（二）相关做法

定南县委、县政府对文化与瑞狮工作的发展高度重视，成立了定南瑞狮传承发展领导小组，在县文化主管部门设立办公室，县文化馆具体实施一系列有力措施，逐步使定南瑞狮走上了一条良性发展之路，让定南瑞狮这一古老的客家文化重焕生机，蓬勃发展。

定南县文化部门聘请江西省非物质文化遗产传承人张经耀等舞狮艺人积极组织瑞狮队，开展培训班，10 多年来，已培训了桥水、龙下、山下、和顺、观音井、太公、恩荣、良富、九曲度假村、职中、一小、二小、三小、三中、实验学校以及细坳、和平、龙南、安远等县内外 30 多支瑞狮队伍、600 多位瑞狮队员。瑞狮队伍不断壮大，影响日益广泛，得到了广大客家宗亲和社会各界的认同与赞誉，取得了良好的社会效果。2008 年 5 月，定南瑞狮被评为江西省非物质文化遗产项目。如今瑞狮涅槃新生，正冲刺申报国家级非遗项目，迎来了它的腾飞与灿烂辉煌，将翻开瑞狮之乡的时代新篇章。

定南县财政拨款 300 多万元开展中小学校瑞狮的传授与训练，重点培养了 10多个瑞狮传承村，扶持了 20 多个民间业余瑞狮队，定南县职业中等专业学校被江西省评为瑞狮传承基地，使瑞狮的传承发展得到了加强和保障，并取得了明显的成效。定南瑞狮参加各项活动 100 多场次，获得了社会各界的一致好评，知名度广为传播，声誉度进一步提升，奏响了一曲曲"锣鼓响瑞狮舞吉祥，人欢笑金狮迎盛世"的动人赞歌。

为积极拓展社会各界参与非物质文化遗产事业建设的渠道，发挥社会各界在文化传承创新中的基础性作用，促进非物质文化遗产保护与传承，江西省文化和旅游厅开展了 2019~2021 年度省非物质文化遗产生产性保护示范基地、研究基地、传承基地和传播基地的申报工作。其中，定南县职业中等专业学校成为定南瑞狮传承基地。定南县地处江西南部，被称为江西的南大门，总人口约 21 万的小县，依托以"崇德精技"为办学目标的定南县职业中等专业学校（江西省重点职业学校），实现了县域未达高中录取生 90% 以上学生入学职业教育的目标，在为县内外经济发展培养大批实用型人才的基础上，将客家民俗文化植入职教文化中，走出了一条职业教育的内涵式发展之路。

（三）主要成效

定南县于 2016 年将定南县职业中等专业学校设立为"非物质文化遗产传承基地"，为定南县省级非遗项目"定南瑞狮舞"文化艺术活动的弘扬、传承、研究、保护、推广与开展搭建了平台。被列为"江西省第二批非物质文化遗产项目"的定南瑞狮，属于客家民俗文化，是定南县具有代表性的民间传统文化艺术之一，深深根植于民间，每逢年节、喜事庆典时，家家户户都盼望瑞狮登门送瑞纳祥。它源于客家先民南迁带来的北方舞狮，其造型及舞蹈动作取南狮、北狮之长，崇尚客家奋发进取、和谐包容的文化理念，融南狮、北狮和客家艺术于一炉，形成了独具特色的艺术形态和文化内涵。

2016 年，定南县职业中等专业学校被列为"定南瑞狮传承基地"后，专门成立了有 60 余名队员的客家舞龙瑞狮社团，聘请社会上专业人士进行技艺传授，积极开展"新时代客家文化在中等职业学校文化育人工作中作用"的课题研究，承担了定南县省级非遗项目"定南瑞狮舞"文化艺术活动的弘扬、传承、推广工作，开设了定南瑞狮文化传习班等社团活动，为定南瑞狮的传承、保护、发展奠定了坚实基础，激发了职业学校办学活力，成为职业教育传承民俗文化的一张亮丽名片。

学校在崇德楼一楼建立了瑞狮传承基地展厅，购买了瑞狮训练道具，开展了瑞狮传习班的常态化教学与训练，从教师队伍中选拔、培养了瑞狮训练教练，聘请了民间艺人导师，分梯队组织了瑞狮传习社团。该社团除了平时的训练外，还承接县级以上的各类庆典表演活动，既传承了客家民俗文化，又丰富了职业教育学校学生的生活，还提升了学校的社会声誉和办学品位，获得了社会各界的好评。

2019 年 10 月 1 日，中华人民共和国 70 周年华诞庆典大会在北京天安门举行，定南瑞狮队代表江西省光荣地参加献礼表演，获得圆满成功，得到了国家领导人和有关部门的高度赞扬，得到了亿万观众的深情赞美。

市委常委、宣传部长彭业明表示，希望定南瑞狮今后成为赣州非物质文化遗产、赣南苏区形象展示的一张亮丽名片，成为赣南人民宣传新时代中国特色社会主义思想、宣传党的方针政策、宣传文明实践的重要方式方法。同时，勉励定南瑞狮在市委市政府和定南县委县政府的领导下，更加提升其表演的专业性、艺术性和文化内涵，全方位展示定南瑞狮的风采，并祝愿定南瑞狮越办越好。

四、赣南围屋

（一）发展现状

客家围屋，又称围龙屋、围屋、客家围等，是中国客家文化中著名的特色民居建筑。赣南围屋产生于明末清初，如今尚存 600 余座，主要分布在龙南、定南、全南、信丰、安远、寻乌等地。对客家围屋有深入研究的赣州博物馆研究员万幼楠说，伴随生存环境的剧烈变迁，客家围屋建筑形式先后经历了创始期、成熟期、极端期和衰落期，围屋的营造技艺也发生了对应的显著变化。特别是在清朝末年至民国中期的极端期，战乱中的客家人为了保护自身以及家庭的安全，设计创建了这种防御力极强的城堡式民居建筑。

赣南客家围屋形态丰富多元，尺度变化跨度极大，有"国"字形、"口"字形、"回"字形和不规则形等多种形式，现存的围屋平面大多为"国字形围"和"口字形围"方形围屋，在建筑高度上，以两三层居多，选址多位于盆地中央。

龙南客家围屋众多，分布着 376 座各具特色的客家围屋，基本涵盖了客家围屋所有的建筑样式，因数量之多、规模之大、风格之全、保存之完好，均为全国之最，龙南被誉为"中国围屋之乡"。

龙南客家围屋因在形制上的别具一格，在防御体系的独具匠心，在构造艺术方面的超凡脱俗，成为当之无愧的、不可多得的中国传统文化瑰宝。2014 年，赣南围屋营造技艺被列为第四批国家级非物质文化遗产代表性项目名录。

特殊的地理方位、特殊的人文环境，使赣南客家围屋在防御功能、建筑材料、建筑结构、建造技术等方面更是独具特色。张贤忠说，围屋建筑中的设计理念，除了普遍具有的基本生活功能设计外，更突出地反映在宗亲一家的向心设计、安全防卫设计、祈求兴旺发达的风水设计等美学设计，融合了人与自然、天人合一的理念追求。

围屋是客家人独有的建筑形式，其中蕴含了深厚的客家文化底蕴。所谓客家围屋，其建筑样式用高大厚实的外墙将村落包裹起来，并设立相应的防御工事，从而达到防止匪徒入侵村落的功能。据全国第三次文物普查显示，在赣南现存的600 多座客家围屋中，龙南市拥有 376 座，其中关西新围和杨村燕翼围是全国重点文物保护单位。2007 年，龙南县（今龙南市）被评为"拥有客家围屋最多的县"。

有学者曾经表示，"围子"作为一种独特的、大规模防御性居住建筑群，在世界民居建筑史上的确是一大奇观。客家围屋不仅结构奇巧、布局合理，更重要的是，其文化内涵丰富，从建筑风格到民风民俗，处处展示了客家的人文历史。

龙南市加大对现存围屋的保护维修力度，通过开展全市围屋普查分级，对确定为保护对象的围屋予以公布，并建立记录档案，对号入座制定保护措施，做到一个保护对象有一个记录档案和一项保护措施。同时还安排专项资金，按计划分阶段维修有代表性的围屋。

2012年9月，赣州市正式启动了赣南客家围屋申报世界文化遗产工作，将全市15座客家围屋进行捆绑申报。赣南客家围屋申报世界文化遗产成功，意味着一个世界级文化品牌的诞生，赣州特别是龙南将获得走向世界的"通行证"，极大地提高赣州市作为"客家摇篮"在国际国内的知名度。为了推动申遗工作，龙南加大了对现存围屋的保护与管理力度，通过开展围屋普查，对围屋进行分类定级，一围一策建立记录档案及制定保护措施，从而实现对每一座围屋的个性化保姆式管理，同时安排专项资金分阶段对围屋进行保护修缮，在尽量保持原貌的情况下对围屋整体进行了加固。

2017年6月2日，江西省委、省政府召开2017年省、市、县三级重大项目推进动员大会，其中投资2亿元的龙南客家围屋文化旅游基础设施建设项目，列入今年赣州市169个重大项目之中。项目新建一条24米宽的马路，将国家AAAA级景区——关西围屋与外界的交通干线连通，并在景区内新建游客服务中心、停车场、游步道和湿地花海等。2017年10月，以关西围屋为核心的关西围屋景区以新的容颜喜迎四海宾朋。

关西围屋的开发保护，是赣州在文物本体保护的同时，注重"文化+旅游"的深度融合，着力发展客家围屋文化旅游产业的一个样板。近年来，我市积极探索围屋维修保护与开发利用新模式，既传承文脉留住乡愁，又合理利用，在利用中促进保护，实现围屋有效保护、永续利用。

（二）相关做法

1. 构筑多级联动保护机制

被誉为"东方的古罗马城堡""汉晋坞堡的活化石"的客家围屋，是客家文化重要的实物载体。伴随人们生活水平的提高和住户的外迁，散落在赣南大地上的一座座古围屋，由最初的喧嚣热闹逐渐冷清。

"保护老祖宗留下来的文化遗产，我们责无旁贷。"赣州市博物馆研究员万幼楠介绍说，2017年1月，赣州市文化广电新闻出版旅游局和赣州市博物馆联手对全市围屋现状开展了全面普查。赣州市出台《赣南客家围屋抢救性维修保护实施方案》，按照"不改变原状、最小干预、使用原材料、原工艺"的原则，计划三年内投入 60982.4 万元分批抢修围屋。

保护围屋，健全保护机制是保障。被誉为"中国围屋之乡"的龙南，不仅成立了专门的文物局，而且 2017 年成立了围屋管理所，负责龙南围屋的综合保护和利用，加强对围屋不定期的管理监督和安全检查，形成多级联动的共管机制。

保护围屋及其所在传统村落，除了政府支持，更要激活民间力量，调动村民的参与热情。龙南在探索完善围屋保护利用的管理运行机制时，不断强化当地村民对围屋保护利用的参与权，逐渐实现当地村民的自主管理和围屋的可持续发展。同时，积极营造围屋保护利用的良好社会氛围，制定村规民约，成立义务联防小分队，健全县、乡、村、组四级保护网络。

2. 依靠市场运作有序开发

围屋是不可复制的珍贵文化遗产，合理开发也是保护围屋的一种选择。和多数客家围屋一样，位于全南县大吉山镇大岳村的江东围，虽然围屋里的住户大部分已迁到外面另建新居，但是围屋的产权还在农民手里，围屋内的祖祠属于农民集体所有。针对这一现状，大吉山镇人民政府以市场理念规范运作，主动融入周边重点旅游景区，打造"一围一品"。

在江东围后期保护开发利用过程中，围屋管理理事会成立江东围股份制旅游开发合作社，将合作社分成围屋所在村民小组所有的集体股、围屋农民的个人股、企业投资开发股和政府部门投入股四部分，并明确企业、村民小组集体、政府和村民按照一定的比例参与收益分红，并提留一定的围屋保护开发利用基金。全南县旅游发展委员会主任袁世频说："集体股加上个人股，围屋农民成为围屋旅游开发的最大股东和受益者，围屋保护开发利用基金又能保证围屋可持续利用。"

合作社以全南县发展壮大现代旅游业为契机，主动融入南迳温泉旅游带、兆坑光明寺及小溪生态休闲旅游带、大岳笔架山森林旅游景区中，以围屋特色旅游为卖点，积极争取与这些重点景区的龙头旅游企业签订加盟协议，通过围屋旅游外包获得一定的收入，使当地农民在围屋开发中受益。

3. 打造文化旅游精品线路

借全国打造文化旅游的大势，龙南、定南、安远等整合有效资源，以围屋为基地，深入发掘客家文化内涵，提升围屋文化品位，以文化吸引游客，用旅游带动围屋走向大众。近年来，龙南对城区至关西镇的"龙关线"、武当镇至杨村镇的"横黄线"两条交通线上有代表性的围屋进行科学开发，形成了"建筑文化关西新围—宗祠文化西昌围—生产队文化佛仔围—酒文化渔仔潭围—农耕文化隘背围—官宦文化栗园围"这一异彩纷呈的围屋旅游精品线路；2016 年 9 月，定南打造东南线、西南线和城北线三条文化旅游线路，将太公八角围、衍庆楼围、九曲新围、虎型围等镶嵌其中。在赣南居住人口最多的方形围屋——东生围，安远县将东生围围屋群打造成国家 AAAA 级景区，让更多游客走进客家围屋，感受先人智慧。

张贤忠说："围屋的保护，既要外显于形的实物建筑，更需客家文化的浸润与滋养。"为了让围屋"复活"，龙南从 2008 年起开展了系列客家文化年活动，重点实施围屋文化灵魂、文化基础、文化活动、宣传推介、文化产业五大工程，开展了客家书画大赛、客家民俗摄影大赛、客家美食节、中国客家围屋形象大使选拔赛、中国客家围屋文化旅游节等丰富多彩的活动。"这些活动将从前静默于山间的客家围屋，推向了大众视野，大大提升了客家围屋的知名度和美誉度，保护和传承了客家文化。"

每逢节假日，位于赣县区的江西客家博物院的围屋内游人如织。很多游客在围屋前合影留念，客居广东梅州的范树仁老人就是其中一位。对家乡有特殊情怀的他，每次回来总要到围屋看看。因为站在围屋前，不仅能感受到先祖南迁于此生存扎根的艰辛，还有开辟疆土、艰苦创业、坚韧不拔的客家精神。老人感慨地说："围屋，对于我们这些在外的游子来说，既是魂牵梦绕的美丽乡愁，更是我们的精神家园，它激励着我们奋勇向前，积极进取。"

经历数百年风吹雨打，客家围屋在保护利用的时代洪流中傲然挺立，且行且歌，焕发新生机。

（三）主要成效

为更好地传承赣南围屋营造技艺，龙南制订了赣南围屋营造技艺保护计划，建立了赣南围屋营造技艺传习所展示馆，申报了一批国家、省、市级代表性传承人。王琼告诉记者，2018 年 1 月龙南还选派李明华到北京大学参加了由原文化部组织的非遗传承人高级研修班培训。下一步，龙南将进一步加大赣南围屋营造技艺的保护与传承力度，扩大宣传面，举办进校园、进社区、进景区展演活动，动员全民参与，使全民认知、熟知这一传统技艺。

围屋文化是客家人的精神家园，是看得见的乡愁。乘着苏区振兴发展的春风，赣南客家围屋迎来了新的发展机遇。

赣南市努力创新围屋管理开发模式，逐渐探索出一条保护与开发并重、文化与旅游相融的围屋保护、发展新路。

自 2017 年起，赣州正式实施赣南围屋抢救性保护维修工程，计划用 3 年时间完成全市 113 处围屋的修缮工作。

2018 年，赣州市又有 44 处客家围屋列入维修计划。像李明华这样心怀匠心大爱的坚守者，主动加入这项抢救性保护工程中，尽心尽力，修复如旧，力求恢复原貌，重现客家围屋辉煌。

赣州市着力创新围屋管理开发模式，逐渐探索出一条保护与开发并重、文化与旅游相融的围屋保护、发展新路，传承文脉、留住乡愁，实现围屋有效保护、永续利用。推出《赣南围屋抢救性保护维修实施方案》，计划用 3 年时间投入近 5 亿元对 113 处赣南客家围屋进行抢救性维修保护。"中国围屋之乡"龙南依托围屋文化，着力打造"一围一品"，推出客家围屋精品旅游线路，将别具特色的客家小戏等客家民俗表演及非遗展示融入景区景点，昂起客家文化旅游"龙头"。

为抓好落实赣州市打造良好文化生态、营造围屋保护利用的良好社会氛围，加大围屋文化挖掘和宣传推介，制定鼓励社会力量参与文物保护的政策措施，吸引民间资金修缮围屋；注重激活民间力量，群策群力，健全县、乡、村、组四级保护网络，并积极探索围屋维修保护与开发利用新模式，调动当地村民参与围屋保护利用的热情，逐渐实现围屋有效保护、永续利用。龙南新成立围屋管理所，负责全县围屋的综合保护和利用，加强对围屋不定期的管理监督和安全检查，形成多级联动的共管机制。《赣南客家围屋保护条例》的实施，有利于客家围屋的保护传承和合理利用，将进一步擦亮赣州"客家摇篮"文化名片。该条例规定建立赣南客家围屋保护名录，按照客家围屋的现状和价值分三类实施保护，在保护措施上，根据客家围屋的类别，设置了不同级别的保护措施。

2017 年赣州市维修 28 处赣南客家围屋，2018 年维修 44 处，2019 年维修 41 处。主要维修的围屋分布在龙南、全南、定南、安远、寻乌等。截至 2019 年，已有一批围屋修缮完工，以崭新面貌呈现在游人面前；一批围屋的修缮工作正在进行。

五、长征源合唱团

（一）发展现状

长征源合唱团成立于 2010 年。10 年来，该合唱团始终以"激活红色基因、传承红色文化、弘扬长征精神"为宗旨，主打歌曲为红色经典《长征组歌》。演出以诗歌朗诵为序曲，依次表演《告别》《突破封锁线》《遵义会议放光辉》《四渡赤水出奇兵》《飞越大渡河》《过雪山草地》《到吴起镇》《祝捷》《报喜》《大会师》10 首歌曲，演绎长征途中发生的 10 个战斗生活场面。

在当年红军集结出发长征的这块土地上，人们对长征、对红军、对长征精神有着特殊的情感。《长征组歌》《红军渡长征源》等是这里家喻户晓的旋律。尤其对于红军后代来说，每一个人都能讲述关于革命先辈的故事。源于长征情结，2010 年 11 月，160 多名"红军后代"走到了一起，成立了于都长征源合唱团。

2019 年 5 月，习近平总书记视察江西赣州时，长征源合唱团承诺以完成 500 场《长征组歌》巡演致敬建党百年。为回报习近平总书记的深情大爱，尽管时间紧、任务重，长征源合唱团创新巡演形式、转换巡演阵地、壮大巡演队伍，倾情演绎，把长征和长征背后的故事讲给更多人听。

（二）相关做法

长征源合唱团团员以饱满的情感、坚定的信念，每个月至少要为各级干部群众演出两场《长征组歌》。团员以深刻凝练的语言、优美动人的曲调、浓郁的民族风格和为群众喜闻乐见的艺术表演形式，淋漓尽致地展现了 80 多年前那场动人心魄的送别。

自合唱团 2010 年成立以来，为弘扬长征精神、播撒红色种子，以及传承革命理想，无论是高雅的音乐殿堂，还是大中小学、乡镇村落，他们的足迹遍及大半个中国。走进广场、社区，深入学校、军营，把红色的历史、长征的故事向大家讲述，在传承红色基因、弘扬长征精神的路上初心不改，砥砺前行；合唱团沿着先辈的足迹，在全国巡演，广东、广西、贵州、宁夏、甘肃、陕西等长征沿线重要纪念地都留下了他们的足迹。团员们铭记习近平总书记嘱托，全方位提升素质，高质量完成好每一场巡演，在唱中悟、在悟中唱，只为让发自长征出发地人民深情的歌声响遍长征路，在传承红色基因、弘扬长征精神的路上越走越有力，越唱越昂扬。

合唱团紧跟步伐，用真情歌唱长征，用灵魂演绎壮举，积极响应县委县政府号召。坚持在内学习，接受红色文化教育，多次组织团员们前往湘江烈士纪念馆、广东仁化长征粤北纪念馆等地参观学习，坚定自己的信仰；坚持对外宣传，传播红色文化精神，每周日进行《长征组歌》演出，带动全县干部群众一齐接受红色文化教育，感悟革命先烈和革命先辈的革命理想，继承和发扬伟大的长征精神，汇聚干事创业强大合力，传承红色精神。

（三）主要成效

2019 年 5 月 20 日，习近平同志来赣州视察，对长征源合唱团在中国共产党成立百年时完成 500 场以上《长征组歌》巡演的目标表示充分肯定，并亲切关心合唱团的成长发展，寄予殷切期望。

"我们已经完成 440 多场演出了，计划到建党百年的时候，我们能完成 520 场演出。"袁尚贵告诉记者，520 场只是一个数字上的概念，他只希望能够一直唱下去，并且希望他们的每一处足迹都能给当地带来一场传承红色基因、弘扬长征精神的热潮。

一直唱下去，这也是长征源合唱团全体成员的共同心声。邹伟民告诉记者，为更好地弘扬长征精神，他们丰富了表演形式，将讲述、舞蹈、歌唱等融为一体，更加直观、形象地将长征故事展现给观众，让更多的人受到长征精神的熏陶和激励。

10 多年来，该合唱团团员们不怕困难，冒酷暑、战严寒，进社区、下基层、入高校、进军营、登中央广电总台开展公益演出，足迹遍及赣州周边县市以及北京、上海、广东、山东、陕西、贵州、福建等地。该合唱团获得了原文化部颁发的"百鸣杯"奖、"全国文化系统先进集体"、全国"三八红旗集体"等国家级荣誉奖项，多次在省里合唱比赛中获奖。

合唱团的团员们一直在唱中悟、在悟中唱，他们不忘初心，牢记"新长征，再出发"的号令，用歌声弘扬长征精神，让《长征组歌》这一世纪经典，永远飘扬，让红色基因绽放时代光芒……

如今，该合唱团已成为于都对外宣传的响亮名片、红色文化传播的轻骑兵、全国红色基因传承的典型案例。

第三节 赣南老区文化产业创新驱动典型案例

一、宋城文化旅游核心区

（一）相关做法

赣州城市开发投资集团（以下简称"赣州城投集团"）以 2020 年江西省旅游产业发展大会在赣州召开为契机，着力打造江南宋城历史文化旅游区，加快推进创建国家级 AAAA 旅游景区，让市民和游客有日赏宋城风情、夜观虔城风景、上看郁孤风华、下品古墙风韵的丰富旅游体验。

2020 年 4 月 15 日上午，赣南日报全媒体记者在江南宋城历史文化旅游区郁孤台生态停车场看到，工人们正在赣州城投集团党员突击队的指导下有序作业，各种机械设备开足马力施工。据赣州城投集团党员突击队队员介绍，4 月 15 日，当天正在施工沥青路面、树木与灌木种植等工作，在 4 月下旬投入使用。该停车场占地面积约 9000 平方米、绿化面积达 3000 平方米，其中设置旅游大巴停车位 11 个、小车位 69 个、非机动车区 600 平方米，在确保有效缓解游客停车难问题的同时，还为赣州七中设置了接送学生车辆专用停放场地。

2020 年，赣州市以郁孤台景区、古城墙、八境公园、龟角尾公园等区域为核心创建，福寿沟博物馆、魏家大院为外围拓展区，把江南宋城历史文化旅游区创建成为国家 AAAA 级旅游景区，着力打造宋城文化旅游核心区，助力全市加快建设革命老区高质量发展示范区。

根据江南宋城历史文化旅游区创建国家 AAAA 级景区的标准，赣州城投集团从旅游交通、游客中心、公共卫生间、景区卫生、VI 系统、智慧旅游、购物场所、景观风貌等方面细化落实措施，对郁孤台历史文化旅游区原有的硬件设施进行高质量换挡升级。

如今，站在宋城墙上，放眼望去，整片花园塘提升后的园林绿化景观形成了"一池塘一石桥一假山一公园"的特色景中景。根据规划，整个郁孤台历史文化旅游区在不进行大拆大建的前提下，对面积约 1.7 万平方米的绿化区进行"改""修""增""换""遮"五大策略提升整体环境，以军门楼、区内多处园中园为重点，形成一门户、一轴线、多节点的景观结构，将郁孤台、古城墙等特色景点形成串联，一片更加迷人的生态宋城范儿十足，让游客们沉浸在一座品质古城的美景中，迷醉忘归，流连忘返。

项目建设在哪里，赣州城投集团基层党组织的党旗就飘扬在哪里。在"党建+江南宋城项目推进"专项攻坚中，赣州城投集团实施组建一个临时党支部、打造一个"党建+品牌"、打造一支党员突击队、形成一份作战地图等基层党建提升工程"5+5"专项行动计划，引导党员守初心、担使命，处处发挥先锋模范作用，带动项目一线人员撸起袖子加油干，争做标杆，保持担当实干、敬业奉献的良好氛围。党员突击队在确保安全、质量的前提下，带领项目参建各方凝聚合力，高质量、高标准推进江南宋城历史文化旅游区创建国家 AAAA 级景区各项工作，努力打造党建融合的精品项目工程。

（二）主要成效

从贡江千年古浮桥望过去，八境台雄伟壮丽，巍然耸立。换上新装的郁孤台街区，再现宋城繁华，引来如织游人。千年福寿沟博物馆落成，还原古代地下排水系统建造技艺、科学原理，向世人展示千年不朽的"城市良心"。"江南第一石窟"通天岩外，赣州方特东方欲晓乐园即将建成开园，有望成为新的网红打卡地、旅游目的地。

文化是旅游的灵魂，旅游是文化的载体。近年来，赣州以前所未有的气魄和速度，全力打造宋城文化旅游核心区，擦亮"江南宋城"这张旅游名片。一批文化产业重点项目陆续铺开，一批发展后劲很强的项目签约落地，赣州旅游产业发展势头迅猛。

修缮一新的魏家大院，是赣州市现存最大的清代家族民居建筑群，精美的木构窗花、封火山墙、屋檐雕饰，体现了建筑营造的精湛工艺。赣南客家文化博物馆入驻其中，一个个民俗场景、一张张老照片、一件件老物件，展示着这座城市以及客家人深厚的文化底蕴和文化魅力。赣州方特东方欲晓乐园项目以1840年到21世纪初中华民族的复兴史为背景，将时间轴作为主线，把近代史上重大历史事件串联出9大主题区域、11个展馆。其中，革命年代区域将运用最新的AR技术，让游客戴上AR设备即可体验战争场景。中共中央华南分局扩大会议暨叶剑英住地旧址陈列馆布展工作全面完成，整个陈列馆分为"中共中央华南分局成立与赣州解放""中共中央华南分局赣州会议召开""进军广东解放广州"三个部分，多角度、多维度、全方位展示了那段让人铭记的峥嵘岁月。

作为宋城文化核心区的章贡区，还大力推进非遗、城市书屋进景区，郁孤台历史文化街区里的"客家竹雕""客家根雕""客家瓷画"传习馆门庭若市，龙川极地海洋世界、渔湾里美食街等景区溢满书香。七鲤古镇、赣州阳明文化公园、水西老街等一批重点文旅项目次第展开，一个个旅游景点宛如一颗颗明珠，在虔州城上闪闪发光、竞相争辉，成为赣州文旅产业转型升级、高质量发展的重要引擎。

为了促使资源优势持续转化为经济优势，赣州完善提升"食、住、行、游、购、娱"全域旅游六要素，打造渔湾里特色美食街、五龙美食小镇，引进了希尔顿欢朋、沃尔顿、中创沁庐等一批知名品牌连锁酒店，打造花田小镇、铜锣谷"森氧"、赣坊1969文创园香樟听泉等一批精品民宿，建成了杉杉奥特莱斯等旅游商业综合体。

游一日章贡，揽千年宋城。章贡区推出宋城情怀游、深度文化游、科普研学游、都市文创游、美丽乡村游 5 条精品旅游线路，串联核心景点。旅游业成为该区拉动经济增长的重要载体。

（三）经验启示

1. 挖掘资源塑造品牌

一座赣州城，整部宋代史。作为宋代三十六大城市之一，赣州城区境内荟萃了古城墙、古石窟、古窑址、古码头、古浮桥等宋代名胜古迹，被誉为"江南宋城""宋城博物馆"。

在"十三五"规划开局之年，赣州市委、市政府就提出立足自身文化禀赋，构建"一核三区"旅游大格局。"一核"即打造以章贡区、南康区、赣县为主体的宋城文化旅游核心区，发挥现有景观优势，将各景点串联起来，形成新的竞争优势；"三区"即重点发展东面以瑞金、兴国、于都、宁都、会昌为主体的红色旅游区，南面以龙南、定南、全南为主体的客家文化旅游区，西北面以上犹、崇义、大余为主体的生态休闲度假区。

深入挖掘"宋城博物馆"这一国家历史文化名城资源，以大项目带动大发展，是赣州市文旅高质量发展的独特路径。作为"一核"的核心区，章贡区根据江南宋城现有的自然生态与历史人文资源，高标准建设"江南宋城"历史文化旅游区，规划建设府衙文化展示区、郁孤台游憩区、传统商业休闲、文化创意体验区、八境公园观光区及福寿沟拓展区。立足丰富的宋城文化资源，以郁孤台、姚衙前、灶儿巷、南市街、慈姑岭五个历史文化街区，带动传统风貌街区新赣南路及文物保护单位所处的区域，全力打造"宋城文化旅游核心区"。

赣县区主动融入，积极配合抓好宋城文化旅游核心区建设，以客家文化城为龙头，加快建成客家摇篮核心区、城郊休闲旅游带、文化休闲旅游带、运动休闲旅游带、养生度假旅游带"一核四带"旅游发展格局。南康区按照"宋城文化旅游核心区"布局，建起了特色家居小镇、百家姓和谐城、南山文化旅游创意园等，加速旅游业发展。南康家居小镇打造了汉唐、明清古建和客家围屋，还原了具有赣南地方特色的"九井十八厅"建筑，搭建了 31 栋极具世界风情的五大洲组团木屋和 9 栋体现中国民族特色的风俗民居木屋，成为赣州行的亮丽风景线。赣州经开区、赣州蓉江新区以宋城文化核心区为龙头，加大文旅产业项目招商力度，引进"五彩城"花博园、运动休闲小镇、康华医养结合、新旅中书文旅城、"赣乡墟里"乡村文化旅游综合体等一批文旅项目。江南宋城历史文化旅游区、南康家居小镇景区成功入选国家 AAAA 级旅游景区，这些都是赣州文化旅游产业发展的样板。

2. 深度融合展现魅力

驰名中外的城市地下排水系统福寿沟修建于北宋时期，虽历经千年风雨，仍护卫城市至今，被誉为千年不朽的"城市良心"。如何让深埋地下的福寿沟见之于世，更让它的历史价值、社会价值、科学价值和人文价值永续传承，成为赣州文旅融合迫切需要解决的重大课题。

"十三五"期间，赣州将福寿沟博物馆作为重点文旅项目打造，在展陈上利用镜面、投影、结构、艺术装置等互动体验方式，真实还原福寿沟建造技艺、科学原理，对外展示"福寿溯源"的千年沧桑及福寿沟遗址实景，带给参观者一场"真实"的穿越之旅。章贡区文化广电新闻出版旅游局局长王金花表示，福寿沟博物馆的建成，为宋城文化游再添新景，为赣州、江西乃至全国文化旅游市场填补了一项空白。

同时，赣州加强文旅融合步伐，深入挖掘"宋城文化""客家文化""阳明文化""红色文化"资源，创新文化传播手段，不断提升城市文化品位，彰显宋城魅力。

3. 丰富业态擦亮名片

赣州市江南宋城历史文化旅游区郁孤台街区重启开市，以崭新的面貌迎接游客。身着古装的军士敲鼓，40余名身穿汉服人员同声宣布"开市"，厚重的军门楼大门缓缓打开，游客们鱼贯而入，领取《通关文牒》，感受千年宋城的魅力。

梦回宋朝街景、四贤坊外迎宾仕女、赣州十八坊特色美食、赣南风情坊、客家艺术坊、花园塘特色花雕、军门楼投影、田螺岭《郁孤台法帖》投影、全息立体激光水幕投影《爱莲说》……夜幕下的郁孤台街区，将文创、演艺、文化与商业融合，串起了宋城文化的精彩记忆，成为集历史人文体验、商旅融合为一体的夜间经济新集聚区。

沿着章江边的栈道，走进渔湾里美食街，艾米果、嗦粉、酱鸭、烤串……各种美食小吃让人流连忘返。如今，渔湾里美食街，已经成为风靡网络的打卡地，并成功入选2019年度江西省美食街。赣南客家美食城、客家大院、花园塘等一批客家美食旅游旗舰店宾客满堂，"一品宋城"十大餐饮评选实力较量。

二、瑞金市：国家 AAAA 级景区——"浴血瑞京"

昔日是矿山，如今是热门景区。在瑞金市沙洲坝镇洁源村，《浴血瑞京》项目把一座废弃矿山"满血复活"，裸露的山体在修复，零乱的矿场成景观，荒寂的山地车水马龙。赣南首个实景演艺项目的成功落户，让乡村实现了从工矿产业到文旅产业的华丽转身。

《浴血瑞京》项目用地曾经是两座废弃的矿山——昌隆采石场和金源采石场。这片山地是喀斯特地貌，海拔不高，但奇峰峻峭。至今附近有一座石山中藏着一处神秘地洞，吸引着人们前去游玩。据介绍，这片石山叫七堡山，山中有一种美丽的石头，叫方解石。清朝顺治年间，一个叫杨兆年的文人写过《石桃花源记》。据杨兆年记载，方解石"初采为图章，温润而泽；或制为砚，则不竭、不涩、不滑"。这位精通经史的书生喜欢以审美眼光欣赏这里的石头。有一次，他把一块半尺大的石头带回家中把玩，发现石头的花纹酷似"桃花源"。但天然的石山之美，最终被人类过度的开采活动变成一处处"伤口"。据瑞金县志记载，洁源村从宋代开始就有人架窑烧石灰。七堡山有五种矿石：石灰石、方解石、煤矸石、瓷土、标石。《石桃花源记》中所记的方解石，外表最艳丽，不论怎样敲击，结果都是方形，故而得名。七堡山曾经是石头的大舞台，石灰厂、水泥厂、采石场、采矿厂兴盛一时。十多年前，有福建客商来此投资开采方解石，制成的石粉可用于造纸、涂料、牙膏、荧光屏、晶体导管、玻璃等，每吨价格在500元以上。

经过40多年的无节制开采，矿山地表裸露、支离破碎、尘土飞扬，资源陷入枯竭，严重破坏了当地生态环境，村民纠纷不断，成为群众身边反映强烈的生态环境问题。2018年，瑞金市根据"绿水青山就是金山银山"的发展理念，依法关停了两座矿山。但让这些废弃的矿山恢复昔日"桃花源"的风景，村民从来不敢想象。

（一）相关做法

《浴血瑞京》看好废弃矿山的利用，是因为瑞金市摆出的三大"利诱"：一是前期投入少，二是地貌相吻合，三是进场开工快。

利用矿山不需要征地拆迁，不需要挖山刨土，当然最关键的是地貌相吻合：保留的石山是原生态的战争背景，开挖的大坑正好发展水上项目，山中小道正好打造成"重走长征路"……胸中有丘壑，矿山变"桃源"，在文创专家眼里，这座资源枯竭的破旧矿山，正好能全方位转化为姿态多端的景观。上海同济大学城市规划设计研究风景资源与旅游空间研究中心主任严国泰教授亲自修编景区规划，按照国家AAAA级景区标准，围绕增强游客体验性、参与性和互动性，配套打造了历史文化区、水上娱乐区、拓展体验区、重走长征路、野战区、射击区、露营区七大主题区。

经过规划打造，废弃矿山处处变废为宝。这里交通便利，公路边宽阔的荒地成为景区入口，建起了大型生态停车场、游客服务中心和多功能会议厅等，其中停车场可容纳小车 350 辆、大车 45 辆，多功能会议厅内有大小多个会议室。矿区保留完好的一座高山，重点开发打造了"重走长征路"体验项目。游客配上背包、枪支等装备，模拟敌人突袭、爆炸等场景，可以亲身体验爬雪山、过草地、跨独木桥、钻铁丝网、躲进防空洞等经历，同时设置了"林区讲堂"。

山体利用随物赋形，湖的开发更是现成。一个深达几十米的矿坑，被改造成为水域面积达 130 亩的景观湖和水上游乐区，深水区设置大型水幕投影、竹排；浅水区打造成青少年的戏水乐园，建设有"网红桥"等水上项目。沿湖依次是连廊、茶楼、贵宾接待室，供游客赏湖景和休息。两层的红军餐厅，可同时容纳 1000 人用餐，并为游客开发了红军餐。

大型实景演艺核心区域，则安排在小山和前面空地，看台设有 1000 多个观众席，根据需要可加座 500 个。表演场入口塑造了一面苏维埃共和国国旗，背面是演出剧情的介绍，供游客拍照留念。表演场右侧建筑是游客参与的道具房，每场演出中，游客可穿上军装、拿起枪炮参加战斗。下方的湖便利用原有自然条件，打造了"前赴后继"景观石。山下区域和其他地方还建有露营区、射击区、野战区，以及可容纳 100 辆房车的营地区。

经过一年多时间的施工，占地 0.367 平方千米的《浴血瑞京》项目初步建成。项目实施了山体修复、边坡加固、生态复绿、废石再利用等治理措施，对原废弃石场矿坑进行全面综合利用，全方位展现中央苏区革命时期战斗生产生活场景，并按照国家 AAAA 级景区和"无废景区"标准，打造成"无废城市"创建样板项目。

（二）主要成效

项目落户所在地洁源村，境内石灰石资源丰富，以"洁白的致富资源"寓意取名为洁源村。石灰石的开采固然解决了就业问题，但当地村民并没有盼来"洁白"的日子，而是不得不承受环境被破坏的代价。

2012 年《国务院关于支持赣南等原中央苏区振兴发展的若干意见》出台后，该村大力推进产业转型和村庄整治，发展了大棚果蔬 410 多亩、花卉苗木 300 多亩，还投资了集生态农场认购、观光、垂钓、采摘、体验和会议会展、餐饮住宿服务于一体的生态乡村旅游。吃上旅游饭，告别老矿山，《浴血瑞京》项目的落户，更加坚定了村民寻找"洁净之源"的信心。

"说实话，如果不是亲眼所见，我真不敢相信，这么热闹的一个景区原来却是一座废弃的矿山。"从广州自驾来瑞金游玩的梁先生，亲身体验了一番"当兵打仗"后，连连称赞。采访当天，虽不是节假日，但景区内人声鼎沸，参与《浴血瑞京》演出的演员们正在紧张进行演艺项目"复排"。洁源村下新屋组村民欧阳小山就是其中一员，说起能当上群众演员，他难掩兴奋。欧阳小山的家就在景区边上，原来苦于难以就业，现在做梦也没想到可以当上演员，一边乐呵呵一边拿工资。据洁源村党支部书记欧阳远征介绍，村中现有 130 余人在景区当群众演员。

演艺项目落户洁源村，不仅改变了山水环境，还改变了当地群众的生活。为把项目做成旅游扶贫项目，景区充分挖掘和创造就业岗位，吸收周边群众特别是困难群众参与节目演出、景区管理、服务和劳动，截至 2020 年解决了 300 多名当地群众的就业问题。以此为契机，还带动当地群众发展观光农业、特色餐饮和民宿等配套产业。该项目花重金聘请了电视连续剧《亮剑》的总导演张前亲自操刀、倾力打造。为让剧本更接地气，还聘请了赣州和瑞金本地的编剧、编导和历史专家一起参与，特别是在演员挑选方面，除面向全国挑选 20 多名特型演员之外，还招聘了大批群众演员，设计了适合当地群众就业的项目。

苏区革命时期仅千余人的洁源村就有 186 人参加红军和苏维埃政府工作，支红支前人员有 400 多人，105 人为革命牺牲，被中央苏区授予"扩红模范"光荣称号。家家有红军，户户有烈士，欧阳氏"七个儿郎当红军"的真实故事至今流传，苏区时期的洁源村举全村之力，支撑着年轻的苏维埃共和国。"林中讲堂"环节的设计，就是让当地群众给游客讲述当年的红军故事。

《浴血瑞京》项目落户既适应"地利"，又顺应"天时"。近年来，瑞金红色培训迅速发展，利用废弃矿山、工厂、荒地快速改造文旅项目不但形成共识，而且此前已有先例。同样落户于沙洲坝的红源记忆，就是利用废弃厂房改造成培训基地、车间变红军餐厅、办公室变旅馆、后院变培训拓展项目基地。沙洲坝的河道荒滩结合河道整治项目，改造成了花海和果蔬种植基地。加上沙洲坝丰富的革命旧址群落，《浴血瑞京》项目既是锦上添花，又是雪中送炭，将进一步丰富瑞金红色培训、红色研学、实景党课，延长游客逗留时间，补齐"夜游"短板。此外，紧邻《浴血瑞京》项目有一座废弃石灰厂，正在引进文创项目，欲将厂房全部转化利用为艺术创作基地。

石山再现"桃花源"。据悉，为进一步改善《浴血瑞京》项目的生态风貌，投资方目前已向福建定购了 300 万元绿化苗木，用于环境美化。一座废弃矿山，将成为瑞金乃至赣南又一个旅游胜地。

（三）经验启示

在瑞金市浴血瑞京景区内，有的游客手拿"枪支弹药"，投入突袭敌军、炸毁敌军阵地的"战斗"中；有的游客亲身体验爬雪山、过草地等红军长征途中的艰难险阻。

据了解，《浴血瑞京》是赣州首个红色实景演艺项目，也是全省唯一的大型实战实景演艺项目。《浴血瑞京》红色实景演艺项目利用废弃矿山，按照国家AAAAA级景区和无废景区标准打造，占地 0.367 平方千米，总投资 6 亿元，于2018 年 11 月开工建设，2019 年 12 月建成运营。项目列入了赣州市六大攻坚战和 2020 年江西省旅游产业发展大会重点项目。据介绍，浴血瑞京景区是以红色实景演艺为主体，融合了历史文化、山水实景和现代旅游等各项要素的综合性红色旅游项目。景区建有历史文化区、水上娱乐区、拓展体验区、重走长征路、野战区、射击区、露营区七大主题区，丰富了我市红色培训、红色研学、实景党课等旅游业态，对赣州市"一核三区"旅游产业布局、红色旅游、红色教育培训发展具有重要的促进和拉动作用。实景演艺则以瑞金的重大革命史实为基础，打造了《大柏地战斗》《苏维埃共和国成立》《长征出发》三大篇章，通过真枪实弹与现代声光电技术融合运用，生动再现革命战争年代硝烟弥漫的战斗场景、中华人民共和国治国理政的伟大预演、送郎当红军的感人故事，叙说着中国革命的壮丽征程、军民鱼水情和共产党人的初心使命。

（1）避免区域内同质化竞争。同质化的文化旅游演艺是不具特色的，对游客无法形成吸引力，所以旅游演艺的打造一定要避免区域内同质化竞争。以《井冈山》与《浴血瑞京》为例，两个地区的实景演艺都是地处江西，并且以红色文化为特色，所以发展过程中必须要避免同质化现象的发生，《浴血瑞京》的创作应以在瑞金真实发生的革命故事为主题，积极发展以自身地域文化为特色的创新作品。

（2）开发新客源，开拓新的市场。在努力深化江西红色旅游市场的同时积极开发全国旅游客源。从客观上来说，单一客源的旅游活动受各种因素的影响较大。在具有红色纪念意义的节日或者各种旅游旺季时，演出可能会场场爆满，但是日常的演出却无法保证有充足的客源。目前我国的红色旅游客源主要是由具有红色情怀的老一辈、公务员和青少年学生构成，他们的旅游动机也各不相同。对革命老区的深厚情感成为多数老一辈的旅游动机；政府机关和事业单位是为了能在工作上形成正确的价值观而进行红色旅游；学校帮助学生树立正确观念以及不忘历史使命是青少年学生的旅游动机。可见红色文化旅游的客源市场不仅是老一辈人的情结和当下政治教育的需要，而且在年龄层次等多方面在逐渐多元化。青少年逐步成为红色文化旅游的主力，是红色文化旅游的潜在客源。因此旅游演艺机构需要深化市场细分，开拓新的市场。

（3）重视营销宣传，充分利用多媒体形式。随着营销方式的转变，互联网成为宣传红色旅游演艺的最佳平台。现在的旅游景区都有自己的官方网站，这是游客了解景区概况的主要途径之一，需要工作人员管理运作并发布创意内容吸引游客。此外，红色旅游演艺的宣传更需要借助现在的新媒体手段，比如通过抖音、快手、微博、公众号、旅游 App 等多元化新平台进行宣传，并且为保证关注度与潜在客源，及时更新具有创意的动态，如演出片段、幕后花絮等。《浴血瑞京》此类红色演艺产品还可以借助影视媒体的作用，利用名人效应可以事半功倍。如可以通过邀请明星或网红到景区直播，邀请音乐人来演唱演艺中的红歌或者利用《浴血瑞京》的场地举办红歌会此类的比赛，通过媒体影响扩大红色旅游知名度，吸引观众。

（4）注重红色旅游演艺的衍生产品开发。衍生产品对旅游景区经济的推动作用不可小觑。旅游演艺机构可以为设计文创产品组建开发团队，依靠深厚的红色文化内涵，开发具有鲜明特色的文创产品。一方面可以满足游客对该旅游景区的"纪念品"需求，另一方面能够彰显瑞金的红色文化底蕴，推动景区的经济发展。演艺机构还应树立品牌和市场意识，设计出让人眼前一亮的 LOGO 或卡通形象，在演艺知名度和景区影响力方面会有重要的推动作用。此外，现在的 VR 虚拟技术逐渐兴起，VR 在旅游产业上也有了比较普遍的运用，《浴血瑞京》同样也可以跟紧时代的步伐，采用虚拟技术把演出中的革命故事"再现"，使游客有"身临其境"的互动从而提升其红色文化体验感。

（5）加强人员管理。无论是景区管理人员还是演员，对游客的工作态度和表演态度都在很大程度上影响演艺的效果和游客体验的好评度，好口碑的宣传对于潜在客源具有较大的影响力。不仅要加强管理，还需要通过外派学习或人才引进指导的方式，增强管理人员以及演员的能力和水平，使其更加专业化，有助于演艺的效果和宣传。

（6）完善自身建设，不断创新发展。自身的建设是旅游景区发展之根本，无论景区规划还是演出内容都需要保持不断地创新。《浴血瑞京》把一个废弃的矿厂打造成景色秀丽的大型旅游演艺项目，这是一个创新性的举措，只有不断地发现问题，大胆创新，才能往好的方向进步。如笔者在实地考察期间通过与群众的交谈得知，部分观众认为《浴血瑞京》在夜幕降临时灯光渲染得不够丰富，湖面、崖壁等未能充分利用起来，整体来看灯光比较单调。因此在景区建设上可以加强丰富的灯光渲染，从视觉上打造更高的层次。在大众的监督下完善自己，不断地创新，听到大家的声音，接受大家的建议。不论在线上或者线下，都可以面向大众做个简单的调查问卷，采纳有效的意见或建议，在自身建设发展中也彰显出吃苦耐劳的"红色精神"。

红色旅游演艺是文化与旅游相结合的产物，人们对精神生活追求的不断增长使文化成为旅游选择的关键因素。瑞金作为红色故都，其红色文化资源为打造独特的红色旅游品牌奠定了坚实的基础。如今，《浴血瑞京》正紧随文旅融合的大背景和机遇，不断地完善并创新，将红色历史、客家文化、绿色休闲融为一体打造出具有旺盛生命力的红色旅游演艺，通过红色文化旅游，扩大旅游演艺市场在江西旅游业中的影响力，打造好红色旅游新品牌。

三、瑞金市："无废城市"建设理念融入红色旅游全过程

为贯彻落实《国务院办公厅关于印发"无废城市"建设试点工作方案的通知》（国办发〔2018〕128号）要求，生态环境部组织各省（区、市）推荐"无废城市"候选城市，并会同相关部门筛选确定了"11+5"试点城市和地区。推进"无废城市"建设过程中，如何推动固体废物源头减量、资源化利用和无害化处理，促进城市绿色发展转型，提高城市生态环境质量等问题交流工作经验，探索工作模式。

瑞金是著名的红色故都、"共和国摇篮"、中央红军长征出发地，是全国爱国主义和革命传统教育基地，是中国红色旅游城市，因厚重的红色底蕴而被大家熟知。

瑞金以红色旅游为主的服务业对经济增长贡献突出。2019年，瑞金红色教育培训和研学突破50万人次，全市旅游总人数达1756万人次，比上年增长35.54%，旅游总收入101.7亿元，服务业增加值占GDP比重超50%。根据往年旅游人数预测，瑞金市2020年旅游总人数将突破2500万人次，但受新冠肺炎疫情影响，实际旅游人数为1227万人次。全市三星级以上宾馆17家（含四星级宾馆6家），红色培训教育机构62家。市内有革命遗址115处、全国重点文物保护单位36处[①]。瑞金中央革命根据地纪念馆是全国首批"国家一级博物馆"。瑞金

---

① 资料来源：《"无废城市"巡礼（65）｜瑞金市：发挥红色旅游优势，全方位打造"无废城市"建设理念宣传高地模式》，生态环境部官网。

共和国摇篮景区由叶坪、红井、二苏大、中华苏维埃纪念园组成。

红色旅游是瑞金的一块金字招牌，自 2019 年开展"无废城市"建设以来，以助力"无废城市"建设新长征从瑞金再出发为设计理念，将"无废城市"建设理念融入红色旅游全过程，提升游客、民众对"无废城市"建设的知晓度、参与度，推动"无废城市"建设从瑞金开始追根溯源，探索形成了"发挥红色旅游优势，全方位打造'无废城市'建设理念宣传高地"的宣传模式。

（一）相关做法

（1）大力引进无废红色旅游项目。瑞金市通过招商引资，引入社会资本 2.8 亿元。建设了全省首个大型红色实景实战演艺项目——"浴血瑞京"景区，该项目通过依托沙洲坝镇两座废弃石灰石矿坑现状，采取山体修复、边坡加固、生态复绿、废石再利用等系列措施进行无废化改造，搭建的实景演艺 3D 舞台重现了苏区时期党中央艰苦卓绝的战斗工作与生活场景，既实现了废弃矿山全部资源化利用，又将苏区精神植根到"无废城市"建设中，开创了"无废红色旅游+矿山修复"新路径，带动了周边农民就业增收。2020 年 6 月，该景区被评为国家 AAAA 级旅游景区。

除了浴血瑞京项目，瑞金市发挥"共和国摇篮"及苏区精神主要发源地的特殊优势，围绕打造"无废城市"宣传高地，将"无废城市"理念融入云石山体验园项目建设。该项目总投资 8816.6 万元，建设国家文化公园、长征纪念碑，开展重走长征路等活动，弘扬长征精神，打响文化品牌。项目在建设中始终坚持无废理念、无废元素，如以自然景观、村落作为天然景区不加围墙不做大型建设；4 个旅游厕所均采用装配式建筑，在源头减少建筑垃圾；游步道利用建筑余料为路基打造行军步道；利用自然山体喷涂环保仿石漆打造雪山景观等。项目建成以后，该地成为游客了解中央红军长征出发历史、缅怀革命烈士、弘扬红军长征精神、集观光游览与接受革命传统教育于一体的大型综合性景区。云石山重走长征路体验园开展的重走长征路活动，让人在追溯"无废理念"的根和源过程中感悟苏区精神和长征精神。

（2）提升改造红色景区。瑞金市将红色景区打造为"无废理念"宣传高地为目标，对红井景区、叶坪景区、二苏大景区等红色景区进行全方位软硬件升级；对中央革命根据地历史博物馆的陈列馆展区进行改展升级，再现苏区时期克勤克俭、厉行节约的精神，追溯"无废理念"的根和源。各景区根据实际情况，完善分类垃圾桶设置，对景区内的垃圾进行分类、废弃物回收再利用；通过将无废元素渗入景区显示屏、发放宣传单、讲解员的解说词以及培养红色小导游等多种方式提升游客对"无废城市"建设的知晓率；引导各景区内商家、店铺不免费提供一次性用品，推广使用可循环利用物品和旅游产品绿色包装，同时在旧址维修建设和消防安防设施建设中推广使用绿色材料、再生产品，着力将"无废景区"打造成传播无废理念的宣传高地。

在制度建设方面，成立了瑞金中央革命根据地纪念馆"无废城市"创建工作小组，制订了《瑞金中央革命根据地纪念馆创建"无废城市"实施方案》（瑞馆字〔2019〕53号），明确建设目标、主要任务和完成时间以及考核制度等，以红色旅游引领绿色生活，使各红色景区形成绿色低碳、文明健康的旅游模式。

（3）实施无废细胞工程。瑞金市充分考虑自身条件，以点带面，开展无废细胞工程创新，以游客接待量最大的瑞金宾馆、瑞金荣誉国际酒店、瑞金海亚国际酒店作为"无废宾馆"试点。在酒店大堂内外LED屏幕播放"无废城市"宣传标语、酒店大堂及房间醒目位置放置"无废城市"宣传手册和垃圾分类收集桶、酒店房间内提供可循环使用的洗漱用品、拖鞋等物品，提倡旅客减少一次性用品的使用，助推全社会形成绿色生活方式。

以瑞金宾馆为例，瑞金宾馆建于1958年，是为毛主席视察瑞金而建，素有江西的"钓鱼台国宾馆"之称，有客房170间，床位260张，成功接待了历任党和国家领导人及众多国内外知名人士，是瑞金市最主要的接待场所。瑞金宾馆在全市宾馆中率先开展垃圾分类试点，聘请瑞金市垃圾分类管理中心技术人员，对员工开展垃圾分类知识培训。宾馆在工作例会中，积极融入垃圾分类知识宣传。为营造生活垃圾分类宣传氛围，宾馆陆续制作宣传展板30余块，配置垃圾分类和减量工作宣传册300余本，在客房设置垃圾分类温馨提示293块，并利用LED屏等媒介播放垃圾分类歌曲和宣传片。为确保员工和宾客践行垃圾源头分类，宾馆大力推进分类设施配置，共设置一个垃圾分类收集亭，配置了240L分类垃圾桶25个，不锈钢两分类桶3组，大厅和走廊共配置两分类桶40组，客房共配置分类桶40组，客房共配置分类桶293组。宾馆客房的分类垃圾，会由各楼层保洁阿姨分类收集并投入宾馆的垃圾分类收集亭内。收集亭配置了一名垃圾分类督导员，每天确保一个小时上岗时间，对垃圾分类收集亭周边卫生做好保洁，并清洗垃圾分类收集桶，关注垃圾收运情况，关注各楼层分类情况，以便在工作例会上通报及推进各楼层分类工作。

（二）主要成效

按照规划，"浴血瑞京"景区每年预计旅游参观人数60万人次，可实现门票收入6000万元（但受新冠肺炎疫情影响，2020年"浴血瑞京"景区旅游参观人数仅 5 万多人次,实现门票总收入 500 多万元)。同时,"浴血瑞京"景区带动周边农民就业增收,平均每个农民年收入增加 2 万~3 万元。该模式具有以下优势:一是充分利用矿山废弃地或已有场地,节省占地,盘活土地资源;二是在矿山修复的同时打造红色旅游项目,节约治理成本,节省投资,实现价值二次提升,践行"绿水青山就是金山银山"理念;三是充分吸纳周边农村剩余劳动力,解决再就业问题,增加农民收入。

截至 2020 年底,4 家旅游景区成功创建"无废景区",共购置分类垃圾桶 200 余个,共接待游客 600 多万人次,向游客发放《"无废城市"建设宣传手册》2000 余份、《瑞金市"无废城市"建设旅游指南》2000 余份。通过广泛宣传,扩大影响,逐步形成红色景区绿色低碳的文明健康旅游模式,营造了以红色旅游引领绿色生活,商家游客共创"无废城市"的良好氛围。

截至 2020 年,瑞金市重点打造了 4 个"无废红色旅游项目",成功创建 4 家"无废景区"和 6 家"无废宾馆";在全市红色景区、星级酒店和全市 43 个网格宣传"无废城市"理念和垃圾分类知识;通过微信公众号、报刊、电视台等媒体进行"无废城市"建设宣传。通过大力宣传教育,积极引导全民参与"无废城市"建设,给瑞金市"无废城市"建设营造了良好氛围,游客和群众环保意识显著提高。

发挥红色旅游优势,全方位打造"无废城市"建设理念宣传高地模式对于我国经济欠发达、财政紧张、以特色旅游为主的旅游城市或旅游景区有很好的推广示范作用,在模式推广应用中应注意结合当地旅游资源、产业特点,突出本地特色元素,开发具有当地特色的模式或项目,同时政府相关部门要建立有效的管理和考核机制。

(三)经验启示

瑞金市作为江西省全国"无废城市"建设唯一试点,结合本地实际情况和城市发展定位,充分发挥红色旅游资源优势和生态农业产业优势,不断创新思维和方法,大胆探索和实践,形成了以生态文明建设考核机制为抓手,营造红色旅游引领绿色生活,生态农业引领绿色生产,工业固废综合利用的"无废城市"发展模式,在"无废城市"建设中走出了一条"变废为宝"的新路子。

(1)创新生态文明建设考评机制。改变了过去"一把尺子"量到底的考核方式,大胆实施"区域差异化"考核,逐步形成了一套更加科学完备的生态文明建设考评机制。在制定生态文明建设考评机制过程中,该市坚决落实中央生态文明建设的总体要求,坚持把环境保护纳入考核内容,与中心工作考核设置同等权重，充分考虑各乡镇经济社会发展水平、资源环境禀赋等因素，将考核目标进行科学合理分解，明确全市重点生态功能乡镇取消 GDP 考核。同时，在结果应用上，将考核结果纳入各乡镇党政领导班子综合考核评价时，充分考虑各乡镇的区位特点和发展定位。在"区域差异化"考核的推动下，瑞金的城乡环境建设取得显著成效，人居环境不断改善，为"无废城市"建设打下了良好的生态基础，"无废城市"建设进度明显加快。

（2）"无废元素"激发红色旅游开发创新活力。在推进"无废城市"建设中，紧扣红色旅游这一"金字招牌"，在全市建设了一批"无废景区""无废宾馆"，创新旅游废弃物回收机制，打造"红色旅游+无废城市"融合发展的"瑞金样板"。一是矿区修复重现生态美。结合"绿水青山就是金山银山"的发展理念，结合赣州乃至江西省无实战实景演艺景区现实，瑞金通过引进投资，综合利用沙洲坝镇洁源村一处废旧矿山，按国家 AAAA 级景区标准规划建设，进行无废化改造，建成了一个具有自然、人文双重价值的红色实景演艺项目景区——"浴血瑞京"，实现了废弃矿山全部资源利用。2020 年 8 月，该景区成功入选国家 AAAA 级旅游景区。二是整合升级建设"无废景区"。对红井景区、叶坪景区、二苏大景区等原有红色景区进行了软硬件整体升级，对中央革命根据地历史博物馆的陈列馆展区进行改展升级，追溯"无废理念"的根和源，利用瑞金红色宣传平台，对广大党员干部群众进行"无废城市"宣传。积极探索红色天街、沙洲坝示范镇等新建项目加入"无废元素"的途径，把"无废城市"建设融入特色旅游小镇项目中，打造瑞金"无废小镇"。三是循环使用打造"无废宾馆"。以游客接待量最大的瑞金宾馆、荣誉国际酒店、海亚国际酒店作为"无废宾馆"试点，在酒店大堂内外 LED 屏幕播放"无废城市"宣传标语、酒店大堂及房间醒目位置放置"无废城市"宣传手册和垃圾分类收集桶、酒店房间内提供可循环使用的洗漱用品、拖鞋等物品，积极倡导绿色生活方式，鼓励旅客减少一次性用品的使用。

（3）"新肥料"促进农业升级与生态"共赢"。围绕脐橙、蔬菜、生猪、鳗鱼等特色种养殖业，积极拓展农业废弃物循环利用模式，寻找符合中西部地区发展的无废有机农业建设方案，推动绿色生态农业发展。一是推动农业废弃物再加工。通过对植物残枝败叶、畜禽养殖粪便、动物内脏等有机物再加工，制成有机肥投放到脐橙种植基地，减少化肥施用提高脐橙品质，有效解决了畜禽养殖污染问题。二是实现病死畜禽无害化处理。采用高温化制干化对病死畜禽进行处理，生成生物柴油和有机肥，实现病死畜禽无害化处理及综合利用，日处理病死畜禽规模可达到 10 吨以上。三是实施畜禽养殖粪污综合治理。采取"一场一策"方式，对现有存栏 1000 头以上规模的生猪养殖场粪污处理设施设备进行升级改造，实现了"前端减量、中端处理、末端资源化综合利用"的生态循环发展模式。

（4）废旧资源综合利用实现变废为宝。改变过去垃圾的简易堆放填埋方式，采用焚烧发电、尾矿制砂、尾矿制粉等方式对固体废弃物、废旧金属、生活垃圾、餐厨垃圾、建筑垃圾、秸秆等废旧资源进行综合利用，实现资源可持续利用，有效促进了经济发展。

四、"文化+"智慧民宿

围屋是赣南客家文化的重要实物载体，已被列入《中国世界文化遗产预备名单》。但目前赣南围屋的保存状况普遍堪忧，年久失修造成了许多安全隐患，现代建筑包围侵蚀破坏了围屋的原始环境风貌，围屋修缮保护开发成为全市一项亟须快速推进的重要工程。龙南现存围屋 376 座，占赣南围屋总数的约 2/3。如何让沉寂了 300 多年的关西围屋群重新焕发生机，进而推进围屋保护开发工作提速、提质、提效，成为龙南重点谋划和攻坚的一个课题。

（一）相关做法

（1）出台"两文件"，引导民宿发展。坚持政策引路，出台了《龙南市促进民宿健康发展的实施意见》和《龙南市民宿管理办法（试行）》，为民宿健康发展打牢基础。一是定标准、立规范。对民宿的申办条件、办证流程、房屋安全、消防安全、部门监管等多个领域，进行明确规定，确保民宿建设规范有序。二是强领导、聚合力。成立龙南市民宿发展工作领导小组，多次召开专题调度会，理清部门单位办证和监管职责，形成齐抓共管的工作格局。三是优服务、办实事。优化民宿发展环境，实行"一对一""点对点""面对面"服务，每家民宿安排市领导、责任单位挂点联系，帮助解决民宿建设、运营、管理等实际问题；举办旅游民宿专题培训班，邀请知名专家授课，外出到发达地区学习，有效提升了业主经营管理水平。

（2）坚持"三联动"，扶持民宿发展。探索政银企协同机制，政府、金融机构、民宿业主三方共同发力。一是政府大力扶持。出台《龙南市扶持民宿发展奖励办法（试行）》，拿出"真金白银"扶持民宿做优做强。例如，资金奖补达到投资总额的 30%，民宿品牌创建奖励最高达 30 万元/家，民宿装修补助达到 6000 元/间。二是金融信贷紧跟。发挥金融活水作用，联合 2 家商业银行创新开发"民宿贷"产品，对列入白名单的民宿业主，免抵押免、担保提供贷款支持。同时，优先为民宿业主提供 20 万~30 万元的创业贴息担保贷款。三是业主积极响应。众多龙南本土青年企业家受政策感召，纷纷自筹资金建设民宿，催生了"夏公馆""花栖迟""雅一居"等一批本土连锁民宿品牌，致力于打造国内精品民宿。

（3）探索"四步法"，破解办证难题。民宿业办证涉及范围广、部门多，一些工作仍然存在程序不清、职权不明等问题。龙南市文化广电新闻出版旅游广新旅局坚持深化"放管服"改革，主动担当作为，简化优化工作流程，先行探索办证申请、安全鉴定、联勘联审、审批办证"四步法"，让民宿办证效率跑出加速度。一是厘清工作流程，解决谁来受理问题。一次性指导告知民宿业主办证流程，由乡镇统一受理办证申请。积极加大证照办理协调力度，结合当前开展的相对集中行政许可权改革试点，逐步实现"一套材料、一表申请、一窗受理、一窗发证"。二是聘请第三方机构，解决安全认定问题。强化对民宿安全的事前介入，按建成、改建、新建三类民宿，聘请有资质的第三方机构，出具房屋安全质量鉴定、建筑消防设施检验报告或设计装修方案，确保房屋符合质量和消防安全要求。三是实施联勘联审，解决职责不清问题。组织相关部门联合对民宿进行实地勘查、集体评审，形成"联勘联审"机制，变"坐等审批""串联审批"为"上门服务""并联审批"。四是明确办理时限，解决办证时长问题。要求乡镇 5 个工作日内完成初审，7 个工作日内完成联勘联审，相关部门根据联勘联审意见直接办理证照，不再设置其他前置条件。目前，龙南市建成民宿均已全部完成证照办理。

（二）主要成效

近年来，龙南努力创新围屋管理开发模式，逐渐探索出一条保护与开发并重、文化与旅游相融的围屋保护、发展新路。2017 年，该县投资 2.3 亿元，对关西围等围屋进行保护开发，争取和筹集围屋修缮资金 7000 多万元，对田心围等 18 座客家围屋进行了抢救性维修。

围屋文化是客家人的精神家园，是看得见的乡愁。2017 年，龙南把围屋保护修缮工作上升到全县战略工程的高度，成立了以县委书记为组长的围屋保护管理领导小组。该县全面开展围屋普查工作，详细掌握每一座围屋的名称、年代、结构、保存现状、历史沿革等基础资料，设立围屋"户口簿"，建立记录档案，"一围一策"制定保护措施，从而实现对每一座围屋的个性化、保姆式管理。在对所有围屋进行分类定级后，龙南将 47 座围屋列入重点修缮保护范围，按照先易后难、先保护后利用、维修后便于开发展示利用等原则，采取向上争取资金、财政拨付专款、地方乡镇自筹经费、群众自发捐资相结合的方式，筹集维修资金逾 1.6 亿元，计划用 3 年时间分批抢修，由具有资质的编制单位和施工单位进行方案编制和施工，严格执行原位置、原形式、原材料、原工艺的准则，对工程质量全程把关，保障围屋的历史真实性和文化完整性。同时，该县突出当地村民在围屋保护中的主体作用，强化他们对围屋保护利用的参与权，注重激活民间力量，探索建立围屋管理运行长效机制。

合理开发是有效的保护。龙南创新思路，打开"围门"，推动围屋和旅游深度融合，着力打造国家全域旅游示范区和全国知名的客家文化旅游区。龙南本着"整体规划、突出特色、保护原貌、循序渐进"的原则，深入各乡镇，挖掘围屋文化内涵，打造了一批围屋精品。该县已初步形成"建筑文化关西新围—宗祠文化西昌围—生产队文化佛仔围—酒文化渔仔潭围—农耕文化隘背围—官宦文化栗园围"围屋旅游精品线路。在龙南文化艺术中心，新建了赣南围屋博物馆，全面展示围屋历史、文化、艺术价值。为了做强围屋旅游产业链，龙南组建了龙南旅游发展投资（集团）有限责任公司，用市场化理念运作围屋开发。龙南已与江西省铁路投资集团公司合作的客家围屋小镇等项目签约，围屋香火龙、客家山歌、杨村米酒、凤眼珍珠等民俗和小吃经过编排、包装，也成功推向了市场。

2020 年 12 月 28 日，主题为"围美龙南·客迎天下"的江西龙南第四届旅游文化节开幕，高亢嘹亮的客家山歌、非遗技艺展演以及独具风情的围屋民宿之旅……吸引了大批游客慕名前来参观游览，也推动了赣南民宿集群项目正式签约落地。

龙南市文化广电新闻出版旅游局局长蔡粲说："抓住即将进入高铁时代的机遇，我们推动民宿规范化、规模化、特色化、品牌化发展，着力打造围屋民宿小镇、梦里桃乡等多个民宿集聚区，从 1.0 '以宿为家'阶段发展到 3.0 '游娱购一体化'阶段。"为扶持旅游民宿健康发展，龙南市先后出台了《龙南市促进旅游民宿健康发展的实施意见》《龙南市扶持民宿发展奖励办法（试行）》等一系列含金量高、吸引力强的奖励扶持政策，规范引导民宿高品质发展，并将民宿发展纳入《龙南市促进全域旅游发展三年行动计划（2020—2022 年）》，提出通过 3 年时间，培育一批特色鲜明、拥有较强市场影响力的民宿品牌，打造具有特色的民宿集群。

近年来，龙南市设立了旅游产业发展基金，重点建设绿天泉温泉旅游度假区、动漫文旅创意城、果龙农旅一体化科技示范园等项目，有效激活了旅游市场活力，接待游客人数、旅游综合收入每年以 35% 以上的速度增长，初步打通了绿水青山与金山银山、客家文化与旅游业态的双向转换通道。据统计，2020年前1~11月，龙南市共接待游客448.9万人次，实现旅游综合收入36.2亿元。

（三）经验启示

把民宿建在悬崖上，眼前便是绝美丹霞峰丛胜景，抬头伸手便可触满天星辰；把民宿搭在云海竹林，纯天然的山林，净透的空气，万亩茶园美景尽收眼底；把民宿安在乡野村落，度假归隐，静静享受当地的人文、生活资源以及自然环境，放松身心……在全面推进全域旅游发展和持续火爆的旅游市场带动下，龙南市打好"旅游+民宿"牌，发展绿色富民产业，壮大民宿集群，一大批旅游民宿如雨后春笋般蓬勃生长。

在全省大力推动民宿健康发展的浪潮中，龙南市立足当地实际，发掘发展民宿的潜力，下发奖励扶持政策文件，出台民宿管理办法，重点对民宿的申办条件、办证流程、房屋安全、消防安全、部门监管等多个领域进行了详细规定。在大量民宿主体涌入之前，政府就事前介入进行布局引导、规范管理，简化申办程序的同时提出明确的行业要求，从而有效引导民宿健康有序发展。"一揽子"民宿发展的优惠政策出台，便吸引集聚了一批有志青年在此开基创业。各青年民宿企业家发挥才干、挥洒汗水，将梦想和情怀的种子播撒在这片发展的热土上，生根发芽、开花结果。通过政策的引领和民宿主的带领，龙南美丽乡村的民宿产业正逐步发展壮大，既有效盘活利用了当地的民居老宅和土地资源，也有力促进了当地经济发展和百姓增收。

五、"红色+"的新路径

一处处旧址、一件件实物、一座座纪念馆、一个个故事，见证着革命战争年代让人难以忘怀的峥嵘岁月，传递着不畏艰险、不怕牺牲、百折不挠、艰苦奋斗的伟大民族精神。革命文物是革命先烈留给我们的极其珍贵的历史文化遗产，进入新时代，很多革命文物资源丰富的地区，在加强革命文物保护和爱国主义教育的同时，积极挖掘革命文化内涵，深耕红色旅游，推动革命文物保护利用与红色旅游、乡村振兴相结合，提质特色产业，打造革命老区振兴发展的"红色引擎"，取得实效。

（一）相关做法

1. 红色+长征精神

"路迢迢，秋风凉，敌重重，军情忙。红军夜渡于都河，跨过五岭抢湘江……"行走在灯光璀璨的于都河畔，处处都能听到红色旋律响起。为了打好、擦亮"长征"品牌，于都县充分挖掘历史，与当地实际结合，创建了一支传承和弘扬长征精神的队伍，主打曲目为《长征组歌》。如今，这支由红军后代组成的队伍，已累计在外演出 400 余场次，足迹遍布全国各地。

于都县围绕长征出发地文化，设计"新长征、再出发"系列培训课程，整合全国范围内的红色文化智库，将于都打造成为以红色教育培训为特色、以长征出发地红色旅游体验为核心、以国际化服务为标准的全国著名长征主题旅游目的地和红色旅游新高地。

于都县充分发挥中央红军长征出发地纪念园爱国主义教育基地的作用，以一首《红军渡长征源》、一堂"微课堂"、一个"长征源合唱团"、一支"长征源宣讲团"、一群"小红星讲解员"的独特模式，使红色基因薪火相传。

多形式、多途径提升红色旅游知名度和美誉度，广泛利用传统媒体和新媒体平台，于都县全力打响"长征集结出发地"红色品牌。中共中央宣传部组织的记者再走长征路活动在于都县启动，成功举办了长征沿线红色旅游城市联盟第二届年会暨中国（赣州）首届服装博览会、中国自驾游集结赛及中国长征汽车（新能源）拉力赛于都发车仪式、全国广场舞大赛、江西省旅游产业发展大会、中国农民丰收节（江西站）等系列活动，于都品牌不断打响，于都红色旅游不断升温。

中央红军长征出发纪念馆是活化利用革命文化资源的一个缩影。近年来，于都县以长征精神鼓舞人、以长征精神引导人、以长征精神教育人，打造了干部党性教育现场教学点 30 个，形成 8 条"不忘初心、牢记使命"教学精品路线。研发了《上蕉游击战》体验教学和《长征组歌》红舞台教学等一系列现场教学、微党课红色文化产品，定期开展送教进校园、进社区、进基层、进军营活动，为全国观众讲述主题党课 100 多场。

2. 红色+产业

潭头村顺势而为，建设了旅游开发有限公司，吸纳了全村 6 个村民小组、162 户村民入股，每户出股金 2000 元，打造集特色农产品展销、休闲采摘、农事体验等于一体的乡村旅游，发展了"富硒宴"特色农家乐、红色研学、民宿等旅游项目。

于都县整合"红、古、绿"资源，以长征国家文化公园（于都段）建设为抓手，完成了中央红军长征出发地纪念园整体提升工作，成功创评国家 AAAA 级旅游景区；启动了长征国家文化公园项目建设，有序推进中央红军长征出发纪念馆扩建项目、长征学院、国家级长征步道、长征演艺秀长征文化标杆性项目建设；打造国家级长征步道祁禄山段 5.2 千米体验线路，建设红色培训基地，红色旅游快速发展，"长征出发地"品牌不断打响，旅游接待人次快速剧增，文旅融合进一步深化，旅游基础设施得到较大提高，旅游精品线路不断完善。

于都县加大旅游宣传推广，在中央广电总台、深圳地铁、昌吉赣高铁列车、南昌火车站投放于都旅游宣传广告，在凤凰网等大力报道推介于都文化旅游。对整个县城进行了红色文化元素的氛围营造，设计生产一批文创产品、伴手礼，高标准制作了于都形象宣传片和于都旅游纪录片。积极参加中国国际旅游商品博览会、中国国际旅游交易会等各类旅游宣传推介会，扩大影响，提升知名度，拓展客源市场。

近年来，于都县坚持"高起点、高标准、高质量"原则，规划建设长征国家文化公园（于都段），打造核心展示园、集中展示带、特色展示点，打造长征主题的文化体验综合体。充分利用农村田园景观、自然生态，融合发展"红、古、绿"，挖掘特色旅游资源，先后编制了旅游规划和方案，打造一流住宿条件的宾馆、推出新长征宴、创新文旅产品……为实现我县旅游跨越式发展打下坚实基础。

3. 红色+旅游

近年来，于都县坚持生态优先理念，推动红色基因传承，加快以红色旅游为主导的现代服务业高质量发展，突出打好"长征出发地"品牌，做好红色、绿色、古色资源融合文章，整合县内屏山、罗田岩、寒信古村等景点，打造精品旅游线路，发展森林旅游业；依托纺织服装首位产业，鼓励企业兴办工厂店、体验店、观光生产线，形成"工厂旅游"新业态，构建以"红色游、生态游、购衣游"为主的全域旅游新格局。

"我每天都能卖 100 多斤牛奶。"靖石乡黄沙村马石组的陈章洲"挤"出来的幸福洋溢在脸上，他从 2000 年开始养奶牛，从一开始的门外汉变成了现在的养牛能手，他牛圈里的奶牛也从一开始的 3 头发展到 25 头，2019 年，他养奶牛的纯收入达到 15 万元。"养了 20 年的奶牛，我也只会养奶牛了。我和老婆两个人一年能挣 10 多万块钱，很满足了，要是我们去打工，哪里能挣这么多呢？"

屏山是红九军团长征集结渡河出发旧址，也是项英、陈毅率领留守的红二十四师、地方武装及游击队突围地区。屏山拥有不可多得的高山牧场、森林生态景观、红色历史等优秀资源，于都县把屏山打造成国家 AAAA 级景区，建成集高山草场、牧业观光、红色旅游、森林探险、生态度假于一体的优秀旅游景区。

如今，于都正迈向红色旅游"一线城市"，良好的生态资源吸引了各类发展资源，引进娜尔思、奈蔻等知名品牌 118 个，赢家时装、汇美脉动等一批智能制造项目建成投产，于都纺织服装全产业产值突破 400 亿元，成功跻身江西省重点工业产业集群。

（二）主要成效

于都抓住机遇，整合"红、古、绿"资源，以长征国家文化主题公园（于都段）建设为抓手，加快推进中央红军长征出发地纪念园整体提升工作，红色旅游呈井喷态势。于都县文化广电新闻出版旅游局局长谢芸华说："全县以中央红军长征出发地纪念园为龙头，实行'红色+'战略，串联各景区景点，打造若干条红色旅游精品线路，打响长征品牌，助力脱贫攻坚，助推乡村振兴。"

现如今，曾为中国革命作出了巨大贡献的老区人民，吃上了红色"旅游饭"，走上了脱贫致富奔小康的"新长征"。

长征出发纪念广场设置"我和国旗同框"拍照打卡点，寒信古村推出非遗演出、客家美食项目，梓山上焦百湾湖、金溪湾度假村纷纷推出生日特惠、特价烤全羊等活动……

于都县坚持开发和利用好"红、古、绿"旅游资源，以红色旅游为重点，围绕"食、住、行、游、购、娱"等旅游要素，大力发展乡村旅游业，提高旅游接待能力，改善现有旅游接待条件，同时发挥文化传统优势，挖掘和打造出具有于都特色的旅游产品。深入实施纪念园基础设施提升、祁禄山红军小道、禾丰红军标语旧址布展提升、潭头社区和寒信古村提升工程，加速推进屏山、百湾湖旅游公路升级改造工程。修复革命旧居旧址 35 处，开发了红色文化"雩嘟嘟"系列文创产品，推出了"新长征宴""渡江宴""富硒宴"等一批特色菜品。合唱团在全国各地义务演出，成为传承长征精神、宣传长征出发地的"活名片"。

（三）经验启示

1. 讲好红色故事，将"长征精神"融入城市血脉

在于都，有太多感人肺腑的家国情怀故事，也有太多饱经沧桑的红色文物。如今硝烟散尽，但"长征情结"早已深深融入这座城市的血脉之中。在于都县段屋乡寒信村祠堂里，肖南斗坐在草鞋凳上，一个弧形的腰杆、四根麻绳、一撮稻草，边打草鞋边给家乡的孩子们讲述草鞋与长征的故事。"我爸爸看到不少红军战士没鞋穿，便悄悄组织村民，在家里打起了草鞋，五六天的时间赶制了 200多双草鞋，全部送给了住在村里的红军。"肖南斗 13 岁便跟着父亲学做草鞋，那熟练的动作，历经岁月的沉淀，显得更加厚重。肖南斗说："只要有时间我都会来这里编草鞋，哪个小孩来看，我就给他讲长征的故事，希望他们能够好好学

习，珍惜现在来之不易的幸福生活。"

江西于都是中央红军长征集结出发地。近年来，当地充分挖掘"红色家底"，用好红色资源，讲好红色故事。通过向上争取国家专项资金、县级财政安排专项资金、社会力量捐赠等形式，投入资金近亿元，对68处革命文物进行了修缮。同时，依托县内丰富的红色资源，加大对红色题材文学创作、词曲创作等支持力度，不断推出精品力作。

2. 用好红色资源，"长征小道"成为康庄大道

在于都县祁禄山镇，一条蜿蜒曲折的红军小道隐藏在山林之中。1934年10月，中央红军夜渡于都河，南下突破敌人第一道封锁线之前，其中一支部队就是从这里秘密出发的。如今沿着革命先烈的足迹，拾级而上，山间小道多为羊肠小道，蜿蜒曲折，有古石桥、初心树、思源井、登贤桥等景点，这条红军长征小道已经成了"网红"打卡地。

自从红军长征小道开发以来，越来越多的游客前来重走长征路，不仅带动了地方旅游发展，还富了村民口袋。曾经几乎没有收入来源的胡石招，在红军长征小道旅游资源开发后，成了一名红色讲解员。通过向游客讲述小道沿线风貌和历史故事，胡石招每月可增收2800元。整条小道的开发，不仅让村民实现家门口就业，还有利于当地农户销售土特产品。国庆节期间每天的游客达到3000人次以上，直接经济收入达到100万元以上。

3. 澎湃红色动力，谋划高质量发展新篇章

习近平同志在梓山富硒蔬菜产业园考察时强调，"中国共产党的初心就是为人民谋幸福、为民族谋复兴，党中央想的就是千方百计让老百姓都能过上好日子。芝麻开花节节高，今后的日子会更美好。"昔日"增收难"，今朝"产业好"。于都县利用丰富的富硒土壤资源，大力发展富硒农业产业。

通过"龙头企业+合作社+农户和贫困户"的模式，带动园区周边村民脱贫致富，园区周边贫困群众出现了"争抢"种植蔬菜的火热氛围，越来越多的农户投入蔬菜产业发展的热潮中。

在赢家时装（赣州）有限公司的服装生产车间，一块块女裤裁片在银白色的智能吊挂生产线上匀速流动，数十名工人分工有序，坐在机器前有条不紊地忙碌。从传统的"巧媳妇"制衣小作坊，到智能制造产业园，于都县紧盯工业倍增升级目标不放松，实施转型升级、创新发展、招大引强、积能蓄势、科技引领、提质增效等一系列重要举措，致力于打造纺织服装千亿产业集群。于都县将突出打好长征文化、时尚之都、富硒产业、体育融合"四大品牌"，着力建设富

强、美丽、平安、幸福的于都，争当建设革命老区高质量发展示范区排头兵。

六、龙南围屋助力全域旅游蓄势"突围"

龙南市共有 376 座家围屋，占赣南客家围屋的 70% 以上，在数量、规模、风格、保存完好程度等方面均为全国之最，被誉为"中国围屋之乡"，以龙南为主的赣南围屋被列入《中国世界文化遗产预备名单》。如此优质的资源长期以来却像是"养在闺中无人识"。因此，如何利用这一优势资源发展全域旅游成为龙南旅游发展的关键所在。

（一）相关做法

（1）立足三大优势：一是丰富而优质的围屋资源，二是良好的生态环境，三是龙南良好的交通和地理区位优势。

（2）确立一大路径：龙南县大力实施全域旅游工程，以"客家文化旅游区"为定位，以客家围屋为龙头，深挖旅游发展资源着力探索一条"龙南路径"。

（3）加强资源保护：龙南努力创新围屋管理开发模式，逐渐探索出一条保护与开发并重、文化与旅游相融的围屋保护发展新路。投资 2.3 亿元，对关西围等围屋进行保护开发，争取和筹集围屋修缮资金 7000 多万元，对田心围等 18 座客家围屋进行了抢救性维修。2017 年，龙南把围屋保护修缮工作上升到全县战略工程的高度，成立了以县委书记为组长的围屋保护管理领导小组。龙南突出当地村民在围屋保护中的主体作用，强化他们对围屋保护利用的参与权，注重激活民间力量，探索建立围屋管理运行长效机制。

（4）打造十大项目：龙南加紧推进关西围 AAAA 级景区完善提升项目、虔心小镇项目等 10 大旅游重大项目。

（5）完善九大基础配套项目：龙南推进旅游公路、星级酒店建设、旅游商品开发等 9 大基础设施配套项目建设，着力创建一批 AAAA 级以上乡村旅游示范点，建立健全旅游住宿、餐饮、娱乐、购物等主要消费环节的服务规范和标准。

（6）创新营销模式：龙南县创新营销模式，坚持政府、企业、媒体联手合作，广泛开展旅游宣传口号和标识评选活动，成功举办"缘聚武当"桃花节、"舞动龙南"香火龙盛会、首届"客家风情·围屋之乡"全国摄影大赛、虔心小镇虔茶开园盛典等节庆活动，形成"季季有主题、月月有活动"的精彩局面。

（7）拓宽投资渠道：针对发展资金制约难题，我们创新投融资机制，成立龙南发展投资（集团）有限责任公司及交通开发等九大行业新型投融资主体，资产规模迅速扩大。推广政府和社会资本合作模式，实施 18 个 PPP 项目及子项目，撬动 81.9 亿元社会资本参与基础设施建设。

（8）注重品牌塑造：把龙南全域当作一个大的旅游目的地来打造，精心规划以关西围屋群为重点的客家文化体验区，以虔心小镇、天沐温泉、南武当为重点的生态观光运动区，以绿天泉、安基山为重点的康养休闲度假区"三个乡村旅游特色片区"。举办龙南首届旅游文化节和桃花节、摄影大赛、客家美食节等一系列活动，以节造势、以节促游，有力地促进了旅游品牌形象持续提升。仅在 2017 年 12 月 8 日至 9 日举行的龙南首届旅游文化节期间，就吸引游客 10 多万人次。

（9）推出精品线路：龙南创新思路，打开"围门"，推动围屋和旅游深度融合，着力打造国家全域旅游示范区和全国知名的客家文化旅游区。挖掘围屋文化内涵，打造了一批围屋精品。

（10）提升政策保障：为保障打造全域旅游各项措施顺利实施，龙南县在政策、资金、用地等方面都加强保障力度。在政策上，出台了《龙南县支持旅游产业发展奖励办法（试行）》，激发市场活力；在资金上，与多家金融机构合作设立 26 亿元的旅游产业发展投资基金，2018 年龙南投入 7.5 亿元用于重点景区建设。

（二）主要成效

1. "围美龙南"旅游品牌凸显

龙南因有 370 多座围屋建筑而被誉为"拥有客家围屋最多的县"。龙南的客家围屋历史悠久、技艺精湛，赣南围屋营造技艺被列入第四批国家级非物质文化遗产保护名录。也正因为如此，在推动全域旅游产业发展的过程中，龙南全力打造"世界围屋之都"旅游品牌，客家围屋成为贯穿龙南旅游的重要元素，让"围美龙南"迎接天下游客。

2017 年，龙南投入重金对关西新围景区进行全面改造提升，重新规划景区游线和功能分区，新建了围屋体验区、欢乐田园、乡土乐园、滨河文化带、民间技艺广场、世界客家围屋地图、夯土迷宫、关西隘等特色景点，极大提升了关西新围景区的品质。经过提升的关西新围景区面积扩大了十倍，游客承载能力大大增强、客家文化的展示能力极大提升。

2018 年第二届龙南旅游文化节期间，客家围屋的宣传、推广和展示继续成为重头戏。主题为"对接粤港澳，共话客家游"的第二届中国·龙南客家围屋高峰论坛将举办地点定在关西新围，成为首个在客家围屋举办的文化论坛。来自马来西亚、澳大利亚等海外客属社团代表，广东、香港、澳门及其他地区涉旅集团、企业代表近百人汇聚一堂，共叙客家情谊。客家围屋，成为龙南连接客属乡情、推广旅游品牌的重要意象和载体。

旅游产业发展，相关基础设施的配套必不可少，在配套设施的设计、建设过程中，龙南通过项目引进，将客家围屋元素充分融入。2017 年 11 月，全球首个建在百年客家围屋旧址上的高端度假酒店——老屋下柏伟诗酒店正式开工，总投资 1.7 亿元、占地面积约 0.0647 平方千米、总建筑面积约 1.6 万平方米的精品绿色景观酒店在一座始建于明代的方形围楼原址上规划建设。原有的以赣南客家围屋营造技艺打造的古围墙和水月池塘被悉心保留，风水轴线和建筑布局被认真遵循巧用，500 多平方米的接待大堂"老屋堂"也在原有围屋宗祠旧址进行建新如旧，保留了客家老屋的陈设，再现了客家文化生活场景。

如今游览龙南，关西新围景区、粟园围、燕翼围等都是含金量十足的景点，许多旅游设施中都可见围屋元素……"世界围屋之都"旅游品牌的推广，成为龙南全域旅游产业发展的一大亮点。

2. 客家民俗拓展旅游内涵

在龙南里仁镇正桂村，让游客们流连忘返的，都与客家民俗体验有关。

坐着渡船的客家姑娘，和池塘对岸的小伙子们对唱客家山歌；村口树龄逾 200 年、枝繁叶茂的老榕树下，阿姨们聊着天吹着风，在纺线车前编织着客家冬头帕；在鸳鸯厅围前欣赏独具特色的客家婚俗；在酒坊里喝一碗客家米酒，在"豆一碗"豆腐坊品尝手工豆腐，在农家乐里吃一桌凤眼珍珠、捶鱼、酿豆腐等应有尽有的客家宴席……

近年来，龙南越来越多地在旅游线路、旅游景点中融入特色鲜明、互动性强的客家风俗文化体验和非遗项目展演，在推进文化传承的同时，大大拓展了旅游点的内涵。

龙南杨村镇每年端午节期间都会举办太平堡龙船会，持续时间长达 5 天。这项独具客家风情的民俗活动，至今传承了 500 多年，成为江西、广东边际客家人的盛大聚会。随着龙南在旅游开发的全域统筹、文旅融合上不断深耕，太平堡龙船会也注入越来越多的客家文化元素，开展非遗项目推广，如举办客家"千人宴"，进行竹编、客家小吃制作、客家米酒酿造等传统工艺展示，表演杨村过山溜等。如今的太平堡龙船会，不仅是一项传承数百年的客家民俗活动，还成为吸引游客参与、推动旅游产业的平台。2016 年以来，每年端午节前后，都能吸引数万游人前来观赛、游览。

文化是旅游的灵魂，旅游是文化的载体。非遗文化与旅游经济"联姻"，推动本土非遗传承，勾画美丽乡愁的图景，让乡村旅游焕发新魅力。

3. 创新形式提升旅游品质

在龙南县，越来越多的新媒介、新形式被利用起来，推动非遗项目与旅游经济的"联姻"、客家文化和旅游产业的融合。

在关西新围景区的游客接待中心，引进了高科技的交互体验设备，游客进入房间后，通过"举手"等简单的动作和屏幕进行互动，按照屏幕里卡通人物的指示，做出"拿食材""下锅制作""控制火候"等动作，就可以与卡通人物一起制作一道道特色客家美食。

同时，龙南县在开展旅游产业的宣传推广过程中，积极创新形式手段，以客家文化特点和客属亲缘为切入点，不断做大旅游推广平台、提升旅游发展品质。

2018 年 12 月，世界围屋之都系列电影发布会在关西新围景区举办，不少业内著名的导演、制片人、影评人应邀出席，齐聚龙南。两部网络大电影一部是都市题材、一部是军事特战题材，但都在龙南进行取材、取景，通过故事的叙述和电影镜头，让南武当山、关西围、千年古树群、九连山原始森林等龙南风景名胜以及融入其中的客家文化、非遗项目得以展示。电影制作完成后，将在中央广电总台 6 套以及腾讯视频、爱奇艺、优酷等网络平台播放，大大拓展宣传的深度、广度，为推广龙南旅游和客家文化、地方非遗项目打造了更大平台。

（三）经验启示

依托优质的客家文化资源，通过多样化旅游营销形式，龙南已初步树立了"世界围屋之都、中国围屋之乡"的客家文化品牌。然而，相较于江西省内其余知名县市以及龙岩、梅州两大客家文化旅游目的地，龙南旅游业的发展仍处于落后地位。如何激发龙南围屋的优势，在区域竞争中找到自身定位脱颖而出，成为龙南全域旅游策划的重点。

1. 破局之道：从世界围屋之乡到世界客乡文化生活体验地

龙南围屋作为珍贵的文化遗产资源已入选《中国世界文化遗产预备名单》，获得了通向世界文化遗产的入场券。然而，目前龙南对围屋资源的利用形式仅限于遗产观光，且周边基础设施配套较弱，未能发挥其真正的旅游价值，导致现有旅游产品等级较低，缺乏 AAAAA 级景区，整体区域竞争能力较弱。

针对龙南旅游发展现状，提出在现有产品提档升级的基础上，围绕围屋这一核心资源，注入文化基因，同时结合优质的生态基底，将单一的围屋观光旅游开发模式转变为打造客家乡村生活体验地的综合性开发模式，实现从"围屋之乡"到"客家原乡"的品牌升级。

绿水青山解乡愁，千年客家文化沉淀与温泉、森林等优质自然资源的融合，让龙南拥有突破"围屋之乡"的禀赋，本规划立足高站位，致力于将龙南打造为以客家文化为核心，以客家原乡生活体验为特色，集客家文化体验、客家文化度假、客家原乡生活旅居为一体的世界级客家文化生活旅游目的地，在空间上形成北有婺源、南有龙南的江西省绿色新磁极。

2. 谋略之术：以"文化+空间"为抓手，落实"文化+"战略

如何解构与利用丰富的客家文化资源是打造客家原乡的关键。深入挖掘龙南客家文化资源，将千年客家文化拆解为"围、城、乡、人"四大核心并围绕这四大核心进行空间布局。"围"是世界级的围屋建筑遗产，包括其所承载的宗族制度、非遗技艺以及崇文重儒等精神内涵。其空间载体为关西围屋群，通过引入IP串联内部景点、住宿以及演艺，将遗产观光区转变为文创游购景区以及沉浸式文化景区。"城"是现今城市中的客家，是客家传承的中心。以文化塑心，以景城同建、居游共享为理念，打造以集散、休憩功能为主的国际客家文化城。"乡"是山水田园花果里的客家乡村、青山绿水、围屋乡村与诗意田园。将客家文化与乡村产业相结合，通过发展以田园综合体、森林康养度假区与特色小镇为主的乡村度假旅游促进乡村振兴。"人"是客家文化的精神内核，是代代相传的"耕读传家""技艺养家""民俗旺家"的理念，外化表现为其特殊的民俗活动与节庆。将该精神内核引入客家文化旅游度假区构建中，打造天人合一的旅居体验。

本规划以"围、城、乡、人"为代表的客家文化资源与田园、山水、花果、温泉为基础，构建了文创沉浸式景区、休憩集散区、民宿旅居区、美食度假区等不同功能区的布局，形成了全方位多功能对接多样化市场的客家原乡。

3. 营建之策

龙南旅游业想要在短期内实现突破，必须找到合适的解决路径。奇创旅游规划团队秉持三大营建之策。一是以IP引领强品牌，以"客家原乡"为强IP，强化龙头引流产品，构建度假留客产品，打造世界客家文化旅游目的地，引领客家生活新趋势。二是以乡村振兴强融合，通过全域聚合理念，打破乡镇行政边界，通过"智慧化+体系化+市场化+产品化"四大方式完善龙南旅游公共服务体系，实现主客共享，居游无界，在此基础上结合各个乡村自身资源、区位条件、文化底蕴，错位发展，助推乡村振兴。三是以文艺复兴强文化，通过文艺复兴战略，深入挖掘龙南客家文化资源，以文旅融合为路径，通过文旅小镇、文化街区等项目建设，培育文旅产品，完善客家原乡产品构建。

针对文化资源为主要旅游资源的区域，如何挖掘、诠释文化，并与周边竞品

进行区分从而脱颖而出是重点，需要精准把握四个度。第一，跳出对客家文化传统的诠释，有"大手笔"的力度。从物质载体与精神内核两方面着手，提炼"围、城、乡、人"四要素，构建产品体系，创新文化引擎产品，树立龙南龙头标杆，实现品质旅游，体现了创新性特点。第二，跳出龙南，有"南门户"的跨度。基于龙南为江西省"南门户"的重要城市地位，对接珠三角、粤港澳千万能级优质客群市场，将客家文化与乡村旅游、休闲度假游以及森林康养等产品相结合，以满足多样化市场，体现了引领性特点。第三，跳出旅游，有"大旅游"的广度。通过全域整合、景城同建、城乡融合、乡村振兴，打造全域生态文明县城，体现了整合性特点。第四，立足于龙南世界级的客家文化资源，将其打造成更具影响力的世界旅游目的地城市，体现了国际性特点。

七、乡村振兴和"旅游+"战略推动定南全域旅游

（一）相关做法

定南，位于江西最南端，素有"赣粤门户"之称，围绕全市"一核三区"旅游发展战略布局，该县提出打造"泛客家文化体验地、粤港澳大湾区后花园"的旅游发展目标，大力发展全域旅游。

为大力发展全域旅游，实施乡村振兴和"旅游+"战略，结合定南县实际，2018年4月出台了《定南县全域旅游三年行动方案（2018—2020年）》，紧紧围绕建设"泛客家文化体验地，粤港澳大湾区后花园"目标，以"全景、全域、全时"理念指导旅游开发建设，大力发展"旅游+"，这一年，多点齐发，呈现一片乡村田园好风光。

1. 山水为媒，"花团"锦簇

一舟泛驰碧波上，两排青山相对出。漫步在国家AAAA级景区定南县九曲度假村，茂竹修林、鸟语花香、竹楼若隐。景区以休闲度假、旅游观光、康养保健为特色，在珠三角地区拥有较高的知名度及众多粉丝游客。

坐拥好山好水，且与广东相连，良好生态、便捷交通和淳朴民风是定南三大优势，践行"绿水青山就是金山银山"发展理念，以美的视角念好"山水经"，打造好粤港澳大湾区"后花园"。

"山不在高，有仙则名；水不在深，有龙则灵。"在推进全域旅游过程中，定南把自然生态视为"仙境"，把旅游配套设施作为"点睛之笔"，全面梳理山水资源，加速激活"美丽"资源。

持续厚植生态旅游优势，定南全力打好蓝天、碧水、净土保卫战，推行"林

长制"、实施"河（湖）长制"，东江流域出境断面水质长期稳定在Ⅱ类，投资
2.86亿元实施山水林田湖草生态补偿项目。

勾勒美丽旅游版图，定南县以山为笔，打造郁林幽径的布衣山谷、陡岩翠峰
的马头寨；以水为线，建设东江河畔九曲度假村、飞瀑跌嶂的白水寨；以绿为
色，建成繁花谧境柴泉农逗、茂竹田园悦林竹庄、翠峰茶乡云台山。

梳自然妆，造山水城。定南结合生态保护与开发利用，创新谋划了礼亨水
库、玉石温泉、九垅山登山露营基地等景观。其中，正在建设中的高铁新区龙归
湖景区，将成为该县山水旅游城市新名片。

2. 人文为窗，乡味悠远

山水环抱，村景相融。在定南县老城镇黄砂口美丽乡村，石板路在黄墙灰瓦
间散发出古朴、文雅气息，游人穿梭其间，品美食、访民居、探村史，沉浸于客
家传统文化体验。

文化是旅游的"根"与"魂"。定南建县450余年，客家文化、堪舆文化、
红色文化交相辉映，通过加快文旅融合步伐，提升旅游文化品位，正不断彰显泛
客家文化体验的魅力。

一砖一瓦见证历史。定南坚持对客家文化进行科学保护和合理开发。近年
来，投入资金6000多万元，对全县不可移动文物进行挂牌保护，对20余座客家
围屋和客家宗祠进行修缮。

一居一舍安放乡愁。如今，按"修旧如旧"原则修复的明远第围、虎形围、
衍庆楼等围屋群，正以独特的"围"美风格迎接四方游客。明代古县城莲塘城，
五街九巷脉络肌理完整，黄氏夏山堂、城隍庙修复后，吸引大批游客前来，被誉
为"活的客家古城"。

在传承和发展中绽放文化"芳华"。定南精心打造黄砂口客家花帽传习所、
定南县职业中等专业学校定南瑞狮省级非遗传承基地，定南布衣宴被评为"赣南
客家特色宴"，鹅公客家黄龙舞等列入县级非遗名录。2019年，定南瑞狮作为江
西唯一的民俗表演节目，荣登中华人民共和国成立70周年联欢活动天安门舞台，
让定南民俗文化走向了全国乃至全世界。

一镇一节会，定南文旅节庆活动让游客体验感大增。以民俗为亮点，老城镇
举办了莲塘古城民俗文化节；以农耕为元素，岿美山镇举办五谷文化节；以酒为
特色，岭北镇举办了米酒文化节……

3. 产业为路，"多业"融合

田野里"白色"大棚绵延，"绿色"果蔬遍地，走进历市镇田园综合体，绿

色蔬菜、特色水果采摘吸引不少游人。此外，百乐草莓、天九蓝莓、梅香葡萄、九曲枇杷等采摘活动渐成品牌，一条由"农"向"游"的产业路径愈加清晰。

依托新型城镇化、乡村振兴等战略，定南重点谋划了文旅产业和户外运动两大新兴产业，通过"旅游+"模式纵深发展，不断构建新时代、新需求、新业态、新特点的旅游产业生态。

转动一个"球"。现已建成江西定南国家足球后备人才基地，举办首届足球文化节，建设修建足球小镇、岿美山和鹅公2个足球示范镇以及留輋等14个足球示范村，应赛事旅游而催生出来的足球民宿、足球酒店、足球综合体等衍生业态蓬勃兴起，"足球之城"呼之欲出。

走好一条"路"。定南擦亮"生态定南、徒步天堂"户外运动品牌，成功举办了4次万人徒步节、1次山地帐篷节，在首届丝绸之路（敦煌）国际徒步大会上获"十大最美徒步线路""十大最美徒步城市"荣誉。

深耕一个"数"。定南借力数据可视化技术，依托中国科学院、北京电影学院技术和创意资源，建成中科北影（赣南）立体视觉基地，并以此为基础，引进数字经济产业园、艾尼摩神奇数字动物园等"科技+文旅"产业。

把特色转化成差异化发展旅游品牌，定南旅游融入康养、特产、文化、乡村等元素，确立了"大湾区的康养谷、后花园的会客厅""东江水塔、百年钨城""古城莲塘、螺香四方"等一镇一主题的乡村旅游发展定位，旅游渐成富民产业。

4. 项目为纲"品质"加持

在2020年发布的新一批国家AAAA级景区名单中，定南桃源乐境景区榜上有名。亭台回转，清溪潺流，穿过花道，又是另一番洞天。漫步定南县桃源乐境景区，品"桃源之风、形胜之地、养心之境、浪漫之旅"，游人的似曾相识，正是陶渊明笔下的桃源意境。

在现代服务业攻坚战中，如何让深藏在自然人文中的旅游资源见之于世？定南通过引智引资，项目建设乘势而上，实现旅游业高质量发展。

造景先绘景，制定《定南县全域旅游规划》《定南县全域旅游三年行动方案（2018—2020年）》，出台《定南县旅游、康养及星级酒店投资项目用地优惠办法》，设立旅游发展专项基金，破立间定南旅游迎来发展"春天"。

春色难掩，一批高质量旅游项目慕名而至。康养谷、南岭篁谷等项目由国内一流团队担纲编制规划，总投资20亿元的江西（定南）酒文化旅游康养小镇、岭北金牛丽谷乡村旅游、怡鑫游乐园等各类旅游项目相继落地。

从蓝图到实景，一个个全域旅游项目蹄疾步稳，列入全市调度的7个全域旅游重点项目全部开工。足球小镇、桃源乐境景区一期、历市田园综合体、鹭溪客家文旅综合体等项目已完工。目前，桃源乐境景区二期等项目有序推进。

客家风情村成功创建国家 AAA 级景区，黄砂口美丽乡村获评省 AAA 级乡村旅游点。如今，一幅幅次第展开的秀美画卷，正见证着定南全域旅游品质的提升。

5. 服务为基，"要素"保障

天虹股份在赣南地区首家县级门店——定南天虹商场开业首日，客流量、营业额创该县商场开业销售纪录。该商场进驻 110 个品牌、配备约 200 个停车位，集购物、餐饮以及休闲娱乐于一体。

围绕"定南—深圳北五环"定位，迎接高铁时代的旅游井喷，定南紧扣提升"食、住、行、游、购、娱"六要素，在城市、景区、酒店等服务领域，着力补齐要素短板、优化旅游环境，以满足游客多样化的消费和服务需求。

游一景，恋一城，定南以美食留客，建设打造鹭溪美食一条街；用舒适留人，沃尔顿、璞尔曼、维也纳等 4 星级酒店相继建成；给观景加速，建成两座立体智能停车楼和新时代大道旅游风景廊道……

旅游要发展，厕所要革命，定南在细微处提升旅游体验，大力推进旅游厕所建设，在桃源乐境景区建成 2 座 AAA 级旅游厕所，在鹅公留畲美丽乡村、龙塘思田农业旅游等景点建成 AA 级旅游厕所。

定南县除了完善旅游的"硬"要素，也在增强"软"服务。启动"四个一"（一部旅游宣传片、一本旅游画册、一首旅游歌曲、一批讲解员）工程，创新发展定南瑞狮、客家山歌、赣南采茶戏等表演，不断"加码"旅游服务。

（二）主要成效

近年来，定南县积极践行"绿水青山就是金山银山"发展理念，通过全力打好蓝天、碧水、净土保卫战、全面推行"林长制"、深入实施"河（湖）长制"等工作，持续厚植绿色旅游优势。2020 年，该县城区空气优良天数比例为94%，东江流域主要河流断面水质达标率 100%，神仙岭公园升级为省级森林公园，生态定南建设成效显著。

为实现从靠山吃山到护水绿山、从"卖资源"到"卖风景"的转变，该县做足山水文章。一方面，加速推进九曲度假村改造升级，促成其评为省级湿地公园；创新谋划礼亭水库保护与开发，通过水源地置换方式，有效盘活该区域的水资源，打造山水旅游城市。另一方面，全面梳理县域山水资源，凸显特色打造，打造了布衣山谷、白水寨、马头寨等一批景点。

念好"山字经"、种好"摇钱树",绿色观光产业成新宠。定南县以现代农业发展为抓手,大力发展现代观光、旅游农业,并将生态、旅游等工作相结合。其中,历市镇太公蔬菜基地、鹅公魏嫂竹筒酒、天九蓝莓基地等一批绿色农业旅游项目吸引了众多游客。

近年来,定南县围绕打造"泛客家文化体验地""粤港澳大湾区后花园"的目标,以"全景、全域、全时"理念,打好"旅游+"组合拳,探索出一条绿发展、文内涵、新业态的全域旅游融合发展之路。

精心运作:打造特色旅游品牌。定南县位于江西、广东边际,厚重的客家传统文化赋予了当地别具特色的乡愁文化,基于此,该县提出了打造"泛客家文化体验地"目标,围绕"望得见山、看得见水、记得住乡愁"的要求,保护和开发利用好客家文化,重塑新时代客家文化的"芳华"。截至2019年2月,该县成功打造了黄砂口美丽乡村、桃花源景区,龙塘龟谷、留崠乡村旅游项目加速建设。

激活乡愁基因,深挖客家文化中"衣、食、住、娱"的内涵,该县把非遗文化融入旅游发展。传承保护省级非遗项目定南客家儿童吉祥花帽制作技艺;融入客家美食习俗,推出定南旅游美食一桌菜——布衣宴;加大赣南客家围屋保护传承和合理利用的力度,拟拨资金6000多万元用于围屋修缮保护工作,明远第围、虎形围等已完成修缮,并对游客开放;定南县瑞狮、定南客家婚嫁哭嫁习俗表演成为乡愁文化旅游的一部分。

乡愁旅游除了对文化场景的重塑,更离不开活动载体的激活。2018年,该县各乡镇结合当地实际,突出办好了"一镇一节"的乡村文化旅游节。以荷为特色,龙塘镇举办了荷花文化旅游节;以菊为媒,鹅公镇举办了菊花节;以民俗为亮点,老城镇举办了莲塘古城民俗文化节……一个个寄托乡思的文化旅游节,唤醒了游客对传统客家文化的记忆。

精准发力:推行"旅游+"产业模式。定南县中科北影视觉工业(赣南)创意基地游人如织,通过体感互动,游客亲身体验神奇的海洋生物在双手的指挥下任意遨游,尽享科技带来的全新文化体验。依托基地展示的视觉可视化、数据可视化技术,2018年该县还成功引进了数字动物园文旅项目。

发展数字创意文旅产业,是定南县差异化发展全域旅游道路的缩影。近年来,该县以旅游产品供给侧结构性改革为契机,加快旅游产业转型升级,瞄准户外运动、文旅产业,通过融合体育赛事、户外运动、高铁旅游、数字创意、康养等元素,不断充实全域旅游内涵。

借助产业融合催生旅游产业新业态、新模式、新服务。2018年以来，该县为抢抓足球产业发展契机，积极打造"足球之城"，创新模式，以足球赛事、训练为支撑，全产业链发展"定南足球"旅游品牌。该县足球融合发展项目获"江西省足球后备人才定南训练基地"授牌。同时，立足户外运动产业发展，2018年成功举办首届山地帐篷节和万人徒步节，并在首届丝绸之路国际徒步节上获评"十大最美徒步城市""十大最美徒步路线"。

为进一步拓展旅游外延，定南县大力推进文旅产业招商，引进酒文化旅游康养小镇等重大文旅项目5个，总投资35.43亿元。此外，立足助力京九高铁经济带、打造赣粤边际新地标、建设全国最美山水高铁新区的目标，该县依托洋前坝水库的水资源，高标准编制了定南高铁新区规划，融入高峡平湖、蛟龙出海、滴水成珠、水帘洞天四种意境，着力将高铁新区打造成为该县的一张山水城市旅游亮丽名片。

（三）经验启示

（1）复兴传统文化。黄砂口村是赣粤边陲上的古村落，曾经有着丰富的文化底蕴、独特的客家风情、秀美的生态环境。然而，岁月的侵蚀没能留住太多的芳华。面对繁华散尽的失意与不甘，定南县开启了黄砂口村等乡村的振兴战略。在乡村振兴战略的推进中，定南县委、县政府按照"望得见山，看得见水，记得住乡愁"的要求，大力弘扬传统文化、实施文化惠民、推进移风易俗，织密乡村振兴的文化网络。

围绕"文化乡愁"主题，黄砂口村不仅新建了文昌湖、文昌公园、儿童公园等景观节点，还设置了休闲长廊、景观河岸、自行车道等配套设施，实现乡土传统文化精神回归。留住历史记忆，保护文化个性，是重塑或留住"乡愁"的关键一步。在这点上，定南县委、县政府非常清楚，唯有复兴乡村传统文化，才能将文化优势转为发展优势。特别是大风村，进一步深挖孝道、信义、廉洁等优秀传统文化，把家风家训故事创作成文艺节目，不仅传承了家风家训、宗祠文化，还找到了文化助力乡村振兴的重要发力点。

依托客家文化，太公村建成田园综合体；融入民俗文化，莲塘古城吐新芳……传统文化的复兴、乡村故事的回响，让当地群众、外来游客都能在这找一份集体记忆。

（2）塑造创意场景。恩荣村虽地处城关镇域内，但属中心城区核心边缘一隅。面对中心城区快速发展所带来的村庄人才、资源溢出效应的产生，一度形成"一边繁华一边落寞"的囧相。定南县聚集山水田园资源、市场资源等要素，以

"魏晋遗风、文化之旅、休闲之源、养心之境、爱情之旅"为理念进行打造，还原魏晋时期的商街场景、生活现场、风俗习惯等历史记忆。同时，在桃花源景区打造了"客家文化百米长卷VR"和人机交互体验、科学影像体验、奇观影像体验、多元交互体验等18项技术展示平台，不少历史文化实现完美再现。

每个乡村都有自己的故事，这些故事往往是人们品味故乡和寄托乡土情感的载体。在乡村振兴中，定南县注重塑造创意场景，讲述乡村故事，努力营造情感共鸣和故乡情感。推动文化与旅游"结亲"，该县将布衣山谷、虎形围爱情故事馆等项目进行了包装和建设，开发群众喜闻乐见的体验式节庆旅游项目，使游客获得更多的文化认同和传统体验。

在恩荣村"桃园故事"、龙塘村"油茶故事"、寨头村"稻种故事"等一批批创意场景的塑造下，一个个经典故事成了定南乡村振兴的生动写照。

（3）破题产业发展。70余岁的何石凤与往常一样，带着雨伞来到黄砂口村设摊卖铁勺粄。类似何石凤老人这样在家门口做小本生意的村民，在定南黄砂口村、太公村、胜前村等秀美乡村日益增多，有的卖土特产，也有的卖工艺品，但都没有形成规模的产业链。想要破题乡村产业发展，必须培育好当地文创土壤，打造好乡村文创产业"造血系统"，才能实现"人才留在乡村、创意落在乡村、艺术嵌在乡村"。

围绕文旅资源，该县确立泛客家文化体验地等目标，提出以"文旅特色化"为路径发展全域旅游，出台一系列优惠政策，引进了酒文化特色旅游小镇、数字客家文化等大项目。特别是位于恩荣村的中科北影视觉工业（赣南）创意基地，建成后可推动赣南客家文化的产品化、品牌化与产业化发展，并对区域文化传播与区域文化旅游产生良好的带动效应。

2017年，定南县围绕古色举办了莲塘古城民俗文化节，依托绿色举办了万人徒步节。2018年开建的江西省足球后备人才定南训练基地，可推动体育、教育、文化、旅游融合发展。

据统计，定南已有文化产业企业59家，其中规模以上企业7家，2017年主营业务收入同比2016年增长34.67%。由此可见，文化产业的溢出效应，正成为乡村振兴的重头戏。

参考文献

［1］曹峰．建好县级融媒体中心和新时代文明实践中心［J］．红旗文稿，2019（12）：2.

［2］陈慧．赣南地区客家文化的保护与传承研究［J］．艺术品鉴，2018（12Z）：2.

［3］陈茂珍．龙南客家围屋旅游资源及其深度开发研究［D］．赣州：赣南师范学院，2013.

［4］陈席荣．现代公共文化服务体系视域下浅谈赣州数字文化馆模型架构［J］．赤子，2017（33）：22.

［5］邓显超．关于弘扬苏区精神与提升赣州红色文化软实力的思考［J］．党史文苑，2010（2）：59-61.

［6］第十八届明史国际学术研讨会暨首届阳明文化国际论坛在赣州召开［J］．农业考古，2017（6）：273.

［7］傅才武，申念衢．当代中国文化政策研究中的十大前沿问题［J］．华中师范大学学报（人文社会科学版），2019（1）：66-77.

［8］何小文．履职尽责　推动落实——江西井冈山革命博物馆文物宣传工作的基本做法和经验［J］．中国纪念馆研究，2013（1）：6.

［9］何秀．新型城镇化过程中客家围屋的保护探究——以龙南县为例［J］．遗产与保护研究，2018（7）：5.

［10］胡惠林．论政府与文化市场的关系［J］．长白学刊，2014（3）：28-32.

［11］胡税根，李倩．我国公共文化服务政策发展研究［J］．华中师范大学学报（人文社会科学版），2015（2）：43-53.

［12］黄华，刘初，李云飞，等．探索精细化管理　提升整体执行力——赣

州市部分县级政府办公室工作调研综述［J］．江西省人民政府公报，2009（5）：3.

［13］姜雯昱，曹俊文．以数字化促进公共文化服务精准化供给：实践、困境与对策［J］．求实，2018（6）：14.

［14］柯平，朱明，何颖芳．构建我国基本公共文化服务体系研究［J］．国家图书馆学刊，2015（2）：24-29.

［15］赖章盛，胡小玉．以苏区精神为核心的赣南红色文化传承与开发浅议——苏区振兴发展视角［J］．江西理工大学学报，2012（6）：13-16.

［16］兰玉珊．赣南客家民俗体育项目采茶舞的形成、演进与发展研究［D］．昆明：云南师范大学，2015.

［17］李炳军．把赣州打造成新时代的红色样板［J］．当代江西，2017（12）：11-12.

［18］李军．坚持"创造性转化、创新性发展"方针 弘扬中华传统文化［N］．光明日报，2014-10-10（001）．

［19］李荣华．赣州农村公共文化服务体系建设探讨［J］．合作经济与科技，2017（11）：181-183.

［20］李水洪．农村公共文化服务体系构建面临的困境及对策思考［D］．南昌：南昌大学，2020.

［21］李霞．论红色资源的文化价值及其实现［J］．求实，2013（3）：89-93.

［22］李艳．论赣南客家民间工艺的传承与创新［J］．赣南师范学院学报，2007（5）：3.

［23］李志萌，张宜红．革命老区产业扶贫模式、存在问题及破解路径——以赣南老区为例［J］．江西社会科学，2016（7）：61-67.

［24］厉涵．感恩奋进，真抓实干，纵深推进赣南等原中央苏区振兴发展——省委副书记、省长易炼红参加赣州市代表团审议政府工作报告侧记［J］．时代主人，2020（1）：2.

［25］廖晓燕，胡红．浅谈如何加快推进赣州市国家公共文化服务体系示范区建设［J］．魅力中国，2016（23）：190.

［26］廖昕．坚定文化自信 讲好赣州故事［N］．赣南日报，2020-08-23（003）．

［27］刘碧慧．赣南客家非物质文化遗产保护地方立法研究［D］．赣州：

江西理工大学，2020.

［28］刘慧．赣南客家文化与红色旅游资源整合研究［J］．大众文艺，2018（21）：243.

［29］卢致苑．地方优秀戏曲文化在新时代的传承与发展——以赣南采茶戏为例［J］．戏剧之家，2021（10）：28-29.

［30］骆郁廷．我国文化软实力的发展战略［J］．马克思主义研究，2009（5）：79-87+160.

［31］马克思，恩格斯．马克思恩格斯选集第1卷［M］．北京：人民出版社，2012.

［32］聂晓葵．提升新时代文明实践中心建设水平［J］．乡镇论坛，2020（12）：13.

［33］欧阳萍．风景这边独好：江西红色之旅［M］．南昌：江西人民出版社，2005.

［34］欧阳雪梅．改革开放40年中国文化建设的成就［J］．国家行政学院学报，2018（6）：73-77，189.

［35］潘成．基于红色文化传承的赣州市红色旅游资源开发与利用研究［J］．老字号品牌营销，2021（1）：2.

［36］彭波，张丽，李江源．整合红色资源提升江西文化力［J］．求实，2006.

［37］彭光华．弘扬地域特色文化　培育和谐文明新风——赣州市大力建设"特色文化新村"发展繁荣农村文化［J］．当代江西，2009（7）：1.

［38］彭坚，敖琴．江西文化创意产业发展对策研究［J］．特区经济，2010（6）：173-174.

［39］宋听松．基层新时代文明实践中心的建设与完善［J］．人民论坛，2020（36）：3.

［40］孙弘安．以苏区精神引领文明校园建设［J］．中国高等教育，2018（2）：3.

［41］田延光，孙弘安．红色记忆：中央苏区故事集［M］．南昌：江西人民出版社，2012.

［42］王淑芹．正确理解五大发展理念的内涵和要求［J］．思想理论教育导刊，2016（1）：75-78.

［43］王晓民，李雅如．提高文化惠民工程效用，满足广大市民文化需求的

研究［J］．智库时代，2019（46）：2.

［44］王钰．赣州城市文化软实力的建构研究［J］．采写编，2018（4）：134-136.

［45］王跃然．习近平创新思想探析［J］．学术交流，2017（8）：69-74.

［46］王子晖．不忘初心，习近平的"老区情怀"［J］．党的生活（黑龙江），2019（6）：10-12.

［47］吴恢才．打造"红色教育"高地　赓续红色基因［J］．人民周刊，2021（1）：2.

［48］吴强，彭佳慧．"文旅融合"下王阳明赣州诗的旅游资源转化途径［J］．赣南师范大学学报，2021（1）：84-89.

［49］吴忠东．完善公共文化服务体系丰富人民群众文化生活［J］．文艺生活·文海艺苑，2019（1）：243-244.

［50］项久雨．新发展理念与文化自信［J］．中国社会科学，2018（6）：4-25+204.

［51］肖婧．关于赣南乡镇公共文化服务建设的现状分析［J］．决策与信息，2016（8）：12.

［52］许五军．赣州客家传统村落保护与发展策略［J］．规划师，2017（4）：65-69.

［53］杨春山．发挥好基层文化设施的功能［J］．社会主义论坛，2015（2）：50.

［54］杨根乔．论习近平以人民为中心的新发展理念［J］．当代世界与社会主义，2019（2）：93-99.

［55］杨晖．赣州市特色小镇建设情况的调查与思考［J］．金融与经济，2018（2）：93-96.

［56］杨生平．五大发展理念：中国特色社会主义的新发展观［J］．中国特色社会主义研究，2017（2）：2+22-27.

［57］易弘键．赣州市红色旅游综合开发研究［D］．长沙：湖南师范大学，2010.

［58］张霞，赵美玲，滕翠华．共享发展理念下的农村文化精准扶贫路径探析［J］．图书馆，2018（4）：52-57.

［59］张振鹏．提升文化供给质量创造文化消费需求［J］．理论导报，2016（1）：64.

［60］郑克强，万一君，欧阳有旺．江西建立覆盖全社会的公共文化服务体系［C］//2008 年南昌大学中国中部经济发展研究中心学术年会暨中部区域发展与理论创新研讨会论文集，2008.

［61］郑自立．五大发展理念与文化产业发展战略重构［J］．学术论坛，2016（5）：134-138.

［62］钟易，李霞．对赣州市推动中华优秀传统文化创造性创新性发展的研究［J］．中外企业家，2018（21）：208.

后　记

2021年是"十四五"开局之年，也是推进《国务院关于新时代支持革命老区振兴发展的意见》落实的第一年，在这个特殊时间节点开展新时代赣南老区文化高质量发展研究，既是理论探索的承前启后，又是实践经验的接续积累，具有十分重要的意义。

2020年11月7~8日，由中国社会科学院农村发展研究所、江西师范大学、福建社会科学院、龙岩学院共同主办的第四届全国原苏区振兴高峰论坛在龙岩学院举办，会议期间，江西师范大学党委书记、苏区振兴研究院名誉院长黄恩华与中国社会科学院农村发展研究所所长、苏区振兴研究院学术委员会主任魏后凯商讨了苏区振兴研究院"十四五"时期的科研工作，提出要围绕革命老区高质量发展主题，持续编著系列研究丛书，《革命老区赣南区域发展丛书》就是其中的一套。遵照黄恩华书记指示，苏区振兴研究院按照"五位一体"新发展理念确定了丛书的主要研究内容。

本丛书的出版得到了江西师范大学党委委员、副校长周利生、董圣鸿的鼎力支持和倾心指导，学校研究生院给予了经费支持。

本书的顺利出版还得益于经济管理出版社知言分社社长丁慧敏和她团队的鼎力支持。

衷心感谢上述各位领导的关心和大力支持。

限于我们的学识和能力，本书仍存在许多不足，在文责自负的同时，还要恳请读者批评指正。